本土管理实践与创新论坛

China Management Practice
And Innovation Forum

# 消费升级

实践·研究 [文集]

Consumption Upgrade
Practice · research

本土管理实践与创新论坛◎著

中华工商联合出版社

**图书在版编目（CIP）数据**

消费升级：实践·研究：文集/本土管理实践与创新论坛著.—北京：中华工商联合出版社，2018.6
ISBN 978-7-5158-2268-6

Ⅰ.①消… Ⅱ.①本… Ⅲ.①消费经济学－中国－文集 Ⅳ.①F126.1－53

中国版本图书馆 CIP 数据核字（2018）第 072375 号

**消费升级：实践·研究（文集）**

---

**作　　者：**本土管理实践与创新论坛
**责任编辑：**于建廷　王　欢
**责任审读：**郭敬梅
**封面设计：**久品轩
**责任印制：**迈致红
**出版发行：**中华工商联合出版社有限责任公司
**印　　刷：**北京兰星球彩色印刷有限公司
**版　　次：**2018 年 7 月第 1 版
**印　　次：**2018 年 7 月第 1 次印刷
**开　　本：**880mm×1230mm　1/32
**字　　数：**230 千字
**印　　张：**10
**书　　号：**ISBN 978-7-5158-2268-6
**定　　价：**158.00 元

---

**服务热线：**010－58301130
**团购热线：**010－58302813
**地址邮编：**北京市西城区西环广场 A 座 19－20 层，100044
http：//www.chgslcbs.cn
E-mail：cicap1202@sina.com（营销中心）
E-mail：gslzbs@sina.com（总编室）

# 实践篇

## 经营

## 管　理



## 行　业

## 研究篇

# 实践篇

# 经 营

# 企业家的三重境界和六种能力

段继东

有些人只要抓住一次机会就能成就一番霸业，有些人哪怕是天赐良机，也注定一事无成。什么样的人能干大事，什么样的企业家能成就霸业？是先天造就还是后天成就？我与许多优秀的企业家探讨过此事，发现了一些规律，也坚信如果企业要成功，就必须有一位想大事、抓大事、干大事的领头人。

## 一、企业家需要三重境界，即眼光、胸怀和运气

**首先，有眼光，没有眼光的人做不了大老板。**

眼光来自于见识、梦想和雄心。当海尔、联想、华为还是小企业的时候，实力根本无法与跨国企业抗衡，它们也许缺少许多成为大企业的条件，如资金、技术、人才，但是有一样却是从未缺失过的，就是企业家的“眼光”。也就是说他们能及时地把握行业机会，前瞻性地发现未来趋势，敏锐地判断出竞争的变化，这种眼光可以说是企业家最了不起的感悟能力。

**其次，有胸怀，没有胸怀的人无人跟随。**

在公司发展的初期，不论老板对未来有多大的信心，可是员工却有许多不了解、不理解、不体谅、不合作。但这时公司什么人都要用，老板什么气都要受，什么钱都得出，什么风险都要担。曹操说："夫英雄者，有胸怀大志，腹有良谋，有包藏宇宙之机，吞吐天地之志者也!"

容的下，才装的下；装的下，才放的下。

**最后，运气，天降大任于斯人也。**

可能是天道酬勤，也可能是功夫不负有心人，大企业家的运气非常好，虽说艰难险阻不少，急流险滩不断，但是总能逢凶化吉、遇难呈祥，笑到最后，取得巨大成功。努力的人不少，成功的人不多。这种改变命运的成功，运气是必不可少的。

## 二、企业家需要六种能力

除了三重境界，企业家还需要具备六种能力，这是通过调查许多成功企业家获得的共识。具备这六种能力，成功是早晚的事。

**能力一：战略构想能力**

企业家都有这个能力，只要灵光一闪，就能把简单的想法勾画出一幅宏伟蓝图。这个构想最先从梦想开始，从故事开始，情节一点点完整，要素一个个凑齐，路径一步步明确，最后上升成战略构想，再到战略规划层面。

多年以后的实践证明，不管多大的帝国，都是从构想开始的。由于思想太超前，一般人有可能不理解，但是没有这个能力的人绝对做不了企业家。

**能力二：人际关系能力**

几乎所有的企业家都会告诉你什么是机遇，机遇就是在合适的地点，遇到了合适的人，做了合适的事。人是机遇的核心，没有人脉，办不了事，也成不了事。和什么样的人在一起，就会成就什么样的事。

跟投资人谈投资，跟实业家谈企业，跟职业经理谈模式和管理。企业家就有这样别人不能企及的人际交往能力。不管是否善言辞，他们个个都是外交家。

**能力三：风险承担能力**

能不能做老板，不是看你敢不敢干，而是看你敢不敢承担失败的风险。任何事情都是成功和失败各占 50%，而老板敢于承担 51% 以上，甚至是 100% 的风险。不要小看这 1%，这其实就是信心和担当。有多少人在创业初期，抵押了房子，在发展困难期，到处借债，有的还要承担研发风险、营销风险和法律风险。职业经理好比放羊娃，狼来了，搏斗不过就跑了，老板好比羊的主人，是跑不了的，只能和狼殊死一搏。因此我说，不能承担风险的人别创业。

**能力四：学习创新能力**

张瑞敏说，“创新就意味着创造性的破坏，创新风险大、不创新风险更大”。在成功愿望的驱使下，企业家自我驱动力得到极大提升。他们不断学习新知识、新方法，参加各种培训班，结交各类精英。而且他们的学习能力特别强，记笔记，做研究，与专家讨论，还能学以致用，创造出许多新方法。

企业中最好学、最愿意学习的人不是别人，是老板。我们今天听到、看到的新企业、新模式，大部分源于企业家的原创作品，又在其他企业得到进一步升华，尤其是在思想创新、战略创新方面。

**能力五：资源配置能力**

企业的资源是有限的，即使是大企业，也如此。小企业在起步阶段就更难，财务困难是一方面，许多好产品需要大投资。另一方面就是人才困难，优秀人才嫌企业小，收入少，不愿干。

但是企业家却能够合理地配置资源，合理的筹措资源。有些企业没有产品，有些研发者没有企业，这些问题实际上对企业家来说都不是问题，有限的资源在他们手里，就像艺术大师一样被安排得井井有条，都可配置。

**能力六：自我调整能力**

企业家的自我修正能力非常强，危机感比一般人重，越是大企业家危机感越重。他们敢于否定自己，喜欢听真话，听新观点，只要是有利企业发展，越尖锐越能接受；他们能够在取得成绩的时候冷静下来，清醒面对；在困难的时候，给自己鼓劲，调整策略；即使一度头脑发热，也能很快冷静下来。这种自我反思、自我修复的能力是一种了不起的特质。

只有平庸的人才不认识自己，随波逐流，那绝不是真的企业家。真正的强者能像鹰一样重生，带着震撼大地的力量。

没有野心或是抱负的人成不了企业家。企业家们都具有三性和三识："理性、悟性和韧性"和"学识、见识和胆识"。成功的背后都是极度寂寞、思考和探索，是血、眼泪和汗水。

我感动于这些创新的人，虽身负重担，仍一往无前。

**段继东**，中国医药企业管理协会副会长，北京时代方略企业管理咨询有限公司董事长，清华大学、北京大学特聘教授。

著有《在中国，医药营销这样做：时代方略精选文集》等作品。

# 低价，是经营的万恶之源

刘祖轲

在激烈的市场竞争中，以低价作为竞争手段的公司和产品比比皆是，但最终都是两败俱伤，尤其对于一些注重品牌价值和用户体验的产品。低价，公司除了损失利润，更是在向客户、向消费者证明：即使你比低阶品牌具有更好的品质，更好的消费体验，实际上也是便宜货！而换来的，只是眼前一点点的市场份额。

## 一、低价让产品没有利润，谁来保证产品的质量

谁都知道一分钱一分货的道理，天下没有免费的午餐。好的产品品质与质量，不仅需要好的原材料，需要好的技术，还需要好的生产设备和工艺等作为保障。这些都是需要花钱的，都是需要投入的。偷工减料不可能有高品质，差料也不可能有好品质。参与市场竞争，产品质量是最基本保障。一家公司如果产品质量没有过关，是不可能走远的，因为把路走反了。

## 二、服务是需要资源的，服务是需要投入做保障的

服务，不是一句空话，不是简单的口号，是需要资源的，是需要资金、人力、车辆、工具等物力投入的。主动服务，及时服务，应急服务，还有消费者和用户希望的星级服务，金牌服务，100%的服务，其背后对企业资源投入的要求是巨大的，需要一套完善的保障机制与流程。

低价的背后就是公司赚钱很少，顾客买不到应有的服务是正常的。不是公司不想提供，不愿意提供，而是公司“兜里空空”做不到！

## 三、低价，企业和商家不可能有高的市场推广费用来打造品牌

品牌是需要推广和维护的，要靠企业投入大量的资金、人力及物力慢慢打造，而这一切都来自于产品的销售收入。例如，汽车之家宣布将斥资1000万元重点包装公司美女编辑张玥玥，打造汽车自媒体头个网红。为此，公司团队不仅为其量身定制同名漫画车评栏目《车漫黄小邪》，还将投入专项基金及头部推广资源进行大力扶持，目标是打造汽车界含金量最高的漫画车评人。因此，有媒体评论说，汽车之家这么做让人看不懂，但是，二季度盈利就达5.65亿元的汽车之家不差钱，1000万元投资才有的玩。

## 四、低价，企业不可能有研发投入，不可能有创新能力，将难以持续经营

我们先看看2016年在研发投入上超过百亿美元的主要科技

企业的研发、营收和研发占营收百分比的情况。

按研发投入计算的企业排名是三星 140 亿美元、英特尔 121 亿美元、谷歌 120 亿美元、微软 119 亿美元、华为 110 亿美元、苹果 100 亿美元；

按营收计算的企业排名是苹果 2170 亿美元、三星 1810 亿美元、谷歌 883 亿美元、微软 853 亿美元、华为 751 亿美元、英特尔 594 亿美元；

按研发投入占营收百分比计算的企业排名是英特尔 20.37%、华为 14.65%、微软 13.95%、谷歌 13.59%、三星 7.73%、苹果 4.6%。

不难发现，研发投入越高，营收越高，排名越靠前。如果再去看看其他国际知名品牌，你会发现，没有任何一家企业是因为依靠低价而站在行业之巅的。低价，损害的是企业创新能力。没有利润，企业拿什么来投入研发？

做公司不是短跑，而是长跑。吃在碗里，看在锅里，种在田里，现有产品是吃今天的饭，而研发是吃明天的饭。今天，企业销量与知名度的领先都是暂时的，明天可能随时掉队落后，因为竞争还在继续。做企业不进则退，慢进也是退。

## 五、低价业务人员提成少，不可能有很高的积极性做市场

很多企业最大的问题就是产品的定价策略出了问题，单价那么低，销售人员单个产品销售提成必然少，卖多少产品才能有像样的收益呢？没有高提成，不可能有动力去跑市场，更不用说去做市场。

任正非说“钱给到，所有的人都是人才”，这话是有道理的。企业没有利润，拿什么给人才就是问题。以高收入的机制吸纳优秀的人才，因为人才优秀，产生更好的订单与销量，企业获得了更高的利润，从而能招聘更优秀的人才，更优秀的人才，带来更好的业绩，企业就进入良性循环，这种商业逻辑更符合潮流与时代的要求。

反之，最怕的是恶性循环。

## 六、低价，经销商和零售商赚钱少，不可能有积极性主推你的产品

一款产品的销售需要经销商去推，需要零售商去卖，在企业的眼里，分销渠道是永远吃不饱的孩子。经销商、零售商的资源是有限的，谁的产品利润空间多，经销商就主推谁的；谁返利高、政策好、广告投入大就跟谁跑。

卖你的产品不怎么赚钱，也就没有底气要我们去拼命推吧。

## 七、低价，企业主赚不到钱，不可能有能力把企业做强做大

一家不具盈利能力的企业是无法生存的。优质低价并不是所有用户都喜欢，低价就是低端，越来越多的用户拥抱高端，远离低端，何况企业优质低价还不可持续。优质优价就是高端，优质优价，就是优质高价。高价的企业和品牌盈利更多，发展后劲更足。

质量是企业的立身之本，提升产品质量归根到底要靠企业自身。只有一个个产品都有质量，一家家企业都以质量为目标，中

国经济发展才更有质量。当前，中国市场正在实现消费升级，主流换挡；产业结构正悄然发生变化，高端制造业与现代服务业等领域将成为产业投资的热点。这些领域的竞争将更加激烈，对质量和品牌的要求会更高。只有坚持以质量为本，把质量问题上升到价值观和现代企业理念的层面来认识，中国企业与品牌才可能后来居上，在国际竞争中立于不败之地。

**刘祖轲**，南方略咨询董事长，中国系统营销理论创始人，清华大学首届统招全脱产工商管理硕士，《销售与市场》《新营销》《销售与管理》及《民营经济报》等顾问。

著有《解决方案营销实战案例》。

# 企业成长的要义：良性发展与理性态度

高可为

企业发展真正的目的和正确的态度应该是什么呢？

**肯定不是为了折腾自己，更不是让自己活得更糟，而是为了活得更好，或者说在一个更高的层面上活。除此以外，还必须明白：企业竞争，首先争的是生存，其次才是发展，并且这个顺序不能颠倒。**

既然要追求良性的发展，就必须有一个理性的态度。换言之，不能太盲目。盲目发展，即使再快，也不是好事。理性发展，即使再慢，也不是坏事。更不能太任性，不能由着老板的性子来，也不能由着市场的惯性来。

良性发展有什么特点呢？

第一，要符合企业发展战略。跑得再快，不能偏离轨道。偏离轨道，那叫跑偏了，是不会有好结果的。企业发展再快，也不能偏离自身的使命和方向，不能偏离既定的战略定位和战略目标。

第二，它应该是可持续的。就是要保留企业发展后劲，不能过度透支资源。可持续发展的衡量标准是，销售增长、利润增长和现金增长，同步或接近于同步。

为什么要可持续发展？

**一张一弛，张弛结合，张弛有度，是事物发展的常理。个人老是绷得紧紧的，非疯掉不可。企业老是绷得紧紧的，非死掉不可。无论个人还是组织，长期处于紧张状态，都难以持久。**

第三，它应该是可控制的。一辆汽车既有加速装置，又有减速装置，才能上路。所谓加速装置，就是油门。所谓减速装置，就是刹车。只有油门踏板，没有刹车踏板，车子会失去控制。

**企业也是一样。想快时要能快起来，想慢时也能慢下来，要能按照自己的意愿调节速度。想慢的时候，慢不下来，就会失去控制。就像风筝一样，总得有一根绳牵着。没有绳子牵着的风筝，绝不会飞得更高，只会一头栽倒在地上。**

第四，它应该是稳定的。所谓稳定，就是发展要平稳，不能忽快忽慢、忽高忽低。浙江网盛科技公司董事长孙德良有一个观点：企业发展要“激情澎湃走楼梯”，而不是大起大落的“乘电梯”。

当然，它也应该是有效益的。企业经营活动，要有造血功能，单靠外部输血，难以持久。以发展促效益，以效益促发展，发展才可持续。

毫无疑问，符合上述五条标准的发展速度一定低于企业的最快发展速度。

实现良性发展，经营者要考虑的因素有很多。正如一部车子，能跑多快，既受车况的影响，又受路况的影响。车子不好，跑太快了，会散架。路况不好，跑太快了，会翻车。车况、路况，共同决定适宜的行驶速度。对于企业发展来说，车况、路况又是什么呢？车况，就是企业自身基本素质。路况，就是企业所在行业性质。这两个方面的因素，是所有企业都要考虑的。

就企业所在行业性质而言，要考虑以下几个基本因素：

**（1）行业经济特性。**

有些行业快速发展会有天然的竞争优势。比如，规模经济效应明显的行业，就可以适当加快发展速度。这些行业经营规模越大，投资回报率越高。同时，规模和盈利也可以为日后发展奠定良好的基础。再比如，先发优势明显的行业，快速发展可以及时锁定一批顾客，也可以适当加快发展速度。

**（2）行业发展阶段。**

企业所在行业处于不同发展阶段，应采取不同的发展策略。如果是处于成长期，那么企业发展速度就不应低于行业平均发展速度。低于这一速度，企业就不可能在市场立足，因为速度就意味着市场。如果处于成熟期或衰退期，那么企业发展速度就可以适当放慢，以节约资源并寻求别的发展机会。

**（3）竞争对手情况。**

华为公司有一条规定，“要达到和保持高于行业平均成长速度，或高于行业中主要竞争对手的成长速度”。竞争对手都在跑马圈地，开疆拓土，你却按兵不动，这是被淘汰的前奏。

**（4）市场接受程度。**

企业成长是企业与市场之间互动的结果。没有好的市场环境，可持续发展就无法实现。如果企业不考虑市场接受程度，盲目加大市场开拓力度，过度挖掘市场甚至是透支市场，肯定会加大发展成本，甚至会被市场无情抛弃。上赶着不是买卖，发展的事急不得。

就企业自身基本素质而言，要考虑以下几个基本因素：

**（1）资源供给情况。**

一定数量的资源，是企业发展的基础。在制约企业发展的诸多资源要素中，资金和人才是两大基本要素。只有资金和人才充足，企业才可以将市场机会转化为赢利。

因此，人才储备充足的企业，可以提高发展速度。反之，就应当放缓发展速度。资本结构比较合理，或融资能力较强的企业，可以适当加快发展。反之，就应当放缓发展速度。具体怎么判断呢？看人才，可以观察是否人人有事做，事事有人做。看资金，可以观察是否有捉襟见肘，拆东墙补西墙的情况存在。

（2）**运营效率高低。**

企业不仅是一个人、财、物的概念，而且是人、财、物的结合状态。人、财、物结合好的企业，运营效率就高。反之，就低。如何衡量人、财、物的结合状态呢？一些财务指标可以帮得上忙。简单说，生产增长率应接近于销售增长率，盈利增长率应接近于销售增长率。换言之，生产出来的东西应该能卖出去，卖出去东西应该能收到钱。否则，最好“马儿你慢些跑”。

（3）**业务稳定程度。**

企业初期的快速发展主要体现为业务量的扩展，但如果这种扩展不稳固，那么发展也难以持续。衡量业务稳定程度的主要参考指标，有顾客满意度、顾客流失率等。企业可以根据这些指标的高低，适当加快或放慢发展速度。

**高可为**，管理的求道者、证道者、布道者。先后在政府管理部门、知名咨询公司和高校从事管理咨询和研究工作十余年。

主攻战略、财务，对于商业模式、资本运营等有着较为深入的研究。

著有《盈利原本就这么简单》《使命：驱动企业成长》《理财有大道——写给企业经理人的财务建议书》等书。

# 战略转型，本质上是寻找新的战略增长点

夏惊鸣

所谓战略转型，本质上就是寻找新的战略增长点。

如何思考战略增长呢？我们总结了一个战略增长路径模型，如图1－1所示。

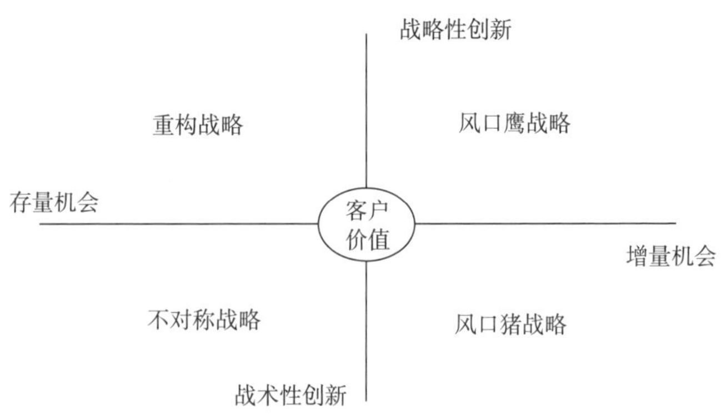


**图1－1　战略转型创新路径模型**

战略转型创新路径的核心是思考增长点。增长点，其实就是“机会”，所以这个模型的横坐标用机会来表示。对风口论，我的观点是：风口论没有错，机会没有错。企业家最核心的竞争力恰恰就是去寻找机会，或者创造机会。

当然，机会有两种形式，一种是增量市场，也就是市场处于高速增长中；另一种是存量市场。

纵坐标是创造机会的方式。创造机会的本质就是“创新”，创新有两类：一类是突破性创新，叫战略创新，如互联网发明；另一类是战术性的创新。

根据不同类型的机会和创新，有四种不同的战略增长模式。

## 一、风口鹰战略：造大势

所谓“鹰”就是有能力自己造大势。主要有两种方式：一是突破性的技术创新，二是重大的社会转型。突破性的技术创新如电的发明；重大的社会转型如零售业态由邮购到百货，再到超级市场、连锁超级市场、连锁便利店、电商等，当然社会转型包含有技术力量的推动。

2016 年我接触了一位研究材料的科学家，他说未来电动汽车真的有可能把传统汽车给颠覆掉。新能源汽车的核心在电池，但电池有一个比较重要的问题——电池的衰减问题。现在的瓶颈卡在单层石墨烯的工业化上。一旦单层石墨烯实现工业化，传统的汽车一点竞争力都没有。

风口鹰战略要有核心技术，或者是在社会大变迁中，对商业模式进行战略性的创新，创造一个增量市场。

## 二、风口猪战略：找大势

风口猪战略是找大势。你不一定要有核心能力，虽不能造出势来，但可以判断有哪些能力可以造出势来。

那么如何找大势呢？

（1）跟随重大技术突破。比如，新能源电池取得突破了，尽管没有核心技术，但是这个产业迅速发展，你可以在这个产业当中“傍大款”，跟着核心技术走。

（2）跟随重大社会变迁。互联网的发明最初是一个重大技术突破，现在已经发生了重大的社会时代变迁了。

（3）重大的政策。

这里重点讲这个问题。

比如，养猪的人那么多，为什么温氏养猪赚钱？前几年开全国人民代表大会的时候，当别人在聊天时，温鹏程却在认真阅读工作报告。报告说要进行环保，回去他就研究环保了，对畜牧设备进行改造，符合环保的要求。结果没过两年，真的抓环保了，这时候，很多零散的、不符合环保要求的养猪场就不让养猪了。近两年猪肉飞涨，而温氏抓住了这个机会。

我们再看看康师傅是怎么发展起来的。康师傅的老板原来是做粮油的，因为犯了错而跑到大陆来。在火车上，他吃方便面，对面有个人问他：“你吃的什么东西这么香？”他就回答说：“我吃的是方便面。”就这么一句话，让他脑洞大开，认为到大陆来投资方便面会很赚钱。于是乎，康师傅就发展起来了。这其实谈的是机会！

## 三、重构战略：红海重新定义出蓝海

第三种战略模式是存量机会，但是有战略性创新。怎么重构？图 1 – 2 是重构战略的思考模型。

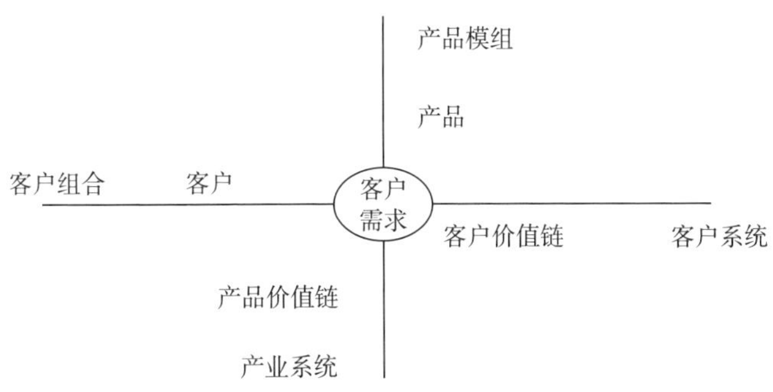


**图 1 – 2　重构战略的思考模型**

沿着产品这条线去思考，比如，产品环节——重新定义产品，或者把产品卖给不同的客户；产品模组——沿着原有的产品进行延伸，进行模块化或者组合化；产品价值链——如设计、采购、生产、销售、服务、废品回收等，是否可以对某个环节进行战略创新，形成新的商业模式；产业系统——整合全产业价值链进行战略创新。可以沿着客户这条线去思考，细节就不再赘述了。

这里讲个案例说明重构战略的思维方法。

以前的绝味是一个终端连锁企业，在全国开了 1 万多家店，集中生产，进行配送。精武鸭脖、周鸿鸭等，也是卖鸭脖子的，是绝味的竞争对手，难免相互残杀。怎么办？绝味专门找这种中小的轻食品公司进行投资，然后让他们共享绝味的冷链食品供应链。这不是一个要求，这是共赢。结果绝味投了一堆的企业，变成了一个供应链公司。

绝味在产品价值链中把供应链独立出来，实现了战略重构。可见，在存量市场中，我们也可以通过战略创新实现重大的战略增长。

## 四、不对称战略：利基战略或相对优势战略

不对称战略有两种，一种是利基战略，即定义细分市场，围绕目标客户，找准痛点做透。另一种是相对优势战略，就是利用一切可以利用的优势，去赢得竞争。

重庆润通集团主要生产汽摩配件和通用机械，在和日本企业竞争的时候，最大的优势是什么？就是当日本企业非常傲慢，客户说要改什么而不改时，他们会迅速反应，马上行动，改完了不行还可以再改，把以客户为中心的战略做到极致。

有人认为这也是战略？当然，因为认真、坚持、做透本身就是核心竞争力，别人做不到，你能做到，这就是你的竞争力。

另外，我要强调的是，中国企业做大的一个相对优势就是华为所提的“以客户为中心，以奋斗者为本，持续艰苦奋斗”。任正非是不可能复制的，但华为的这种成功逻辑绝对是可以学习的。我一向反对中国目前提什么贵族精神、福利主义，我们就要下里巴人，就是奋斗，中国企业可以持久依靠的一个优势就是奋斗精神。千万不能未强先贵，未盛先懈！

**夏惊鸣**，华夏基石业务副总裁、华夏基石首席战略文化与组织变革专家，南开大学企业管理硕士。

从事咨询十余年，推动企业变革和战略转型卓有成效。

著有《企业二次创业成功路线图》。

# 深度转型新时代下的传统渠道变革赋能

杜建君

喧嚣过后，繁华落尽，才能看到事物的本质。回头看这几年的互联网经济发展起落，不管东风西风、浪高涛急，我越来越坚定了自己对商业本质的认识：价值为本，效率优先。其中，价值为本是相对于满足消费者价值需求程度而言的，而效率优先是相对于企业实现价值速度而言的。

从“互联网思维”到“新零售”概念的提出与实践，实际上代表了互联网经济从单一的“效率优先”向“效率优先、价值为本”的深度演进。

新零售的本质是基于互联网，构建一个高度技术化、自主化、体验化、服务化的超级大终端。除了效率，消费者体验与服务的价值属性得到了凸显与重视。市场竞争越来越取决于效率与价值各要素之间的乘积效应。

现代社会，消费之于人的意义变得越来越复杂。虽然电商渠道以更低的价格为消费者提供产品，以更高的效率让消费变得更加便捷，但它还不能取代与满足人们在线下店面购物时，对产品亲身的触摸感受、人与人的沟通互动，以及可能获得的意外惊喜等切身性体验。这正是美国亚马逊开设线下实体书店，小米在一、二线城市成立“小米之家”旗舰店，以及京东布局线下“百万便利店计划”的底层逻辑所在。

那么，以实体为支撑的传统企业及其所拥有的传统渠道模式，该如何应对互联网经济在线下渠道高歌猛进式的布局呢？又能否在互联网巨头的猛烈攻势下实现逆袭呢？如果能，逆袭的路径又是什么呢？

Oppo、Vivo 目前成功的事实证明，基于当下中国国情甚至还有一个长时期的市场进化过程中，企业线下渠道终端在价值的再造创新方面依然大有可为，而且更有可为。中国如此存量巨大的线下渠道终端并不是没有实现价值逆袭的可能。其实，早在 21 世纪初，互联网经济刚刚发轫之际，就有“水泥”与“鼠标”之争，我曾提出水泥加鼠标的“新营销”模式，希望传统企业既不要固步自封，也不要妄自菲薄，丢掉存在的根基。

那么，如何才能实现线下渠道的价值再造创新呢？

对于传统制造企业来说，如同毛细血管的线下渠道终端体系，依然是他们应对新时代经济深度转型的关键支撑。另一方面，面对互联网经济的深度冲击，就是苏宁、国美这样全国性的专业连锁家电卖场巨头都感到恐惧，遑论那些区域市场的中小经销商，乃至夫妻店模式的小店。

反过来说，道理也是一样的。如果一个人毛细血管全部坏死，这个人又能活多久呢？从这个意义上来说，传统制造企业与线下渠道的命运是休戚与共、相互成就的。国内所有优秀的传统制造企业，无一不具有密实而有效的线下渠道终端体系。

不过，相对于力量分散、实力单薄的传统渠道，厂商在实力上更具优势。因此，要应对新时代深度转型的挑战，更需要厂商对传统渠道终端体系进行深度的变革，让他们变得通畅、高效、稳固与长久。那么，如何才能做到呢？

对于这个问题，我早在 2002 年开始为中山华帝燃具公司服务时，就做过深入思考，并提出了厂商关系发展路径的“四大共同体思想”，即“利益共同体”“价值共同体”“事业共同体”与“命运共同体”四种形态。**简要说，就是以“求真务实”的精神，坚持“价值链共享”的原则，始终保持与渠道商建立起平等互惠的共赢关系，确保与渠道商建立长期稳定、沟通畅通、可持续发展的共赢机制。**

厂商关系的“四大共同体”构建，有助于企业打造一个稳固而长久的渠道体系，而要实现渠道体系的通畅与高效，还需厂家对渠道进行系统性赋能，以解决很多传统渠道存在的效率低、执行不到位、人才缺乏与资金短缺，以及品牌价值在终端大幅衰减的问题。

基于品牌厂家的战略需要，可以从几个方面来对经销商进行赋能：

第一，“赋势”，主要体现在品牌力与推广力上，这对经销商在市场中的攻城拔寨至关重要。

第二，“赋责”，没有责任、唯利是图的经销商很难有大的作为，很难与厂商走得更远。

第三，“赋权”，有责必有权，如果经销商没有足够的实施权力的能力，也很难达成目标，这要求厂商在市场的共建共享方面，保持政策制定机制与政策的稳定性、连续性。

目前，美的又一次推进新的渠道变革，在国内推进区域大客户战略，即在区域内培育一两个大的战略经销商，以形成厂商高度协同、战略高度一致的命运共同体。为了达到这样的战略意图，美的不惜重金组织大客户和投资人，进行各种咨询、培训、辅导与平台建设、终端赋能。比如，前不久就组织大客户的董事长到新加坡国立大学开展一周的封闭式培训，以提高其战略视野、战略思维和品牌价值塑造能力。

联想为经销商赋能的重要方式就是以大联想学院为平台，汲取、转化全国最优秀的一批经销商的实践经验，为全国所有经销商所共享。具体做法就是，在经销商里选择具有代表性的标杆经销商，把他们的实践经验、创新方法转换为优秀案例和优秀课件，并让这些老板和操盘手亲自作为讲师，指导与培训联想渠道的其他经销商。他们不仅成为联想最为忠诚的经销商，更成了推动联想渠道体系变革、升级赋能的先锋队、生力军。通过大联想学院的平台，商业价值与企业家智慧的有机结合，奏响了厂商合作、协同与共赢的命运交响曲。

**杜建君**，深远顾问集团创始人、董事长。

近 10 年，致力于精品营销战略、渠道变革与治理、新商业文明等理论的研究与实践。

著有《精品营销战略》。

# 再谈新营销

## ——4P的旧船票，登不上新营销的航船

史贤龙

### 一、没有未来的营销，只有正在发生的新营销

今天，BAT们大举进军线下，一场网络技术全面改造传统商业乃至社会的潮流已经形成。

在这样的新背景下，讨论线上线下一体化有没有可能、有没有必要已经是个可笑的问题。最近五年新出现的营销工具、营销渠道、营销方法，已经足够清晰地勾勒了新营销的基本框架。

框架1：三个世界是基本格局，陆（线下实体）海（平台电商）空（社交电商）三军的结构与重点，是所有规模化企业必须具备的营销能力，也给新创企业、中小企业迈向规模化提供了新路径。

框架2：O2O一体化，一切渠道皆媒体，一切媒体皆渠道，一切媒渠皆数据。盒马生鲜的新零售示范、B端电商的区域割据、

自媒体大号、网红直播的销售能力，都是传播、渠道、销售、推广的一体化、即时化。营销已经出现不容小觑的新战场，在新战场里每天都在诞生新物种、新品牌，乃至新独角兽企业。

框架3：中阶的升级性消费成为主流，个性化、审美化、生态化成为消费驱动力，这是刘春雄老师与我2014年提出的——中国市场的“主流换挡”趋势。过去的双低产品（低品质、低价格）加速没落，三高产品（高品质、高价格、高价值）一旦破局，势不可挡，都证明主流换挡的速度正在加快。

前所未有的精彩营销实践层出不穷，为何“新营销体系”还是落后于实践与时代呢？

## 二、4P的旧船票，登不上新营销的航船

有人说，我们要回到4P的基本面去把握营销的本质。我说，4P依然是营销的落脚点，当然也是新营销的落脚点，但4P模式不是新营销的逻辑起点，而是新营销逻辑终点的一部分。

认清这个现实非常重要，否则谈新营销还是白扯。

我们并不是否定4P模型，而是要求用新营销实践、新营销环境、新商业生态的“实际”，去架构一个可以指导企业营销实践的路线图，这是新营销的基本使命，绝不是旧瓶装新酒，不是用所谓的4P语言，把新营销重新“理解阐述”一遍。

如果你不懂传统营销的逻辑，可能会阻碍你对新营销的理解，但并不一定妨碍你对新营销的实践。可是，如果你固守传统营销的观念，那么要提醒的是：4P的旧船票，登不上新营销的航船。刻舟求剑的事，还是不做为好。

在今天这个时代，思维（认知）落后于时代是对所有企业最

大的惩罚。阅读时代，跟上时代，才能与时俱进，甚至开创时代。

## 三、新营销聚焦三个核心命题的解决路径

新营销的基本逻辑，是聚焦三个核心命题的解决路径，从思维到方法，或者说从战略到战术都呈现出与传统营销不同的逻辑与内容。

**第一个核心命题是销售逻辑。**不管是什么营销，不为销售服务的方法都是伪方法，不谈如何实现销售的商业模式是伪商业模式。互联网的免费模式并不是不要销售，它是把优先发展免费用户当作了未来的销售，也就是把收入模式（即销售）后置或转移化（向第三方收广告费或数据费等）。

三只松鼠是新营销的典型代表之一。

它的产品直达顾客的路径，是从流量到集客，从集客到粉丝。产品直达顾客，不是新营销“去中介化”，电商平台也是一种中介渠道。但是，在新营销系统里，企业直接与顾客互动就完成销售，而不是通过传统营销里的经销商、零售终端实现销售。

这样，最重要的是，企业直接获取了“顾客数据”，并且可以与真实购买产品，以及浏览页面、咨询的顾客（及潜在顾客）互动，这就是形成了一条将流量（广告动作）转化为集客（预期购买即圈粉），将顾客发展为粉丝（重复购买顾客）的路径，这种新销售驱动力，是传统企业所不具备的。

**第二个核心命题是管理逻辑。**有了新战场，不仅有新工具，

自然也要派生新管理任务。

从小米到韩都衣舍、三只松鼠等一大批崛起的新营销品牌，他们管理结构的共性是：

总部集中或分布式办公（理论上价值链的各个环节可以在空间上分开）；

没有总部到区域的层级；区域管理这个管理部门被品类管理部门代替；

没有营与销、销与售后的分离，在线客服就是销售，也是售后，也是传播（咨询式沟通），即传播、销售、售后一体化；

打包快递代替了经销商分销；支付一步到位，从顾客直接到总部账户，也就意味着产品价值链的分配可以在一个财务体系内完成，且实现自动化（智能化）。

新营销企业是第一次真正掌握了顾客大数据的公司，这个新管理系统的特点是：分步实施，集成平台，智能系统，滚雪球营销。

特别需要一提的是滚雪球营销，这不是传统营销的渠道层层压货，而是客服与顾客互动产生的自然的重复购买、转推荐。是不是具备顾客滚雪球效应，是检验新营销与传统营销的重要标准。

**第三个核心命题是快速规模化路径。**凡是有价值的营销方法，都可以驱动企业实现快速的规模化，如深度分销、连锁加盟等，否则，企业就没有必要在采购营销方法上投资。新营销不能变成只花钱不赚钱的大玩具。帮助掌握了新营销方法的新产品一飞冲天（爆品），新品牌从零到大乃至一夜成名，都不是不切实际的奢望，是新营销可以具备的市场神奇。

一夜之间，一家网红茶饮店成为业内外的议论焦点：一家需要排队 4 小时买一杯喜茶的新店。当大多数人在质疑排队是否有托的时候，喜茶已经完成了它最关键的一跳——品牌知名度的快速提升，新品吸引力的传奇化。

喜茶案例里有新营销快速规模化的路径逻辑：C 端爆破，从创客到极客，极客到粉丝，粉丝到吃瓜群众（顾客），也就是肖震老师阐述过的“需求链驱动”的完整路径。

至关重要的不仅是路径逻辑，还在于营销的两个关键字：快速。快速才是实现规模化的关键一跳。

喜茶这类新营销的规模化路径聚焦在一点：C 端快速规模化，即从最终顾客层面首先打开购买端口（包括预期购买端口），然后供应链配套的规模化，乃至资本的配套投入都会跟上来。

篇幅所限，本文只能辨析新营销与传统营销的主要差别，指出新营销的关键新元素，既不能全面，也不能深入展现新营销的体系。

优化或提升营销竞争力，是企业发展永恒不变的主线，其基本规则只有两句话：进步是战术手段的升级，进化是战略方针的调整。

中小企业如何应对新营销，或者如何实现转型？还是一条路：阅读时代，认识时代，跟上时代，推动企业的持续进步与进化。

**史贤龙**，上海博纳睿成营销管理咨询公司董事长。

出版专著：《与老子一起思考：德篇》《每个人身上的春秋基因》《老板如何管营销——高段位营销的 16 个关键点》《产品炼金术Ⅰ：如何打造畅销产品》《产品炼金术Ⅱ：如何用产品驱动企业成长》。

# 移动互联网时代的三大营销课题

## ——IP、引流、爆品

余晓雷

历史进入公元 2017 年最后一个季节，作为判断一个营销时代的三个标志性指标：获取信息的方式、交易完成的方式、结算的方式，都已经宣告移动互联网营销时代的到来！

2017 年 10 月 31 日，阿里和京东为“双十一”所做的后台大数据抽样统计显示，今年的电商购物狂欢节，通过手机移动互联网搜取信息的消费者，占 87.6%；通过手机 APP 下单的消费者，占 93.6%；通过手机移动支付宝结算的消费者，占 91.7%。（摘自《湖畔内参》）

在特征如此分明的营销环境下，企业的营销企划、决策，营销操作、执行，如何才能抓住原点，“刀刀见血，拳拳到肉”？

确实，时代向我们营销界，提出了新的课题。

为此，我们将移动互联网时代营销的三个课题，定义为：

IP，引流，爆品。

**IP即是，可以带来确切预期收益的心理符号。**

**打造IP，最佳的方法，就是动销原点五维法。**

**什么是IP？**

目前百度给出的“知识产权……”之类的定义，远远无法概括其真实的内涵，营销实践中，用传统的品牌价值、品类价值、文化符号来解释IP，又无法表达其真正的功用。

我们从无数营销实际案例分析出：所谓IP，即是存在于消费者心智中，可以带来确切预期销售收益的心理符号。

一个品牌，一个视觉符号，一个文化观念，一个非物质文化遗产，**能带来预期的销售收益，即是IP，不能带来确切预期的收益，说明不是IP。**

由此看来，一个概念、品牌、品类、文化，是不是IP，要看预期收益的实现度。

如：茅台酒是IP，茅台啤不是IP。北京烤鸭，是IP，北京烤鸡、烤全羊、烤火腿，就不是IP。“南方黑芝麻糊”是IP，南方黑芝麻就不是IP。

这种要通过“是否能带来预期的销售收益”来判断的“后验论”，给企业营销企划、决策，带来巨大的困惑：

“我将要投入巨大营销费用打造的IP，要事后对照预期才能知道，那么，在移动互联网时代的营销，岂不是束手无策？

请问余老师，有没有一种方法，在我投入巨额营销费用之前，就可以大致确切地判断出，我打造的，不是一个“伪IP”？

千变万变，原点不变。

外部的营销环境变了，消费者购物的内部心理机制还是没有变，只不过我们捕捉、沟通、实现的表现形式，有所变化，与时俱进而已。

**如何打造“真”IP?**

我们打造IP的方法，就是“动销原点”五维法!

第一步：判断IP有没有历史认知。

如果没有，就关联一个历史认知。否则，将付出巨大的教育费用。企业甚至滑入万劫不复的市场黑洞。

第二步：判断是否形成现实需求。

如果没有，就“勾引”需求。千万不要为一个虚无缥缈的需求，去进行大量的投入。

第三步：判断品类的发育度。

如果品类是婴儿期，是1.0（概念孵化期），是小众品类，就要引起高度的重视。

第四，判断品牌的排位。

如果品牌在同品类的排名，在前2名之后，一要突破式传播，进入前2名；二要改换门庭，在差异化品类中，占据前2名。

第五，价位与价盘。

价位错了，全盘皆输。价盘乱了，一触即溃。

在此基础上，进行企划、创意、传播，准确攻占心智，则IP的打造，就抓住原点了!

**引流，是一切营销活动的出发点。**

IP对于消费者来说，离商品交易还有空间（无论是物理空间，还是虚拟空间）的隔绝。必须把消费者引导到交易空间来，才能完成实际的交易。

如何科学引流?

这是移动互联网时代，营销的第二大任务。

我们还是从原点出发，进行科学的规划：

第一步：锁定原点人群；

这一点，有别于消费者画像，笔者在《动销——产品是如何畅销起来的》一书中，有专门的阐述，在此，不再重复表述。

第二步：锁定原点传播方式；

第三步：匡算引流投入与产出。

科学的、可控的引流，是成功打造IP的关键。

**爆品，真正实现你的销售！**

移动互联网时代，只有曾经拥有，没有天长地久。

由于品类迭代的速度空前加快，品牌所依附的经典产品，几乎是过眼云烟，你方唱罢我登场。在天猫任何一个品类的排行榜上，能在三个月稳居榜首的品牌，凤毛麟角。甚至半年内，前十名的排行，都有巨大的变化。

不是消费者不忠诚了，也不是虚拟空间难以打造品牌了，而是IP的载体，转化成了一个叫作“爆品”的东西。

这种以爆炸自身牺牲自我为终极目标，“过把瘾就死”的产品，就是移动互联网时代营销的真正主角——爆品。

爆品集“打造IP，科学引流”双重重担于一身，在瞬息万变的舞台上，建立起企业与消费者间那点脆弱的联系。

怎么打造“爆品”？

回到动销原点：以认知为基础，以需求为动念，以品类做思考，以品牌做选择，以价格做决策。

我们将这五个原点，列出思维导图，做出爆品矩阵，把现有的产品投入其中，进行一番沙盘推演，你企业的爆品，就呼之欲出了！

感谢移动互联网，一个新的伟大的营销时代来了！

我们躬逢其盛！

不要刻舟求剑，不要守株待兔，不要买椟还珠。

我们要从原点出发，打造 IP，科学引流，引爆“爆品”！

**余晓雷**，“动销”理论创始人，营销原点问题研究、解决专家。营销竞争及运营体系战略资深咨询师。

著有《动销：产品是如何畅销起来的》《跟老板“偷师”学创业》等。

# 你看哪个羊毛出在猪身上了

谭长春

前几年，各大佬纷纷发文，用“羊毛出在猪身上”比喻互联网思维，并且用此来反衬传统思维的落后。

移动互联风潮基本已过，试问：目前为止，你看到哪个互联网企业羊毛出在猪身上了?!

## 一、初期有红利

广东有句老话：要喝就喝头啖汤。说的就是，事情前期，你得到的回馈，是后头跟进的人所没有的。大概也就是红利的意思。

这波移动互联浪潮，前期确实有些红利。一些早期跟进此次移动互联浪潮的，也基本顺应了移动互联的最大特点：移动互联使人与人能在互联网上随时随地沟通。

所以，只要让目标客户与用户纳入到自己的公众号、APP上，即能满足将来互联互通的基本条件——客户资源。所以，

“吸粉”（即吸纳粉丝）成了所有企业组织的最重要工作。“吸了粉”以后，这些粉丝消费你的产品或服务，是免费的，但是，你可以卖给他们主体产品或服务之外的东西。这就是“羊毛出在猪身上”的内在涵义，也是与传统经济不同的地方。

于是，一些创业企业吸纳了一些相当不错的粉丝。前两年直到今年年初，以粉丝数论英雄说成败，按粉丝数算估值！

可是，粉丝还没变现，潮水退去，却发现，原来设定的赢利模式，完全不可能是那么回事！

## 二、粉丝不是客户、用户

“羊毛出在猪身上”的商业模式为什么站不住脚？学过营销的人都知道：粉丝并不是客户、用户，也就是说，粉丝变成客户、用户，中间还有非常长的路要走！也就是大家说的，这中间一定是需要转化的！

粉丝作为初次接触企业产品或服务的人员，具有如下明显的特点：

（1）对产品与服务的认知度有限。因各种活动、宣传甚至是盲目跟风的影响，成了企业组织的粉丝。但是，要成为消费者，需要在认知层面、心理与态度层面、行动层面进行三个过程的递进。这三个过程，在移动互联时代，甚至可能仅仅因为新的宣传活动与风潮而断层与舍弃。

（2）产生周转式的购买，也即二次、三次连续性购买，才真正成为消费者。所以，这也是淘宝不是企业的一个长续渠道的原因。你很难在淘宝上长续购买一个企业的产品，所以，你必须一直在淘宝上花费用推广，而淘宝用户只让阿里公司获了利。也就是说，淘宝始终是阿里的淘宝，而不是你的淘宝。同理，粉丝要接二连三地来消费你的产品或服务，才真正成为消费者。

（3）订阅号粉丝，不是消费者。订阅号的粉丝，可能在其意识里，就是来看你的文章的，他心里压根没想到去消费你后续“心怀不轨”的产品或服务。所以，只要你一做广告，就掉粉。这已经成了很多订阅号的心病。

（4）粉丝，是流动的。基于几千万个公众号，数不清的APP、微网站、微店、微商城……无论是否已经关注或注册为你的粉丝，他都可以在这些介质中来去自如。即使在你这留下一个注册用户的空壳，那也只是你自我安慰的一个注册码，而其实这个粉丝已经与你毫无关系！

## 三、世间“羊毛出在猪身上”的成功企业凤毛麟角

其实，洞察此种思维，基本也只是如何积累目标客户、用户的一个手段或方式而已。其实，与所谓的商业模式，差了十万八千里。

真正的商业模式，其实就是：客户、用户进来后，企业如何给他们提供自己的产品或服务，并且能够使企业生存下来并长续发展。

那么，归结下来，落脚点就是自己的产品与服务。试想一下，作为创业者，创业的产品就应该是自己赖以生存的根本，如果连自己创业开发出来的产品与服务，都不能保证赚钱，不能保证企业生存与长续发展，那么，你怎么可能让别的非根本的东西来实现企业长续发展呢?!

真正能实现羊毛出在猪身上的企业，确实有。但那基本都是

已经耕耘用户到了用户死心塌地的状态。企业已经在用户心里形成非常强大的品牌与印记，无论是产品品质、商业信誉等，都已经得到证明与认可。用户到了企业生产任何产品，他都认同并且可以付出行动消费的状态。试想，这样的企业，全球又有多少呢?!

## 四、企业经营不能被误导

移动互联浪潮，还会有一些风口，还会有一些机会，还会有一些创业的精彩。但是，切莫再在所谓的“羊毛出在猪身上”商业模式上打主意了。先把用户圈进来，然后任你卖什么都行，任你宰割，乖乖交钱消费，仅仅就靠一个互联网工具？世上怎么可能有这么好的事?!

创业开发产品与服务，是满足或者激发用户的需求。用户的需求是有高有低、有层次的，也是无穷尽的。企业经营一定有其内在规律，还是从满足用户真正需求，去成就你伟大的事业吧！

**谭长春**，华夏基石管理咨询高级合伙人。

现从事企业管理咨询工作，一直专注于企业营销及战略的研究、发展、推广、整合。目前主要为企业营销而服务，专注于营销战略、渠道及分销、品牌规划及提升、整合营销、经销商发展、新产品上市推广等多方面的研究。

著有《快消品营销与渠道管理》。

# 传统企业互联网转型升级方法论

蒋　军

一家 10 年来主要做批发和流通的服装生产企业，由于业绩压力想做品牌。

对于客户这样做中高端服装的批发企业转型到品牌企业，看似很合理，但难以取得效果。

问题到底出在哪里？

在访谈这家企业的电商运营总监时，他说："电商、微营销、百度推广等都做了，没用，主要还是靠传统的营销和销售。第三方公司也来了好几家，没什么好办法。"

我问："什么都做了，那么具体是怎么做的？"

他说："微信东拼西凑，发点文章；电商做直通车；百度，买点关键词；微博，不做了，没人看。"

我再问："老板怎么看互联网及微营销，将其摆在什么位置？"

他有些怨气地说："老板看结果，做得起来就做，做不起来就拉倒，哪有摆什么位置和投入啊！"

从案例可以看到，这是一个一把手工程，问题的根源在企业的决策层和老板。

所谓认知高低决定生意大小。如果还认为把产品放在网上，做点互联网推广就是互联网转型升级，那只有等着关门大吉了。

企业必须坚定互联网战略、聚焦互联网战略：以互联网精准营销及运营为核心，重视指标和效果，将精准营销、运营标准化、流程化。

互联网时代品牌、产品最好的塑造、建立和沟通传播方式是：互联网化品牌（品牌 IP 化）+产品人格化（小而美）策划+互联网化商业模式设计+百度搜索及周边信息生态+微营销策划及运营+新媒体战役引爆。

## 第一步：以互联网化品类（品牌）创新为突破口，塑造品牌差异化价值

传统市场品牌、产品大同小异，同质化严重，无亮点特色。如传统红酒品牌定位于“高端、格调、文化”，跟大众消费和需求相去甚远。而定位于消费群，如“青春”“文艺范”等，则是未来的新机遇。

互联网化品牌价值及体系梳理必不可缺。互联网时代需用品牌 IP 和人格化来解决品牌问题，塑造差异化品牌价值，让品牌成为一个超级 IP。

我们为客户塑造的“迪确美”品牌，用一个美人鱼的 IP，让一个自喷漆品牌拟人化和生动化，便于跟消费者沟通和传播演绎，发挥空间更大。

## 第二步：以互联网化的小而美产品突破市场瓶颈

对新生产品而言，要实现突破，首先必须圈定小众核心社群，同时制定完整的产品规划，通过后续的系列运作实现产品流量和消费群的延展。

**产品人格化：**互联时代产品应具有生命力、情感化、消费者互动、文艺化，将产品拟人化、与粉丝互动，使产品表现出亲和力，被大众接受。

**小而美：**互联网时代即告别大传播时代，传统的广告、铺货已经无力能及。而如今产品即小而美，自带流量，将简单做到极致就是完美。

如深知营销从无到有，为客户创建的自喷漆新品牌“迪确美”（背靠集团公司的技术优势），从最核心的涂鸦人群和使用场景入手，迅速找到核心人群，带动和激发了 DIY 人群的使用体验，从而能够迅速打开局面，影响大众人群，促进品牌和销量的提升。

## 第三步：互联网化商业模式制胜

互联网时代的商业模式与传统商业模式的根本差别是：价值创造。没有客户价值，怎么玩都是不成立的，这是核心问题。

这就是互联网化商业模式，我们要怎么打造这个商业模式？

如我们服务的互联网平台企业，是一家做解决方案和硬件起家的广东企业，硬件的解决方案主要是出口，没办法做了，他又想做智能锁品牌，发现也是大品牌林立。最后找到智能家居里面的智慧社区，以车闸为切入点和突破口，整合了物业、小区、子公司、业主和相关利益者，而且他们都是获利的，现在已经上市，年营业额突破3亿元。

找到一个好的切入点，才能形成商业模式。

### 第四步：建立百度及周边信息生态和信息沉底工作

移动互联网时代，百度作为信息的入口，是消费者信息获取、体验、评价和互动的第一站，包含了百度生态体系的框架、内容。如百科、知道、贴吧、文库、视频，等等。

以百度作为信息的入口，建立百度及周边信息生态和信息沉底工作，建立消费者互动平台，同时增加搜索引擎收录量和搜索曝光率，提升品牌形象、知名度等。

### 第五步：品牌建立以微营销及运营为核心

企业如何实现“精准营销”？让企业不再有“有一半广告费浪费了，但不知道浪费的是哪一半”的感慨和无奈。

我们认为，建立以微博、微信公众号为核心端口的微营销架构和体系，以吸引、承载粉丝，提供优质的内容和服务，进行深度的互动，这也是当前品牌营销落地最关键和有效的环节。

不但可以吸引流量、形成入口，还可以聚集目标客户，进行精准深度的营销互动，实现线上和线下的相互融合和促进。从根本上实现整体销售转化，提升品牌及产品销量。

### 第六步：互联网营销传播和新媒体战役引爆市场和销量

持续为品牌曝光、价值提升服务，引爆市场和销量。策划与执行互联网事件营销即借势和造势，借助或者创造话题，形成消费者关注的热点，引爆市场并形成与企业品牌、产品的关联，从而通过热点事件的杆杠作用，提升品牌、产品的市场知名度、关注度。

借势、事件营销及新媒体组合引爆市场：江小白、杜蕾斯之成功就是不放过每一个热点，借用新媒体运营和社交媒体与粉丝互动、借助大众传播，快速引爆市场和销售。

未来变化很快，很可能几年这些方法就不再合适，但这有什么可怕的呢，世界不就是这样循环上升发展的吗？

**蒋军**，拥有多年大型国有上市公司市场管理经验，十多年营销管理和品牌营销策划经验，具备丰富的市场营销及企业管理理论知识，系统性思维和分析能力强；擅长战略规划、品牌构建、营销操盘和实战营销。

著有《一位销售经理的工作心得》《今后这样做品牌：移动互联时代的品牌营销策略》。

# 上市还是不上市，这是一个问题

黄中强

当大部分公司发展到一定规模时，都会面临一个选择：上市还是不上市。主流意见是上市，好处不言而喻。

至于我们这个行业，其实就是传统的批发零售加上一定的售后服务，谋求上市并不太容易，但世上无难事，只怕有心人。

A 公司是我们这个行业里的领头羊，业绩一直遥遥领先。前些年公司发展到一定规模时遇到了瓶颈，受行业总体规模所限，有劲没地方使。经过一番调查研究，公司老板决定利用某项互联网技术进军新的领域。不久，新业务顺利开张了，陆续签下了一些用户。当时该项互联网技术很有卖点，适合编故事，于是在中介公司的帮助下 A 公司开始谋求上市。由于时机把握得好，新业务看起来前景广阔，公司的历史业绩也不错，A 公司在很短的时间内顺利在深市创业板上市了。成功上市后 A 公司的自身业务并没有太大发展，但资本运作搞得有声有色。

B 公司在我们这个行业里规模也是屈指可数的，王老板非常有想法，在全国好几个主要省份都开了分公司。在中介公司的帮助下，B 公司也开始了上市的进程。为了尽快扩大规模，B 公司通过现金收购、股份互换在短短几年内规模扩大了好几倍，销售额也增长颇多。但由于本身业务没有太多故事可编，也由于当时中国股市环境等原因，证监会对新公司上市控制比较严，所以拖了好几年 B 公司还未上市成功。

这下有点要命了，因为公司上市条件里有一条规定：候选公司的销售额及公司利润在上市前几年里要保持相当高比例的稳定增长。而对于一个相对成熟的行业来说，我们这个行业的公司到了一定规模后就很难达到此项要求，B 公司也一样。每年为维持报表上的销售额和利润增长，B 公司使出了各种各样的手段，付出了相当沉重的代价。

经过几年的煎熬，B 公司通过排队等候，终于上市有望了，偏偏此时证监会为控制上市规模又出了一项新规定：各家排队的公司先进行财务自身检查，如自检觉得没问题后，证监会还会安排专人进行复查。B 公司经过一番权衡后也撤销了上市申请。

C 公司是我们这个行业里一家地区性大公司，公司的业务比较杂，盈利能力很强。李老板超级能说，极具煽动性。他有一个想法：成立一个全国性的联盟，发展每个省份和重点城市的同行业公司加入，利用联盟的巨大体量从上游厂家那里谋求更多的利益，同时利用联盟完善的网络赢得销售和售后服务上的优势，然后整体打包上市，听起来相当不错。

于是一段时间内 C 公司的几个高层开始了全国范围内的频繁出差，不断游说各地同行业领军公司加入联盟，一年下来成果显著，联盟很快覆盖了上百个主要城市，成员发展到几百个，当然 C 公司的差旅成本也很高。

紧接着公司李老板开始了他的下一个布局。他先成立了一家新的公司，将原公司的部分业务装入新公司，然后在联盟里挑选了十几家有一定盈利能力的公司，挨个劝说他们将原公司的主要相关业务装入新成立的公司，按照每家所承诺的销售额及利润决定每家公司老板占新公司的股份份额，约定在公司上市前用一切手段保证每年新公司业务和利润高速增长，同时按比例划分责权，许诺公司上市后如何如何。

此后不久正赶上中国股市推出了新三板，李老板的新公司顺利登陆新三板。为了继续招纳新公司加入并成功由新三板登陆 A 股主板，李老板一方面鼓励各分公司老板保持每年销售额和利润高速增长，另一方面和各加盟公司签订对赌协议，加盟公司保证公司业绩增长，李老板保证上市公司每年股价按一定速度增长，承诺如果公司股价未能达到预期的增长速度，将按照规定的溢价收购各位股东的股份。

可能是新公司未来发展缺乏想象空间，又或者是证监会对公司主板上市监管比较严，李老板的新公司团队第三年还是未能登陆 A 股主板，而新三板又几乎没有成交量，众多加盟公司纷纷挺不住了，三年来高昂的上市成本几乎耗尽了他们每年所有的公司利润，于是纷纷要求李总兑现承诺，溢价收购他们手里的公司股份。

D 公司是行业里一家规模相对比较大的企业。当时马老板正在国内某著名管理学院中读 MBA，结识了不少高层次的朋友，很自然地有了自己的远大抱负。于是马老板将行业里某项已经成熟的服务进行了重新包装，提出了一个新的想法，在其他不同大城市里又找了几个志同道合的合作伙伴，单独成立了一个上市团队，方法和 C 公司李老板的想法差不多，联合成立了一家新公司，大家约定各家公司在其中所占的份额，承诺每家每年以30%的增速向新公司注入几百万元的利润。

天有不测风云，这一年来D公司本身的业务几乎没有增长，无法按照早先的协议向准备上市的新公司里注入高额利润，如要达成当初的协议，需要自掏腰包向新公司注入虚构的利润并承担相应的高昂税费，而且如短期不能上市，明年还需投入更高的费用，这下马老板含糊了。

有时我常常想，我们这个行业从事的业务相对成熟，又很少有自己的产品和独特的概念，要想上市还真是很难。如果我们公司能继续发展，达到上市条件，一定要自己独立上市，而且一定要有自己的产品。

**黄中强**，北京某IT公司总经理。
著有《边干边学做老板》。

# 七问创新

## ——如何让创新真正落地

王庆云

创新的重要性已经到了不证自明的地步，现在的问题是如何让创新真正落地。

### 一问：你是否为创新而创新

在这个快速变化的时代，仿佛不与创新、变化沾亲带故，就是与时代隔绝脱节，就没法向上级交差交代。这种现象甚至直接体现在企业战略创新中，“数据幻想＋时髦大词”的战略描述数不胜数。不能为创新而创新，必须回归创新的本质。

何为创新的本质？价值和成本。具体就是以用户为核心，围绕利益相关者做三件事：一是重构价值体系，二是重构成本构成，三是基于价值和成本战略重构其组织体系。

### 二问：四大创新领域，你的重点在哪儿

创新领域或创新对象可以简单分为四类：

一是商业模式和盈利模式创新，二是技术与产品创新，三是营销层面创新，四是组织模式和管理模式创新。

有的企业资源、能力和人才获取有限，就只能够从营销层面创新。有的不仅在产品甚至技术层面突破，还需要在基础理论上突破。有的在营销和产品层面无论再如何努力都是大势已去，就必须重铸商业模式和盈利模式。

创新从企业的整盘来看，需要“先根本后枝叶、先大后小”依次思考和回答，否则极容易导致系统配置不相容、资源调配阻力万千。

值得注意的是，无论是商业模式创新、产品创新，还是营销创新，都必须有组织模式和管理模式创新的保障。有时候即使商业模式、产品、营销不变，但组织模式和管理模式优化，也会让整个企业焕然一新，甚至牵一发而动全身，驱动所有其他的创新。

## 三问：三种力道，你选择什么样的创新力度

从创新力度上来看，创新可分为三类：一是微创新，二是中度创新，三是颠覆创新。这三类创新在投入、风险、收益上存在着巨大的差异。但从整体来看，微创新将是一个日常工作，中度创新将成为年度指标；颠覆性创新将不确定性出现，可能是几年后，也可能就是今晚；启动颠覆创新的有两种，一是新杀入者、挑战者，二是现有领导者。

前者不像后者那样顾及得多，它更需要颠覆性创新冲击和占领市场。所以目前是前者多、后者少。但领导者的危机意识越来越强，相信不远的未来，自我颠覆委员会、项目组、创投组一定

会成为领导者的标配。

## 四问：三种风险，你是如何防范的

投入风险：除了创新骨干的选拔、开发进度的管理外，投资比例的分配很重要。721 的投资组合可以借鉴，即 70% 投资于迭代创新，20% 投资于领先创新，10% 投资于自由创新。最重要的是通过投资主体的多元化来分散风险。如红杉资本和思科的产融互动模式就非常具有借鉴价值。资本的力量将在创新中起到越来越重要的作用。

产权风险：首先，必须重视知识产权保护，必须配有相关律师或者顾问。创新企业如果忽略这一点，就是为自己挖了一个天大的坑。其次，必须注意各项保密工作，除了合同约定、技术手段外，要注意利益设置，使其内部收益大于外部诱惑。最后，必须严厉打假，如果自身打假成本过高，可以充分利用民众的力量或专业的第三方参与打假。

行政法规风险：比较重大的创新，有时候会与既有的行政法规相冲突。这时候的应对动作不是简单的退缩，而是要做一个判断，那就是这些行政法规是否合理，是否会因为新事物的出现而转变，而不是单纯地做个老实孩子。随着国家对创新的重视和鼓励，我们应该对国家行政法规的包容性和与时俱进怀有信心。

## 五问：如何化解老路子、老格局与新模式、新利益的“爱恨情仇”

真正的变革，一定充满着斗争。

处理斗争问题的基本原则是“事大于人，人为事让路”。处理的核心路径是“统一利益、另起炉灶”，通过基本利益制度的安排，将新老的利益在一定程度上统一起来，让创新成为共同的福祉。值得注意的是，即便利益统一，在具体工作上仍然需要另起炉灶，以避免思维和行为惯性、重视不够精力不足、专业不精能力缺失、左顾右盼相互掣肘。这里可以提及的一个技巧是引进第三方作为调解人。很多聪明的企业，引进第三方不仅仅是为了解决专业层面的问题，更重要的一个因素就是有些内部矛盾依靠内部力量化解的难度很大，外来的和尚相对好念经。

## 六问：为什么创新雷声大、雨点小

原因比较综合，最关键是人的问题：一是不想动，根本在于利益机制的设置和责任风险的承担问题；二是懒得动，根本在于绩效考核和文化氛围的问题；三是不会动，根本在于人才和培养的问题。

针对新新人类，现在比较有效的解决路径是愿景驱动人才、人才驱动创新。曾几何时，我们过多地强调了精神力量。现在，我们又走向了另一个极端，过多地强调了物质期望。现在正在发生一个变化，在物质的基础上，精神力量再一次得到唤醒。改变世界、重新定义一切的思潮和情怀已然清晰可感。

## 七问：如何从个人创新转为机制创新

机制创新可以从如下几个角度思考。

一在组织层面：构建内外两个系统，一是内部创新委员会或研究院，从事行业、跨行业扫描，定期提供研究成果，二是外部整合第三方顾问机构，提供相应资讯与信息。

二在人才层面：构建人才数据库，以企业首席人才官为牵引，全行业、跨行业地整合相关人才，尤其是关键人才。

三在管理层面：推行“愿景驱动 + 人才抓手 + 项目组制 + 目标管控 + 过程管控 + 激励为主 + 娱乐对赌”的二十八字创新项目管理方针，奖励方面，实行节点奖励和结果奖励，结果奖励充分发挥股权激励的作用。

四在资源层面：一方面是拿出一定比例的收入专项用于创新，另一方面由高层定向负责资源协调和支持工作。

五在沟通层面：形成定期和不定期地开展创新主题交流机制，如跨行业跨国标杆游学机制、用户交流机制、供应链交流机制、技术大咖交流机制、基础理论学者交流机制等。

六在文化层面：首先要有容纳不同声音甚至自我否定的声音存在，以催生新想法、新创意，其次要有容纳失败的氛围，鼓励尝试，鼓励暂时失利者，让大家有勇气创新。

七在创投模式：换个身份打天下，以创投的角色，广域扫描投资外部创新项目和团队，化他为我、化敌为盟，该模式将成为领导者的标配，同时也是创新创业团队的最佳归宿之一。

让创新落地，说复杂很复杂，本文也只是点到为止。说简单也简单，简而概之，一句话：创新方向明确、创新层次分明、投资风险可控、利益安排妥当、资源配置到位、组织机制保障、文化氛围支撑。

**王庆云**，著名咨询集团营销管理顾问。曾服务的客户有全友、大自然、五芳斋、叶氏兄弟、徐工信息、特奢汇、绿岸网络、我爱我家网、皇派等数十家知名企业。

著有《建材家居经销商实战42章经》。

# 企业如何做到行业前十

贾同领

很多行业，如建材家居、大健康产品、休闲食品等，还是处于纷乱竞争中，动辄数千家、数万家的企业不断抢占着地盘。这些企业最后会像家电、手机行业一样，只有少数几家企业留存吗？是不是做不到行业前十，就意味着有朝一日被淘汰呢？

有些企业在混乱的竞争中，好像具有某种做大的基因，逐渐出类拔萃！怎么有的企业不断做大，有的徘徊不前，有的甚至关门大吉呢？企业发展壮大都不是偶然的，笔者根据多年营销一线的实践总结发现，做到行业前列的企业有其做大做强的DNA。

企业做到行业前十，必须具备如下五种基因。

## 一、有过硬的产品

企业存在的意义是其产品。市场上的产品不断在扩充，但对于一家企业来说，并不是要不断丰富产品，而是要多做精品。多年前，奇瑞就承认多产品战略已经失败，以为产品东方不亮西方亮，其结果是都不亮。现在娃哈哈产品销量大幅下滑，其原因和产品过多、精品缺少脱不了关系。

从终端货架到全网营销，消费者关注度越来越分散，停留在一个产品上的时间越来越少，如果一个产品不足够优秀，是很难让消费者青睐的。即使是细分战略的产品，也要在细分领域博取该人群的共鸣。

把产品做到极致，是企业做大做强的必备条件，如果不在产品上下功夫，再多的资本游戏也是梦幻一场。产品要持续具备竞争优势，背后一个敬业、不甘落伍、追求卓越的研发团队是必然选项。

## 二、带头人有做大企业的情怀和格局

没有把企业做大的企业家情怀，是无论如何不可能做到行业前十的。

有了这样的情怀，是不是就一定可以呢？那也不是，因为还要具备企业做大的格局。一些企业带头人，与客户合作，机关算尽，能占的便宜绝不放过；对待员工，也斤斤计较，能少发点工资就尽量克扣。老板这样的格局和心量，企业怎么可能有大的突破？

从某种角度说，企业家格局可以靠后天培养，但更多是天生的。所谓的万众创业，只是一些人的谋生方式，是生意；而企业家，是事业，他们视野是站在产业前沿，有行业忧患意识，对人包容、大气、不拘小节，做事雷厉风行，不患得患失。没有一定的心量，是很难把企业做到行业前十的。

## 三、不甘心于平常，创新常常见

同一行业产品往往同质化严重，渠道又类似，如果没有创新，没有一些“弯道超车”的动作，怎么能脱颖而出？怎么可能做大？

笔者曾经碰到一家行业内比较大的企业，他们抱怨有家小企业不按套路出牌，打乱了他们的市场规划。笔者口上附和着，心里想：如果小企业都按部就班的，他们如何能够超越你们这些体量较大的呢？只有企业不按套路出牌的“创新”，才可能超越。

当然创新不见得是一招制敌，而是融入相应的细节之中。如品牌传播、渠道建设、团队激励、管理制度、产品生产、仓储物流等环节都可能创新，每个细节的优化不断累计，改变就很大，就像 $1.01^{365}=37.78$ 一样，看似每天一点微小的进步，但持久结果令人惊诧！有些企业对细节的追求和创新做不来或不屑于做，只想着一招制敌式的“大招”。

## 四、善于专业借力，追求多赢

现在专业分工越来越细，只有做自己最专业、最擅长的，才能效率最大化，不能事事都靠一己的力量。

资源少，可与资源优势企业深度合作；缺资金，可借助资本力量实现跨越；管理差，可寻求外脑帮扶；营销弱，可以借势于营销类咨询公司合作……只要追求多赢，不想着自己吃独食，企业做大的机会多的是。现在的各类专业公司何其多，能力靠自己慢慢培育，想做大做强企业要等到猴年马月？连微信都改变战略，要做开放型平台了，我们呢？

看看现在行业前十的企业，还有多少不寻求第三方支持的？当然现在第三方专业公司鱼龙混杂，要慧眼辨识，但只要企业敬心诚意，就能“召感”到调性相同的合作伙伴，因为不是同类的企业也进入不了自己的“法眼”。

## 五、企业会讲故事，并知行合一

每个员工都在追求好的发展，一家企业凭什么让优秀员工追随？所以企业要规划好愿景，展现出做大做强的决心和意志，给员工勾画出触手可及的未来，让员工充满斗志。两军相逢勇者胜，对于企业来说，也是如此，企业上下要展现出实现目标的意志，要营造出企业蒸蒸日上、信心满满的气势！这种“势”无形无踪，但又真实存在，只可意会，难以言传。

企业要营造这种“势”，需要会讲“故事”，并与企业业绩和相应动作结合，要知行合一。可先从一个个小目标做起，不能永远空中楼阁，否则一旦员工觉得不可能实现，就会认为企业在瞎忽悠，这种“势”就会立即掉头，急转直下，再想爬上去，则需要花费更大的努力。

企业不会讲故事，难以造“势”；没有实现故事的真实动作，“势”就不会长久。

上述五项是企业做大做强，进入行业前十的必备条件，它们就像木桶原理的五块长板，缺一不可。有心的企业可以自我对照，努力修炼，争取早日实现企业做大的梦想。

**贾同领**，国际注册管理咨询师，慧度营销创始人，和君咨询合伙人，品牌营销专家，企业弟子规讲师，中国百强讲师。拥有20余年的营销实战经验，为百家企业提供过新品上市、营销策划、营销全案及托管服务。

著有《建材家居门店销量提升》《企业员工弟子规》等。

# 管　理

# 管人要懂得抓住面子做文章

曾　伟

**西方人把契约看得重，把合同看得重，把制度看得重，把规则看得重，而中国人则把面子看得重。**

从《圣经》当中你能看到，人类遭遇的灾难几乎都源于不遵守与上帝的约定：亚当、夏娃不遵守与上帝的约定，偷吃了伊甸园的禁果，女人从此遭受生育之苦，男人遭受劳作之苦，共同遭受生死之苦。

《圣经》还说，上帝曾经与犹太人的祖先——亚伯拉罕有过约定：你带着你的族人到耶路撒冷去，你可以建立一个大国。亚伯拉罕带着族人到耶路撒冷建立了他的大国，但亚伯拉罕的很多后人离开了耶路撒冷，去了埃及，违背了他们祖先与上帝的约定，结果遭遇了很多的灾难。摩西带着族人历经千辛万苦出埃及，回到耶路撒冷，只为践行祖先与上帝之约。

他们发现一个规律：不遵守跟上帝的约定就会遭灾。所以西方人的契约精神、制度精神、规则意识，与他们的宗教信仰密不可分。

但中国人没有类似的宗教信仰。西方人依靠无所不能的上帝的力量约束人的行为，中国人却只能靠人与人之间关系的力量来约束每个人。

靠人与人的关系形成的压力来约束每个人，这是孔子儒家学说的核心思想，忠、孝、仁、义、礼，每一个概念讲的都是人与人的关系。在“缺乏神”的力量的情况下，人际关系的力量就成了管理的核心力量。

**“面子”是人际关系通俗的说法，“面子文化”是中国式管理的核心文化。它既是糟粕，也是精华。**

说它是糟粕，是因为企业里大家互相给面子，凡事不较真，就会造成产品质量差、交货不及时、客户投诉多、企业成本高、人均产出少，最终企业难以为继。

说它是精华，是因为大家已经习惯了这样的文化。中国人天生就是讲面子的：老外两口子把财产搞清楚了（婚前财产公证）才去结婚，中国人两口子把财产搞清楚通常是去离婚！老外和朋友一起吃饭可以很平静地采用 AA 制，中国人在一起吃饭却会为抢着买单扭成一团。这就是中国人的面子观念。

没有人能做文化的敌人。所以，不可能因为“面子文化”好或不好而硬生生地将它砍掉，实际上砍也未必砍得掉。那么多企业搞制度化管理，或者遭遇失败，或者搞成了形式主义，说明：简单地否定“面子文化”——没用，机械地导入制度文化——很难。

怎么办呢？**重塑“面子文化”！重新打造让中小企业得以生存的面子文化是企业文化建设的核心工程。**这个问题不解决，企业的管理不可能好，因为所有的制度都将难以落地。

**怎样重塑面子文化？**

第一，要把私有变成公有，把个人面子变成组织面子，这是关键。也就是说，首先要打造出一个大面子来，用大面子替换小面子，用一张大脸替换个人的小脸。

企业目前的面子文化是私有化的，分开的。企业里面最大的面子是谁的面子呢？老板。可以说老板面子有多大，这个企业的面子就有多大。所有的人就看老板的眼色，就看老板的态度，就看老板的评价来决定自己的工作。这样老板很累。

因为老板这张脸的使用频率太高了。这个老总说："老板，对不起，那件事我搞不定，所以要把你的脸借一借。"那个厂长说："对不起，老板，把你的脸借一借来解决这个问题。"老板的脸被借来借去，他就得跑来跑去，因为脸离不开人，脸到哪，人就得到哪，能不累吗？老板的脸成了唯一的管理工具，成了最有用的管理工具。这就是现状。

老板们陷在里面不能自拔，结果老板搞累了、搞烦了，说："算了，随你们吧。"最后，企业里也没有谁比谁的脸大，企业像一盘散沙。为什么？因为各自的小脸，谁都瞧不起谁。最终企业在两极摇摆：一极是老板累得不可开交；另一极是企业里面谁都管不了谁。这就是很多中小企业的现状。

第二，企业必须学会开"会"，把企业那张大脸打造出来。

我们在组织架构里的位置很多人是看不见的，但在会议上所有的人都各就各位。只有大家在一起各就各位时，才看得到谁是领导，谁是下属，谁是左，谁是右，谁是前，谁是后。这样的位置状况长时间进入人的脑海，就能形成一个组织的"相"，组织的"脸"，组织这个"大面子"就会慢慢渗透到人的心里去。所以，开好会议是企业打造整体面子、重塑面子文化的头等大事。

**曾伟**，案例点评专家。广东欧博企业管理研究所所长，中山大学中外管理研究中心EMBA教授，著名企业管理变革专家，被誉为“中国式泰勒”。

著有《欧博工厂案例1：生产计划管控对话录》《欧博工厂案例2：品质技术改善对话录》《欧博工厂案例3：员工执行力提升对话录》《欧博心法：好管理 靠修行》《欧博心法：好工厂 这样管》等。

# 为什么企业必须要进入管理自觉态

王春强

自发，指不受外力影响而自然产生。

自觉，指自己有所认识而主动去做。

多数企业发展的前期阶段，管理只是自发地发展者，除非当来自客户的压力、竞争的压力、成本的压力难以忍受时，才能实质性驱动自觉性改变的发生。

如果把企业所受的压力，或者说促使企业加大管理投入的驱动力进行详细的分析，可以得到图 2－1 这样一个四象限表格。

企业面对的压力首先直接来自市场、客户，因为这种压力是相对于竞争对手、相对于客户而呈现出来的，所以这个维度可以称为“相对视角”。从“相对视角”看问题是以市场竞争为参照系的，如果企业表现不错，而竞争对手表现更好，企业就有危机感；反之就有可能得出消极的结论。

在市场竞争压力、客户倒逼压力不大的情况下，企业自我审

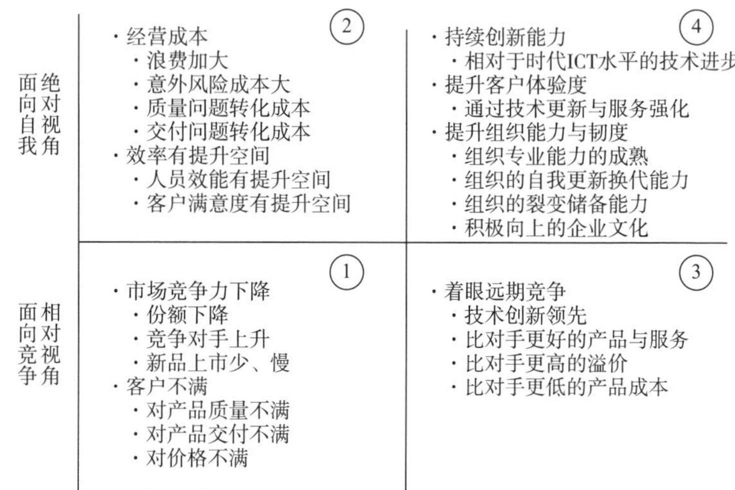


**图2－1　企业驱动力详析图**

视在各方面是否做到足够好了，这可以视为一种自我挑战，这个维度可以称为“绝对视角”。这个视角带有自我完善、自我超越的意图。

企业看压力，当然也分看短线与看长线，看短线的是看眼前实实在在的问题与困难，看长线的是基于对行业未来、企业未来的预期而判断企业组织能力应该提升的方向，远期的压力目前并没有变成现实。

一般来讲，侧重从“相对视角”和“短线视角”看问题的优势是务实、应急，劣势是容易将就、短视，不利于企业未来成长，呈现偏被动的风格。

侧重从“绝对视角”和“长线视角”看问题的优势是远虑、重视基础建设、重视自我超越，劣势是容易虚蹈、迂阔，呈现偏主动的风格。从当下企业在这方面呈现的整体倾向性看，偏被动风格的企业多。

各有优劣势，正确的做法应该是取其“中庸”，既要务实、应急，又要远虑、不断自我超越。一般来讲，主动性的风格偏向自觉态的管理模式。对管理之于企业本质作用的认知深度，会影响企业对管理模式的选择，也影响企业进入管理自觉态。这些认知可从如下几个维度展开：

## 一、管理是一种系数投资

对企业而言，管理也是一种投资，但它同业务性投资性质不同，它是一种系数性投资。什么是系数性投资？就是管理本身不会有直接的收益产出，它必须通过作用于业务投资，通过提高业务投资的效率、效能，间接体现出自己的价值。它像一个乘法算式中的系数一样，是辅助性的，但是它的大小高低会影响算式结果的大小高低。

## 二、以管理的确定性应对经营的不确定性

经营面对的不确性情况很多，如经济形势、行业形势、技术发展、社会性趋势，以及很多具有偶然性的其他因素。但管理是相对确定的，管理无法帮助经营去消灭不确定性，但强大的管理可以提升企业的抵抗力、恢复力和韧性，也能帮助企业抓住商业机遇。比如，当市场紧缩时，产品质量更好、响应更快的企业会获得优势。因此可以说“以管理的确定性，应对经营的不确定性”。

## 三、管理让组织成为组织

在管理这个概念没有被创造出来之前，组织其实就是依靠管

理而成为组织。

一个企业若要形成一个有机的整体，就必须有一套机制进行协调与保障，就像心脑五官四肢必须有神经系统、骨骼系统、血液系统等机制来保证生命体的一体性。

很显然因为企业依靠管理而存在，管理的有效性就会影响组织机能的强弱，组织机能的提升，除了构成组织的个体能力之外，其余基本要依靠管理。从这个意义上讲，管理对于企业来讲，是基础性的、必备性的存在。当然在现实操作中，对一个具体的企业组织而言，管理要强到什么地步是需要把握平衡的，就是投入与产出的平衡，要在满足组织机能胜任其使命的基础上考虑管理的强弱刻度。

## 四、同质化竞争形势下，竞争力来自管理

在一个竞争市场上，如果竞争者之间的产品差异、商业模式差异区别不太大，那么决定它们竞争力差异的就主要是各自的管理能力。

很多产品领域，西方企业都比国内企业占优势，大家比较认可的原因是核心技术还是别人厉害，如在智能手机领域华为还是与苹果有差距，甚至与三星有不少的差距。但是人们忽视了，在很多非以技术领先定强弱的行业，也如此，如一个马桶盖，可以去网上查询比较下，价格差距也很大。用“工匠精神”来解释能说明问题，但是对于解决问题并无太大启发，用有利于解决问题的方式来解释的话，其实就是管理。

由管理优势形成竞争优势的一个明显标志是形成了品牌或口碑效应。想想海底捞，它的火锅也没有什么很奇特之处，但是为

什么它会鹤立鸡群？是服务？对，服务，可为什么它的服务好呢？就是管理，海底捞的管理已经形成了一种品牌。

## 五、管理与经营本不可分离

经营与管理概念是分开的，但对于其所指的现实对象而言，是不可分的。可以说，经营是管理的主意，管理是经营的功夫。陈春花老师的《管理水平不能超越经营水平》疯传，我明白她想要表达的意思，但不认同这句话的用语方式，二者本是一体，何谓这个水平能够超过那个水平？

总而言之，在现实运作中，管理的实体与经营是融合在一起的，管理是要服务于经营的，管理上不去，经营的天花板也就很低了。存在管理跟不上经营需求的情况，存在管理措施不当，浪费了人力物力而于经营却无补的情况，但绝对不存在管理水平超过经营水平的说法。

**王春强**，资深企业管理顾问、变革专家、流程管理专家，从事管理咨询工作十四年。

著有《管理：以规则驾驭人性》《规则定成败》。

# 提高企业执行力，计划是关键

张国祥

执行力是企业管理体系的副产品，离开了企业管理体系空谈提高员工执行力等于缘木求鱼。有了管理体系，如果执行不到位，这样的企业也说不上有好的管理。

执行是把战略变成绩效的唯一手段。计划工作是一切工作的基础，计划好坏决定管理好坏、计划水平高低反映管理水平高低、计划完成程度就是执行力高低的直接反映。

首先厘清“企业管理”与“企业管理方法”两个概念。企业管理是企业成员利用内外资源实现企业目标的组织行为。有人把管理定义为计划、控制、检查，等等，这显然不是管理的定义而是管理的方式方法。笔者在企业实践中总结出企业常规管理八步法，也称为企业计划管理八步法，即计划、分解、反馈、执行、检查、奖惩、总结、改善（可详见张国祥老师计划管理八步法的8篇文章）。其中的创新在于把计划与执行、制度与执行、绩效与奖惩、纠偏与改善、个人成长与企业发展等紧密联系在一起。更重要的是把管理体系设计与管理体系落地融为一体。

企业管理体系设计完成后，首先建立该企业的《工作计划管理办法》，从制度上确定企业计划管理的主管部门及主管岗位，确定计划制定的责任岗位与审核岗位，确定各种计划的制定时间、拟定方法、上报程序与审核标准，确定计划制定标准、考核标准、奖惩标准。因地制宜，结合实际，建立企业各类计划的标准模板（见表2－1），让工作计划管理办法成为企业计划管理的根本大法。

**表2－1　某企业员工工作计划模板**

（岗位姓名）（　）年（月）工作计划与总结表

拟订：　　　　　　审核：

| 序号 | 任务名称 | 完成措施或关键节点 | 达成目的或完成量化指标 | 主责人 | 参与人或协作人 | 起止时间 | 完成天数 | 奖惩约定 | 完成情况 |
|---|---|---|---|---|---|---|---|---|---|
| | | | | | | | | | |
| | | | | | | | | | |
| | | | | | | | | | |
| | | | | | | | | | |
| | | | | | | | | | |

备注：除“完成情况”为总结填写内容外，其余皆为工作计划填写内容。
完成措施或关键节点为月度计划填写内容。

下面简要介绍企业计划管理八步法。

## 一、制订计划

管理混乱的根源是权责不明，效率低下的原因是计划不清或没有计划。要解决效率低下问题，就得从制定计划着手。制定计划是企业计划管理的龙头。

笔者在长期的企业咨询实践中，总结出制定计划的五个要诀：任务名称准确、目标清晰可数、工作责任到人、完成时间到天、措施具体得力。遵循这五个要诀大大提高了员工制定计划的水平和速度。辽宁某房地产企业的预算部董经理在总结计划管理好处时说："刚开始制定计划我们不习惯，嫌麻烦；现在按计划工作，效率提高了，没有计划反而不习惯了。"

## 二、计划分解

凡是主管岗位人员制定的计划一定要分解到人、到具体时间。年度计划分解到月、到周，月计划、周计划分解到天。

每一位员工按计划完成任务就能确保企业目标达成。计划分解是确保目标达成的不二法门。

## 三、计划反馈

下达计划就是布置任务，必须让下属明白：任务是什么、目的为什么、时间有多少、方法是什么、结果要什么。下属明确任务并做出完成承诺，计划才算下达。

作为下属接受任务要反馈，工作遇到阻力要反馈，工作完成也要反馈。反馈可以帮助上级确认下属是否明确任务，了解下属需要的帮助，确认工作完成的进度，进而调整或计划下一步工作，从而牢牢掌握工作主动权。

## 四、计划执行

确保计划落地，企业主管和下属员工必须做好以下几点：员工按计划推进工作；主管按关键节点检查；员工发现问题及时上报；主管发现偏差立即纠正；出现特殊情况调整计划；及时总结工作经验或教训。

## 五、计划检查

通过检查或抽查可以了解决策贯彻情况、计划进展、任务进度、质量好坏、员工士气和工作状态；通过检查或抽查可以检验决策是否正确、计划是否周详、目标能否达成；通过检查或抽查可以评价员工工作成果。因此，检查、抽查切忌走形式、看表面、听汇报，必须充分准备，对照计划、标准、制度，看行为、查数据、盯死角。做到举一反三，见微知著。即能够透过现象看本质，把握企业运行的真实状况、了解员工的真实想法，解决员工的实际困难，以确保计划完成。

## 六、计划执行的奖惩

实践表明，企业管理必须奖罚并举，而且奖罚有度。我们主张多奖少罚，一是奖励人数要多过惩罚人数，二是奖励金额要多过惩罚金额，让企业始终充满正能量。让员工“少犯错误多拿钱”就是这一做法的经验总结。

那么奖惩标准从何而来呢？一是企业规章制度，二是员工岗位工作标准，三是各类工作计划。标准事先确定，定了就严格执行。

## 七、计划完成总结

企业总结通常分为年度总结、项目总结、阶段总结、月度总结、周小结、日小结。总结通常包括四个部分：成绩、不足、不足的原因分析、不足的改进措施或建议。

成功缘于计划，成长缘于总结。良好的计划只是开端，持续总结才能不断进步。

## 八、工作改善提高

管理持续改善是企业成长进步的唯一途径。

笔者曾为企业高管讲过《如何当好总经理》的教练课程，课中建议总经理要经常思考三件事：有没有更好的资源？有没有更好的方法？有没有更好的人才？思考之后用来干什么呢？改善管理！我们要求员工特别是管理人员必须每天每周每月每年做总结，总结用来干什么？改善管理！企业产品出了质量问题，要开分析会，查找原因，制定措施，目的是什么？改善管理！企业建立的各种会议制度，除了汇报工作、交流信息、布置任务之外，一定少不了一项：改善管理！

企业管理始于计划，终于改善，这应该成为企业管理人员人人知晓、个个明白的基本常识！

**张国祥**，企业规范化管理实战专家，流程管理专家，现任北京越努凌云管理咨询有限公司董事长及首席专家讲师、中国总裁培训网金牌讲师、时代光华等多家培训咨询企业讲师及网站专栏作家。

著有《用流程解放管理者》《用流程解放管理者2》。

# 中西方企业管理基因的异与同

孙嘉晖

说到管理，最通俗的解释无外乎就是：如何将一群人攒在一起做事。再具体一点，就是“管”和“理”：管，就是画一个圈圈将一群人拢在一起；理，就是在圈内建立一种秩序，进而编制成一定形式的组织。这样做的目的就是做成一件事，因此管理的核心理念并不如想象的那样深邃。

要客观研究中国本土化的管理，最好的方式还是将东西方的管理基因进行一下对比，发现其中的差异和相同之处，进而探寻到中华管理文化和西方现代企业管理制度之间的融合之道。

## 一、中西方管理的沿革

对比中华和西方管理制度发展的脉络，可以发现其经历的路径十分相似，只是演变的时间节点不同，进而进化出了截然不同的管理文化。

西方文明的发源地欧洲经历了千年以上的中世纪时期。这一时期代表性的封建制社会管理形式和中国自商汤到先秦的社会管理形式是相同的，即“我的附庸的附庸不是我的附庸”。由于当时信息和交通条件的限制，国王和皇帝无法对其统治范围的各个角落进行有效管理，因而通过“分封建制”的形式将管理权分散给各个王公贵族是最好的选择。国王对各个地方的领主赋予行政管理全权，只是对征税、贡赋和战争出兵三个方面的义务进行目标性管理。至于如何达成此目标，国王并不关心，也无能力过问。

在此阶段中西方有一个巨大的不同：西方有相对独立的宗教教会来管理人们的思想，而中国尚处于诸子百家的思想开放期，未形成统一的意识形态。这一封建制的社会组织形式，中国与西方的终结时间却大不相同，中国到了秦汉以后就通过“废分封、行郡县”建立了中央集权的郡县制，而西方的改变却是发生在一千五百年以后的大航海时代。

中国在施行郡县制以后，皇帝对社会的集权式管理是通过“法儒”相结合的方式实现的。法律（规则）管理人们的行为，儒教（宗教）管理人们的思想。中国这一有代表性的利用规则和思想相融合的管理模式造就了超稳定的社会组织结构，一直延续到近两千年以后大清王朝的灭亡。

欧洲封建制的变革发生在大航海和工业革命时期。在大航海时代，因为远洋航行的巨大外部风险，需要全体船员的紧密分工合作来驾驶航船，期间任何一点点的操作失误都可能造成船沉人亡，因此目标性管理让位给了过程和行为管理。所有这一切对于行为和思想的管理规范为即将产生的工业革命打下了坚实的管理基础，当随着工业革命而诞生的工厂企业出现以后，一切则是水到渠成，进而演化出了现代西方管理制度。

西方的管理模式革命发生时间要比中国晚很久，但是其海洋文明的精确性和文艺复兴以后的思想解放形成的人本主义形成了后发优势，也更加适合他们自己所创立的现代企业组织模式。

## 二、西方管理模式在中国

因为文明的起源和发展路径的不同，当我们将西方文明孕育下的现代企业管理制度引入中国的时候，就会产生一个从冲突、磨合到互融的过程。一些成功的范例包括：

日本：因为彻底的开放和曲折的发展历程，以日、英、德、美模式为基因杂交出了独特的日式管理模式，虽同属中华文化圈，但因为日本本土基因和中国文化的诸多差别，以及发展路径的不同，还很难借鉴。

东南亚：新加坡、马来西亚，英式殖民文化传统的遗留，与中国还有些格格不入。

中国人对企业管理模式的探索从未曾停止，而现代企业管理制度的应用落地也并非一帆风顺。

如何解决这一问题呢？如果我们借鉴中西方管理发展的相似之处，仅仅从管理的本源和管理模式的共通之处出发，在管理的诸多元素中，则可以精炼出目标、过程、思想、行为这四个管理的基本维度，这四个维度形成的四个象限则是东西方均广泛存在的管理方式。如图 2－2 所示，西方管理更加偏重于宗教、文化和科学；东方则倾向军事、宗教和文化。其中的交集是宗教和文化，差异就是科学和军事。

在宗教和文化这些软性的方面，东西方模式并无太大不同，

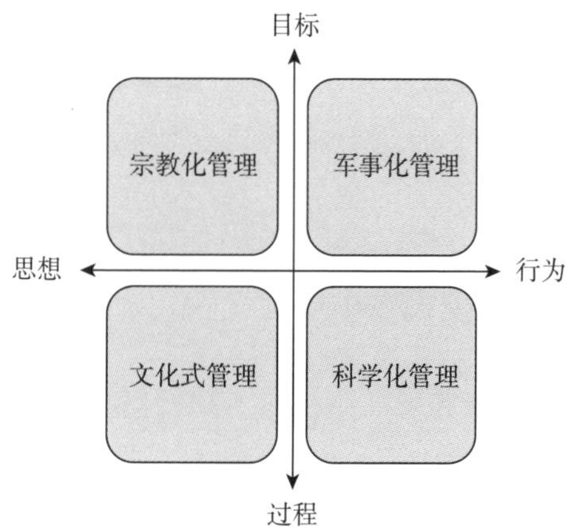


**图 2－2　管理的四个基本维度**

只是传达思想信息的差异。思想生活方式本无优劣，设法改变这个层面总是徒劳的，失败的例子屡见不鲜。

在科学和军事这个硬的层面，则表现出明显的对抗性差异。对于一个普通员工而言，当忽略了思想层面的条件以后，他的行为优先度是目标还是过程呢？我相信，大多数人会选择近在眼前的过程。你考核哪个过程指标，他就会设法满足这个指标。为了防范此类短视行为，KPI 就出现了，其目的就是将员工的行为向目标进行规范，即所谓某种意义上的科学化；另一种方式就是尊重员工在行为上的短视行为，通过强化的“法家思想”进行军事化的管理，强迫员工做好每一个所谓的“短视”的行为，进而向目标进行合力。

在中国，这四种管理方式和组合变形均广泛存在，如：

宗教化：您见过很多发廊和饭店开门前的团队演练吗？

军事化：海尔、华为、长城汽车，狼性理论就是代表。

文化式：诸多国企。

科学化：跨国企业。

我们可以看到，不同的行业、不同的所有制形式、不同的企业背景形成了不同的管理模式，虽有少量的融合，但一直还是界限分明。

## 三、对中国现代企业管理的意义

我太太就职于台湾地区一家不大不小的房地产代理企业，她总是说：这家企业和其他企业没什么区别，如老板最大的一言堂、效率低下、人浮于事、贪污贿赂等，但是这家企业发展却一直不错，也一直是行业的翘楚。也许存在即是合理，这家企业有着和其他企业一样甚至更多的管理问题，它是如何管理的呢？

宗教化：老板信佛，经常要求员工在某些中国传统节日进行祭拜，员工们虽然不认同，但也勉强能接受，毕竟大家文化传统背景相同，这和某些民企以老板崇拜为核心的所谓企业文化教育相比还是棋高一着的。

军事化：企业内一团“和气”，总是儒家式的彬彬有礼，对于问题员工的处理也是宽宏大量，但是在操作层面，他们老板的强势一点不亚于很多所谓的“狼性企业”，只是表达形式不同而已，“外儒内法”的中国传统管理模式尽现。

文化式：淡化中国台湾企业的背景，在管理文化上尽量向大陆趋同化，然而因为管理根本基因形式的不同，无法获得员工在企业文化上的认同感，也一直无法建立独特的企业文化。

科学化：具有一套完整的现代管理制度和行为规范，但是在执行层面上，老板们总是在进行微调和变形化操作，以适应

“人”的感受，不过老板们的变形操作始终“不出圈”，这也许是中西管理文化融合的典范。

管理理论是丰满的，现实却是骨感的，如要解决如何管的问题，则首先需要解决：谁来管，管理谁，管什么的问题。

谁来管：很多企业家因为历史原因形成的认知和能力是有局限的，一定会有一个管理的天花板，这是事实必须被接受。企业是他所有且被注入了原始管理基因，这无法改变，除非老板能够进行自我革命，然而文化背景的局限的突破是非常痛苦的，老板的实时能力也就决定了企业发展的终点。这一点除了引入现代管理制度外无法改变，其实很多西方的家族企业也面临同样的困境。

管理谁：“70后”“80后”“90后”？管理者面对的是国人，他们有着和外国人完全不同的本土化的教育、生活、成长经历，但是他们接受的文化信息却基本上是完全西化的，这也是老板们面对的越来越困惑的管理难题，即如何中西合璧的问题。这个问题不是规则可以解决的，需要引入思想管理，如何将西方的个人主义和东方的集体主义进行巧妙的嫁接是每个老板必须面临和解决的问题，这可以参照日本和中国台湾的管理模式。

管什么，这是最关键的。管理者管理员工和流程的标的是什么？因为你付出了薪水，所以就要像管理流水线工人那样去监督他们的每一个动作？抑或“绩效为王”“黑猫白猫”。管理过程和结果的争论始终存在，都没有错，但是如何将过程管理集合到结果，这是需要管理者智慧的，遗憾的是这方面始终未曾有明显的突破。

针对目前国内广泛存在的管理模式，也许我们可以诊断一下，虽并不能开出包治百病的药方，但如果能够理解中西方管理基因的异与同，最低限度应该缓解一下症状。

宗教化：一些企业家在成功之后总想成为思想教主，不好意思，这是不可能的。

军事化：我不相信这种方式能够走多远，虽然短期内效果不错，但是他们违反了人性，雇用关系是企业和员工的基础，一旦人工成本上升，这个体系就会土崩瓦解，亚当斯密在几百年前就说过了，这里无需赘述。

科学化：由于中国文化传统的原因，产生于西方的所谓科学是可以被怀疑的，也是和中国人的个性有冲突的，切不可全盘西化地照搬，一定要注意方法论和价值观之间的边界，中国台湾企业做得不错。

文化式：文化，人类思想和生活方式的总和，也是最难融合的东西，多少企业家前赴后继地试图建立自己的企业文化，最后还是铩羽而归。这不是你做错了什么，而是你做得不够久，文化的建立是需要时间的积淀的，请耐心一点。“一万年太久，只争朝夕”，朝夕不可争，还是要踏踏实实地做细节工作，即便你不愿意。

正如本文开头所言，管理从核心理念上并不是什么高深的学问，然而在应用方法论层面却是一门绚烂又多变的艺术，加之东西方不同管理思想和文化内涵的叠加，使得现代企业管理在中国的应用就变得更加复杂和难以捉摸，因此我不认为一个单一的管理模式下所谓的简单管理的方式可以包治百病，即便这个方式在某些特殊条件下看起来很好用，然而这毕竟不能长久，因为管理随着企业的成长总是向更加复杂方向发展的。

在寻求适合中国企业管理方法的时候，我们总是会不自觉地将西方管理理念再加上中国国情制造出所谓有中国特色的管理模式。在运作中还会不断将更多的具体管理元素加入，这种“做加法”的管理操作非常危险，众多的管理理念、方法、工具等在共同作用下的合力会压迫原始管理思想偏离核心而形成一种“剪不清、理还乱”的四不像模式。

当一个事物因为纷繁复杂而不被看清的时候，“做减法”就是一个不二的选择。我们仅需要梳理出几个最基本的参照维度，然后再根据具体环境进行扬弃组合，即可以找到简单适合的管理核心思想，以后的方法就可以围绕着这个核心不断延展，避免操作中方向偏离。如果我们能够透彻洞悉中国和西方管理基因的异同和本源，就可以不再纠结于“东风、西风”的问题，而是通过消除其中的界限将管理模式统一到几个最基本的参照点，其他的就迎刃而解了。

也可以这么说，将管理模式割裂为“中国的”和“西方的”，强行形成了一个庸人自扰的伪命题。

**孙嘉晖**，联纵智达建材行业首席专家、高级合伙人，建材渠道终端营销培训专家。

拥有20年市场营销实战经验，涉及通讯、航运、物流、快递、建材、国际贸易等领域。

著有《建材家居营销：除了促销还能做什么》。

# 奋斗是华为的 IP

邢　雷

## 一、华为怎么理解和看待奋斗

很多企业以华为作标杆，在文化建设中希望引入奋斗和奋斗文化。然而，在实践中，却发现谈奋斗很难。

那么华为是怎样理解和看待奋斗呢？

任正非将奋斗定义成“为客户创造价值的任何微小活动，在劳动的准备过程当中，充实自己而提高努力均叫奋斗，否则再苦再累也不叫奋斗”。

所以，奋斗一是要为客户创造价值，二是员工要努力充实自己，做好奋斗准备，三是奋斗的过程。这些都叫奋斗。同时，奋斗是要拿结果说话，只有拿结果说话，奋斗才能站得住脚。

华为的奋斗是从实践中提出来的，很多企业简单地模仿华为、学华为，却没有从管理理论上探讨清楚，这就容易引发很多误解。要奋斗，但不要误解奋斗。华为谈奋斗，背后都有对这些组织行为变量的系统管理作支撑。不理解这些变量，不管理这些变量，学华为的奋斗，怎么能学成？最后只能流于一种强烈空泛的精神感召。

## 二、如何为奋斗者画像

华为对奋斗者的界定是建立在绩效基础上。当员工的输出贡献大于公司支付给他的成本，他就可以在公司生存，就是奋斗者。

在进行奋斗者画像时，要注意几方面：

一是尽量优先选用公司已有管理制度中的语汇作为标签，以免为员工带来新的认知负担；

二是研究标杆企业的奋斗者特征作为借鉴，符合产业社会生存环境的基本要求，防止闭门造车；

三是专家权威对奋斗者的解读资料，保证专家效度；

四是理论研究中与奋斗相关的概念内涵，作为画像的检验标度，以防止演绎过程对本质的抽离、扭曲、偏向，确保内容效度；

五是要符合商业的常识、基本原理，是理性的，同时，忌教条主义，要符合多数成员的共识，是大家心里想的“那么回事”“应有的样子”，是感性的。

奋斗者画像是在前述基础上，对奋斗者的进一步要求和引导，让组织成员产生“奋斗是什么样的”意识，对奋斗形成一致的见解，使奋斗者更加自信。

其前提假设是：一个经营有效、积极进取的组织中奋斗行为样本是普遍的，多姿多样的；非奋斗行为样本应该是具有显著特征，是小众的；面对组织过去、当下以及未来自发涌现的各类奋斗行为，应该有一个逻辑框架去归类，导向升华；这个逻辑框架应该有理论基础和实践基础，应该是结构简单的、名称“性感”的，例如蓝海战略、长尾定律等更易于传播，更容易被员工记住。

另外，奋斗者画像应该有包容性和周延性，并能引发思辨。穷举奋斗者行为的管理成本太高，所以不需要面面俱到。技术方法上，用标签勾勒奋斗者特征值，用情境敏感的正向行为描述，细化指引、要求，A 企业的奋斗者画像，应该一看就是 A 企业的，而不是其他 B 企业或 C 企业的。

在具体的刻画上，则要紧扣画像标签的内涵。行为描述中的行为应该是工作环境中的行为，是我们大家希望看到什么、听到什么，而非主观感受或一般化的印象。行为描述尽量做到明确具体，让员工有典型的场景和画面感，以方便同事间观察学习、监督衡量。行为描述可以不管详略程度，但力争要做到他人能够跟描述者自己的理解一致。

## 三、如何让奋斗者文化切实有效落地

华为实现“以奋斗者为本”给了我们几点启示。

第一，要塑造组织的公正文化，不能把奋斗理解为公司对员工的单方面需求，“不让雷锋同志吃亏”。

第二，激励机制必须灵活，形成向“奋斗者”倾斜的导向。

第三，能区分奋斗程度的差异，使内部人才的流动主动趋向那些更需要的地方。“一线”比“机关”更奋斗；海外市场被划分为“艰苦地区”和“非艰苦地区”，所以任正非现在讲亲近客户、亲近员工、亲近产品，那么领导干部能不能到艰苦的地方去亲近亲近？你去了，你也就是奋斗者代表了。

第四，要在对奋斗者的关爱和奋斗文化的阐释上做足文章，避免让人认为奋斗就是单纯地为了金钱利益，造成物质激励的失效。奋斗一定是为了崇高的目标，股票、奖金是让奋斗者得到合理回报，而不是奋斗的目标，当然组织要有这样的保障。华为的人力资源机制上也做了相应的设计，本质是让奉献者、奋斗者得到合理的回报，逐步引导偷懒者变成打工者，最后变成奉献者、奋斗者。

关于“奋斗者必有回报”的理念，特别需要补充说明的是：很多公司都在讲奋斗者与公司共同成长，做出长期贡献，应该共享企业持续发展成果，主要一条就是给股权。因为奋斗者文化建设都是在学华为，华为股权激励在中国企业也可谓全员皆知。这样一来，员工成为奋斗者以后，就开始惦念股权了，时机不成熟，企业不好搞股权激励，最后，反而给奋斗文化建设弄出一些不和谐因素了。

我认为股权是一部分，但还是建议企业对奋斗者的激励手段要丰富化、多样化一些。例如高于行业平均水平的加薪、员工医疗或子女教育等方面的企业资助计划，外出学习的机会，每月提供一次专车服务，优先帮助奋斗者中的外地员工解决户口。

因为有华为的案例做传播，奋斗现在已经是华为的 IP，如果说华为以敬业者为本，估计大家就会追捧敬业者。但是，我们对奋斗有了系统的认知以后，我认为企业中那些围绕客户创造价值的活动，叫什么就无所谓了，只要组织成员都能心理认同就行。

最后长篇大论汇成一句话：奋斗者是最可爱的人！

**邢雷**，资深咨询师，华夏基石管理咨询集团高级合伙人。

具有十余年中国企业的人力资源与组织文化管理咨询经验，曾经服务过的客户包括交通部长江航道局、京东商城、歌尔声学、中建房地产等。

著有《员工心理学》《人才评价中心·超级漫画版》。

# 天人合一是中国企业文化建设的前提与根基

朱仁建

汉武帝“罢黜百家，独尊儒术”，建立了封建等级下的伦理制，形成天人合一的中国文化。

在天人合一的文化逻辑下，儿女是父母乃到家族血脉、精神、事业、财富等的延续。这种伦理思想进一步延展至上下级之间的忠，形成了圈内和圈外的概念。人们在创业时往往是从自己身边的人寻找志同道合者，用伦理、情感、圈子强化组织关系。

天人合一的文化假设，是中国企业文化建设的前提和根基。企业文化需“三思而成”。

## 一、思，系统思考

首先，“思”是系统思考。关于企业前途命运的大事需要全面、系统地思考，完成组织的顶层设计，确立做人原则、做事准则。

华为在高度专业化分工的基础上如何变成一个整体？一定要有约法，这是基本法最原始的定义。从基本法开始，华为弄清楚了要成为一个什么样的企业；何以能够成为这样的企业；华为过去是怎么成功的；如果过去的成功不是可靠的向导，应该放弃什么、坚持什么；华为要想继续成功，应该增加什么。因此，《华为基本法》帮助企业家及高管团队完成了关于企业前途命运的系统思考，完成了华为的顶层设计。

对于有关“企业前途和命运的整体目标”做出选择，只能基于价值前提，而无法基于事实，因为面向未来的决策，事实并不存在。共同的目标需要共同的决策前提，而组织中的每个成员有着各自的“价值立场”，所以需要共同决策的“价值前提”，做出共同的目标选择，并愿意为共同目标做出承诺和贡献。

离开了共同的价值前提，组织成员无法达成共识，无法真心实意做出承诺为共同目标做贡献。组织随之失去力量，表现为管理的脆弱。建立共同“价值前提”需要时间和过程，需要管理者的介入，需要管理行为的介入。只有经过管理层的持续努力，才能逐渐形成共同决策的“价值前提”，才能使一个组织形成真正的内在力量。后来，人们把“价值前提”转变为“核心价值观”和“企业文化”的概念。

企业文化理念体系的梳理是对组织完成系统思考的过程。文化不是神秘力量，只是因为文化的特征是系统性强、关联性强，文化理念体系梳理是组织完成系统思考的过程。从长期看，企业文化建设需要系统的顶层设计，持续的推动牵引。

文化建设与管理需要艰苦卓绝的努力，考验管理者的耐力和智慧；文化建设既要着眼于根本和长远，又要立足眼前和当下，需要关注过程中每一个细节，把握每一瞬间的机会，方能聚沙成塔。因此，文化建设与管理也是管理者的一项素养。

## 二、师，学习借鉴

以古为师，以洋为师，以他为师，本来就是一种开放包容的文化理念。文化建设既要尊重历史，对已有的成功经验、优秀文化系统地梳理、提炼和总结；更要立足现实、着眼未来，积极学习引进引领发展、支撑战略、成就未来的文化理念。因此，企业文化建设的关键一环就是“师”，向同行、向竞争伙伴学习，跨界学习，向用户学习，向一切“先进者”学习借鉴。

华为就是一位善于学习的好学生。华为向德国学习质量管理和职业化，向日本学习精益管理和工匠精神，向美国学习研发流程和创新管理。

1992 年，马明哲就平安经营思路、发展方向跟台湾国泰交流学习，了解寿险发展的潜力与模式。马明哲开始向寿险倾斜，并力排众议地将产寿分家。平安寿险全力引进中国台湾市场的寿险体系。1994 年，平安力请黄宜庚加盟，随后陆续引进安达信的汤美娟、麦肯锡的张子欣、美国联合健康的吴冠新等国内国外、业内业外精英。外脑（海外人才）、外资（海外资本）以及外体（海外机制）成为成就平安的“三外“法则。

## 三、诗，诗情画意

价值理念是高度概括、高度抽象的文字，在表达上尽量通俗易懂，语句用词上合仄押韵，朗朗上口，表达方式上努力生动活泼。比如，白沙集团的“鹤舞白沙，我心飞翔”，阿里巴巴的“让天下没有难做的生意”等。当然，企业文化建设不是寻章摘句，不是吟诗作对，还是要回归组织文化建设的本源，解决关系生存发展的原则问题，内容决定形式。

吸烟有害健康已经成为常识。那么，烟草企业的企业文化又该如何表述使命追求？白沙集团在2000年前后遇到“文化”的困惑：“我们认认真真、加班加点干着‘有害人民健康的事业’，我们的存在价值和发展理由是什么呢？”

后来笔者在美国一家烟草公司的网站看到了这样表述：“吸烟有利于精神健康。”的确是这个理，但这种表述太直接，不符合中国人的文化习惯，于是，将这个意思换成中文表达为：吸烟让人们以最小的代价获得对自由的最大满足。尊重事实，也符合中国文化的表述，但缺乏意境，也不好记忆和传播。企业家卢平女士将其提炼为：“鹤舞白沙，我心飞翔。”

“鹤舞白沙，我心飞翔”，说白了就是把烟民吸烟后的飘逸感表达出来了。

正如舒马赫（E. F. Schumacher）所说：“凡是能避开人类自由介入的事物，像星球的运动，都是可以预测的；而凡是不能避开人类自由介入的事物则是不可预测的。”企业文化建设是人们感性与理性的结合，是企业的顶层设计，是企业高层的系统思考，是智慧与经验的理性归纳和总结提炼，同时，企业文化也需要全体员工的认知、认同。只有被员工信奉与执行的企业文化才是企业的灵魂。

**朱仁健**，国际注册咨询师、高级文化师、卓越绩效管理专家。

对企业文化、公司战略、人力资源、卓越绩效、项目管理等领域有着深入的研究，拥有着深厚的理论素养。为银行、保险、地产、通讯、交通、电力、石油、冶金、机电等行业的80多家客户提供管理咨询和培训服务，积累了丰富的实践经验。

著有《在组织中绽放自我：从专业化到职业化》。

# 浅谈企业文化对社会价值取向的相向关系

岑立聪

社会是一个由人与人、人与自然及环境、思想与行为相互结构而形成的多元体系，而企业文化，则是体现和反映人们社会价值的风向标或是导航仪。

下面笔者就企业文化与我们价值观的相向关系进行浅要分析。

众所周知，企业有企业文化，企业文化是现代企业强调最多的核心价值观的体现，是企业内在的魂魄所在，而基于共同价值观之上的企业员工共同遵守的目标行为、规范及思维方式的总和，是经营理念、企业精神及价值体系行为规范的外在表现。

企业文化与社会价值取向的相向关系的主要界定和体现在以下三个板块。

## 一、企业文化的成形必然是至诚、至信、至礼集合体的外在表现

诚、信是人类安身立命的根本，是人作为企业个体自身价值的内在体现，也是人类对自身价值观的外在表现。而具备了诚与信，人自身的价值体系也变得清晰和立体起来。在诚信的骨架形成后，人类在社会活动中自然而然地开诚布公进行礼的沟通交往，并逐渐形成了指导人们为人处事的行为准则并且为社会绝大多数公众所接受的，既可意会，又能言传，并且能够指导的企业价值观的形成。

企业文化在社会生活中的最高境界应该是人人为企业、企业为人人，人与企业和谐、包容的新型社会互动关系；而支撑社会价值观架构的软基础就是企业文化的先进性、放之“四海”而皆准的普适性，使企业成员在道德和约定俗成的社会荣辱价值取向上趋向一致，并确保这一无形的企业文化之手能使人们在处理人与人、人与自然及环境的关系时，能够对社会价值观的理念有明确的判断和把握。

## 二、社会生活中的价值取向考量企业文化的普适性

价值取向要求企业文化在调整社会关系时坚持“真、善、美”，这与上面的“诚、信、礼”是相互作用和呼应的；真诚、信美、善礼是组成社会核心价值观的精髓，是企业文化调和人和社会关系的结合点和落脚点，具体来说，企业文化的普适性表现在以下两个结合点。

（1）企业文化必须服从服务于社会核心价值观的践行，找准社会价值观横向和纵向坐标的垂直结合点。

企业文化首先必须有一个约定俗成的基准，它的内核是真诚、信美、善礼，以此为基准线，扩大和延伸其中的内涵。企业文化围绕社会生活主流核心价值观，使人们在日常生活中既能够知其然，又能够知其所以然，在一定而又无形的行为准则内开展活动，在体现社会生活价值取向的过程中起到正面积极引导的推手作用，从而使人们在社会生活中能够知荣辱而后行。守礼仪、讲诚信、至善、唯美是人们应该遵守的范畴，它使企业文化牢牢把握住社会生活的价值走向，并且与国家提倡的精神文化内容保持高度一致；企业文化的生命力和活动创新力在于把握社会生活的价值取向和践行的结合点。

（2）企业文化必须是求同存异的，具有包容性和多样化。

企业文化作为连接整个社会风尚和人们道德走向的纽带，求同存异显得十分有必要。包容性和多样化是社会文化的内涵，目前慈溪在大量外来人员涌入、新慈溪人与年俱增的局势下，在当前社会文化不断传承、更新的时代背景下，结合和谐社会的构建，企业文化在营造核心价值取向和人心向善、向美、向上的氛围中大有可为，求同是企业文化的主旨，存异使企业文化社会性的定义更具广泛性和可持续性，体现了企业文化的普适性及社会生活价值取向的确定性。符合绝大多数人对社会生活价值取向的认同，使人们在潜移默化中遵循准确的社会价值观，并使之成为人们相互处理人际关系的显规则。

## 三、企业文化是人们认同社会生活价值观的“稳压器”

要坚持企业、家庭、社会三位一体的框架体系，把对企业文化与社会生活价值观的结合作为为人处事、待人接物的一个必经环节来抓，从娃娃抓起，使他们从小就树立正确的价值观，明白什么是真善美，什么是假恶丑。学校作为教书育人的场所，同时也担负着企业文化普及和优化的任务，换言之，把正面的企业文化推行好了，莘莘员工的生活价值观也就树立起来了。价值取向也就跟约定俗成的社会文化无缝对接了，传统与创新的社会文化的熏陶，将使企业员工在精神理念上得到洗礼；

在企业教育方面，责任、感恩、使命文化的教育显得尤为必要和重要，工作日老板和员工相处，老板正确的价值观对员工的影响举足轻重，不可小觑。所以在一定意义上说，老板的生活价值观将直接传导和辐射给员工，决定员工的心路历程。而在社会这个大环境下，企业和家庭对生活价值观教育的重视程度与否，在一定层面上反映出我们这个社会需要发展什么样的企业，正确的企业文化价值取向见证了社会的必需性，是指导人们行为准则的导航仪。

企业文化的先进性引领我们这个时代的价值取向，时代需要正确的社会价值取向，套用一句流行语：理想是丰满的，现实是骨感的；企业文化所延伸的社会正确价值取向需要我们从身边人、身边事做起，并持之以恒。

**岑立聪**，企业资深 HR。国家三级企业人力资源管理师。

擅长人力资源六大运作模块中的员工关系处理，在企业文化研究和实践方面亦有较高的造诣。

著有《车间人员管理那些事儿》。

# 人力资源的 6 大浪费黑洞

孟广桥

人是企业最重要的资源，这一理念正在得到越来越多管理者的认同，以往对人的简单“事务”性管理，正向“资源”性开发迈进。然而，许多企业人力资源管理的现实却不尽人意，且不说深层的开发与使用，即使是“将适合的人放到合适的岗位上”这一要求，也仅仅是停留在概念上、口头上，人力资源所存在的浪费“黑洞”令人咂舌。

## 黑洞之一：能不配岗，不知如何配岗

人的能力与岗位职能匹配有 5 个基本要求：

（1）能独立完成岗位职能要求的工作任务；

（2）不厌倦从事岗位的工作；

（3）有改善岗位工作流程、提高工作效率的意愿和行为；

（4）积极寻求保持与相关岗位的良好协作关系；

（5）主动对相关岗位人员提供帮助。

我们曾对近百家企业的岗位与人员匹配情况进行过调查，结果显示：完全适岗（综合得分达 90 分以上的人员）率为 26%；基本适岗（综合得分达 70 分以上的人员）率为 61%。由此可见，人的效能的浪费是多么的惊人。将能力与岗位不匹配的员工放在岗位上，不只是工作效率的低下，差距过大还会对企业和该项工作产生更多的负面效益，这绝对属于严重的浪费。

## 黑洞之二：高离职率，茫然不知的巨损

实践证明，一个企业员工的流动率（离职率）在 3% ~5% 时，对保持企业活力、促进新老交替、吸纳其他企业先进经验有积极的作用。但是，当员工的离职率高于这个比例时，人力成本浪费则会呈现跨越式增长。

我们曾经对一家拥有 4600 余名员工的钢铁企业进行过离职率损失调查，分别选取了离职率为 9%、16%、23% 的三个年度，进行招聘成本、劳动生产率、培训等数据分析，结果是 1 名普通员工离职，公司平均损失约为 2. 8 万元（依据 2014 年当地的工资平均水平）；一名熟练技术人员离职，损失为 6 万元以上。如果仅以 16% 的普通员工离职计算，该公司年损失至少会有 2000 万元。

一般员工离职会产生：招聘、培训、管理、竞雇、适用、退出（安置）等直接成本。另外还有比其更大，且隐蔽更深的间接成本，如离职造成的生产（服务）效能降低、对其他员工的影响（有研究证实：1 名普通员工的离职会造成 3 名员工产生离职想法，5 ~8 名员工情绪受到影响进而影响整体效能；1 ~3 名领导者精力分散……如果是关键岗位或核心员工离职，其影响还会加大数倍，甚至产生不可估量的损失）等。

## 黑洞之三：只顾眼前，加大了发展接续成本

企业抓人力资源的浪费，往往将重点放在避免大材小用、小材大用、才能与岗位职能要求的严丝合缝上，以减少人力成本。然而，企业的持续发展，促使岗位职能不断提升，不断产生新的素质需求。如此，便出现了一个问题，当时适应，现在已经不太适应岗位的人员，如何处置？如果辞退则会产生黑洞之二所罗列的成本；不辞退或调整，人的能力与岗位职能不匹配的黑洞则会出现。造成这种浪费的根本原因，是在进行人岗匹配时，没有注意人的能力的可拓展性与岗位职能发展性的平衡问题。

## 黑洞之四：忽视优势，未能挖掘使用自我动能

企业效能取决于团队效能，团队效能取决于岗位效能，岗位效能取决于人的效能，而人的效能取决于其是否在做自己擅长的事。敢问管理者，当你的一个新部属入职时，你是否了解他的优势呢？又是否将其放在了能发挥其优势的岗位上？调查显示，仅有40%左右的员工是在做自己不厌烦的事。心理学家研究发现，做自己擅长的事，人会更感兴趣、更有动力，而做自己感兴趣的事与不感兴趣的事，其效率相差30%以上。

## 黑洞之五：重择技能，轻识潜能

企业在招聘、用人上往往只重视其岗位的现实胜任技能，轻视了识别、选择潜在能力。对于重复性操作强的岗位没有什么问题，但如果是创造性或能动性要求高的岗位，则是极其错误的。因为，人的效能的发挥，不是看现有的技能，更重要的是潜在能

力。技能与潜能，不同的岗位有不同的要求，应根据岗位特点设置选、用标准，以提高工作效能。

## 黑洞之六：职能混乱，模块摩擦损耗

一方面，某些人将擅长搞职场政治的特性带入了组织，在公司内拉关系、搞派系，造成人与人之间在情感、精力、时间上的内耗。另一方面，企业中部门与部门之间、岗位与岗位之间、管理者与管理者之间，职能分工、定位不科学，造成了工作“流动”不畅，形成摩擦，产生内耗。某些人为了利益你争我夺，互相掣肘，结果导致企业效率低下，问题频出，形成浪费。

消除人力成本黑洞的关键是管理者特别是一把手，树立人力资源是企业第一资源的意识，养成将问题归因于人的习惯，对于人力资源管理保持高期待、严要求，实施全方位人力资源管理。人力资源管理人员精通专业，能将企业战略、目标，正确解读并转换成人力资源战略，并渗透于选、育、用、留各个环节，做到认真分析岗位职能，精准确定岗位需求；清晰岗位当前需求与前瞻需求，根据企业愿景与战略，在招聘时适度预留能力空间；优化组织模块配置，消除不必要的人力冗余；依据岗位价值效能，科学设计岗位薪酬，树立岗位效益理念，激励拓展员工 8 小时以外的价值贡献；将发现、开发员工潜力或优势，作为选育的基本工作，发掘、激发员工潜能，导引其生成岗位价值；将管理困难、成本高且非核心岗位劳务外包。

**孟广桥**，实战型企业管理专家，专注于人力资源管理、领导力提升领域，形成了适合中国民营企业发展情况、具有自身特色的理论体系和实战方法。

著有《把面试做到极致：首席面试官的人才甄选法》等。

# 矩阵模式下组建跨部门研发团队的五个关键

郭富才

在人力资源由职能部门经理掌控的情况下，研发项目经理要管理跨部门的资源，完成项目目标，做为光杆司令的项目经理应如何组建团队、管理团队，以及有哪些关键注意事项呢?

本文针对在科技型企业中采用跨部门团队方式进行相关经验介绍。

## 关键点一：对项目经理的素质要求

在大中型企业中，由于研发项目管理具有复杂性，特别是新产品研发项目，为了实现市场成功的目标，跨部门之多，达到了企业各类项目之最，可以想象管理团队难度之大。

项目经理定位就像一个公司的总经理一样，管理跨部门的团队，对产品项目的市场成功负责。

因此项目经理是专职的，最好经过资格认证，经过 PMP

（PMI 推行的体系）或者 IPMP（IPMA 推行的体系）认证；同时是管理人员，要有管理思维，而不是技术人员思维。

设计主管由于擅长技术开发实施，一些企业往往要设计主管做项目经理，要对产品的市场成功负责。但设计主管由于是技术出身，其性格内向和追求完美的特点，其实无法胜任产品研发的项目经理。

在华为公司、步步高 VIVO 公司等企业，都专门设置项目管理部门，配置有专职的项目经理，一个人可以身兼多个项目管理工作。

## 关键点二：深度理解矩阵式管理，职能部门经理做好资源支持

由于项目经理是光杆司令，接到公司总经理签发的项目任务书后，要从各个职能部门组建项目团队。

矩阵式管理是一种网格形式的结构，如图 2－3 所示。纵向是专业职能建设线，由职能体系经理负责，模向是业务管理线，如项目管理就是一项重要的业务管理。

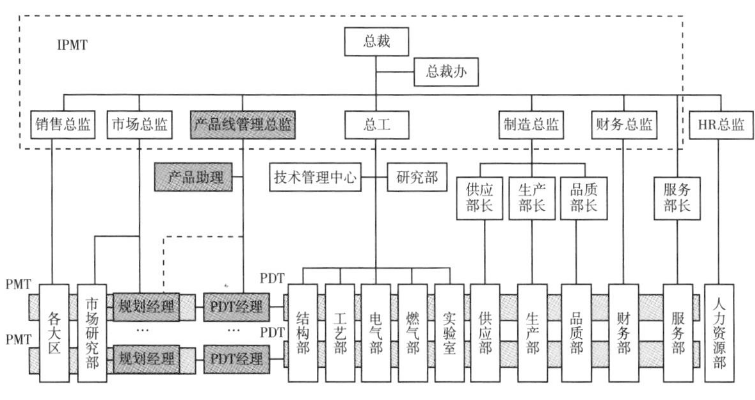


**图 2－3　矩阵管理模式下某公司组织结构图**

职能部门是资源部门，它要向项目经理提供合格的资源，如结构研发代表、供应代表、服务代表等，这些代表最好要经过公司任职资格认证，防止滥竽充数。

职能部门经理向项目团队派出资源后，要支持派出的代表完成对项目经理的承诺。如果因为代表工作质量的原因导致项目出问题或者失败，职能经理要承担连带责任。

## 关键点三：研发团队内部要分工明确、各司其职

既然研发团队是联合团队，就要在团队内部做好分工。如图2-4所示。

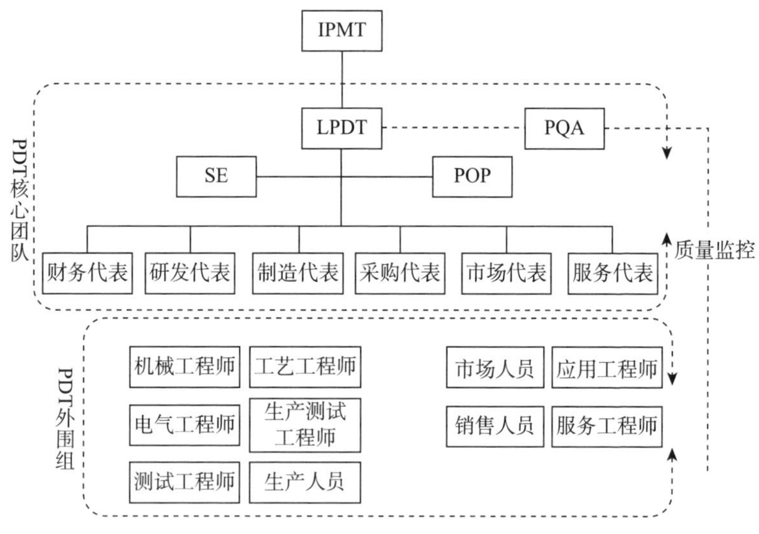


**图2-4 某公司产品研发团队组织结构图**

注：

IPMT：组合管理团队，公司最高决策机构；

PDT：产品研发团队；

LPDT：产品研发团队领导，即产品研发项目经理；

PQA：产品质量保证人员；

SE：系统工程师；

POP：项目管理操作员。

在研发团队中，有3个关键角色的定位：

LPDT是团队的领导，在团队中是管理专家的定位，从公司领导那里接受新产品研发任务，并负责制订新产品研发业务书向公司领导汇报。负责管理跨部门的团队成员，对新产品研发的市场成功负责。

SE是团队的技术负责人，定位为研发团队的技术专家，负责协调研发团队中的技术人员，对产品的技术实现方案负责，对产品的DFX（可生产、可测试、可服务、可靠性、环境适应性、经济性等）负责。

PQA是团队的质量专家，是公司领导派驻到团队的第三方，直接向公司领导汇报团队的质量水平，项目经理无权对其进行绩效考核。

另外，各体系代表是代表其专业领域，到项目中领受任务并承诺完成任务，代表是项目经理和职能经理的中间桥梁。

## 关键点四：深刻理解矩阵模式下纵向、横向绩效管理

矩阵模式是纵向职能建设和横向业务管理同时并存，纵向职能经理具有绩效管理权利，横向的业务经理也具有绩效管理权利。

在矩阵式管理模式下，纵向职能经理负责能力建设，因此主要考核其能力建设成就，以及对公司研发项目的支持作用，如培养合格代表的数量、协助代表完成项目的程度等；横向业务经理

是负责研发产品的市场成功，因此主要考核其产品的收入、利润、市场占有率、客户满意度等。

有些企业虽然设置了横向的项目经理，但没有给横向的项目经理绩效管理权利，也只是相当于项目协调人，不是真正的项目管理模式。

## 关键点五：实施矩阵模式，公司一把手是关键

在企业实施矩阵模式，组建跨部门团队，由于涉及组织重整、流程重整、绩效管理模式重整，没有公司一把手的认可与参与是推行不下去的。

这正如在原来的职能管理模式下，各部门各自为政，现在要转变为建立跨部门团队共同对产品的市场成功负责，跨部门的团队成员共同听从研发项目经理的命令，而不是在项目上听从职能经理的决定，在企业中这是很大的公司级变革。

因此，没有一把手强大的决心，没有一把手的认可，这种管理模式难于在企业落地。

基于矩阵模式建立跨部门的研发团队，在西方发达国家是常用的管理模式，在中国，在一些成功企业也是普遍采用的方式，上面提到了华为、VIVO，其实还包括良信电器、金卡智能、三一重工、迈瑞医疗、中兴通讯，等等。跨部门团队共同对市场成功负责，提高了对市场的反应速度，更及时快速服务客户。

**郭富才**，深圳汉捷研发管理咨询有限公司资深合伙人、董事副总裁、资深顾问、资深讲师。

著有《新产品开发管理就用IPD》《用Project2002管理项目实务》《研发困局突围》。

# 渡人者必先自渡

## ——内训师的自我管理

廖信琳

相比较于其他职业的从业者，对于自我管理这件事情，职业培训师面临着更为直接的挑战和更高的要求。

培训师的职业是引导、帮助别人（学员）获得理念认知、技能方法等，继而促进其行为改善并实现职业成长与发展。

单从这个角度看，培训师自身能否做好自我管理，是确保其所倡导的理念、思路和方法是否真正有效、是否真实可信的重要前提。试想：一个人连自己都没有做到或者没有做好，是否间接说明其倡导的理念或者方法并没有确实的效果呢?

培训师真正更深刻影响学员的是那些“没有讲出来”的东西(请阅读《TTT 培训师精进三部曲（上）：深度改善现场培训效果》)，这其中就包括培训师通过自我管理而呈现出来的整体精神风貌和行为举止导向。也就是说，培训师的自我管理是实现其职业价值最大化的有效路径之一。

就作者的体会而言，培训师自我管理最大的作用是通过自我管理不断突破并扩展自己的舒适圈。我们知道的一个事实是：随着舒适圈的扩大，未知半径越大，也就是未知领域随之扩展，其最直接的影响是引发自己内心的危机感。而这份危机感恰恰是有效延缓或者阻止职业倦怠产生的重要内在驱动力，从而确保持续且长久的职业热情，激发内在驱动力，以推动职业的发展。

关于培训师的角色定位，普遍的一种说法是“集编、导、演三重角色于一身”。

所谓“编”，就是编剧，指的是培训师首先需要将自己的课程编成一个“剧本”。而这个剧本的形成需要用到培训师的认知和技能资源，才有可能进行有效的编写、编撰、编辑、编排等一系列工作，才能保证课程实施过程中的“剧情”得以顺利推进。

“导”和“演”是一个动态推进的过程，更考验培训师对时间的分配与把控；对目标的确立、梳理及调整；对情绪收放的把握；对知识、技能要点的系统梳理和深度挖掘；对言语行为的有效控制……在这一过程中，不仅涉及培训师对上述三重角色所需“硬知识”（意思是指那些经由前人总结、提炼并有一定实践指导价值的理论层面的东西，包括定义、理念、观点等）的储备，更直接指向培训师“软知识”（指的是培训师经由自身实践体系而形成的认知体系和行为习惯体系等）的有效积累。

笼统来说，培训师的职责主要是通过“授课”的方式实现，并向学员传授知识和经验，从而“帮助学员改善和提升相关的职业技能，调整其职业认知和工作状态，最终提升其工作效能”。

为了确保最大限度地实现前述目的和目标，培训师必须做好各种储备，即进行有效、持续地“输入”，也就是培训师的自我管理，才可能有足够的能量来支撑其履行职业职责过程中的“输出”行为。

在具体的职业实践中，至少以下这些因素都会不同程度地影响培训师“输出”行为的效果：

培训师本人的身体（心）健康状况；

时间和精力的分配；

对各种欲望的辨识、判断及适度的节制；

对单次课程目标和长远职业目标的设定和把握；

对自己擅长领域的知识体系的建构及相关技能的累积；

对自身情绪状态变化的敏锐感知；

对各种人际关系的认知与处理；

最终的外在行为表现等。

为此，作者结合长达十几年的培训实践，通过对以上因素的分析和解剖，专门建构了一个培训师自我管理的“洋葱模型”，如图 2 –5 所示。

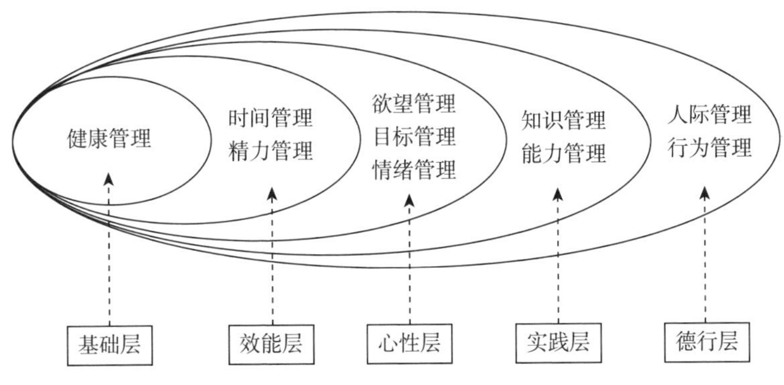


**图 2 –5　培训师自我管理的“洋葱模型”**

从图中可以看出，培训师的自我管理包含十项内容、五个层级，包括：基础层（健康管理）、效能层（时间管理和精力管理）、心性层（欲望管理、目标管理和情绪管理）、实践层（知识管理和能力管理）及德行层（人际管理和行为管理）等。

接下来，简要概述一下这一模型所涉及内容的逻辑。

首先要说的是基础层的身（心）健康管理。培训师辗转各地出差是一种常态，单说饮食和睡眠这两件事情，就对其身体健康指数有着极高的要求，更何况在课堂现场一站就是几个小时的体力消耗……所以，在业内，培训师也常常感叹，自己其实更多时候是一名“体力劳动者”。对于一名培训师来说，切实做好自身健康的管理，既是履行其职业职责的必要条件，更是决定其职业生命期限的重要前提和基础。

从某种程度上说，时间成本优先是培训师这一职业的显著特点。虽然，移动互联网时代，为培训师提供了不单纯拘泥于实体现场授课的一种路径和可能，但是，就作者的观察和经验看，与学员面对面的实体现场授课，仍然是培训师实现和传播职业价值的基础并且是最为重要的方式。

在不断“输出”的职业行为过程中，如何在单位时间内做好最大限度的“输入”工作，是确保培训师职业技能不断提升和职业功力有效沉淀的重要前提之一。

与此相对应的是，培训师面临一个精力规划和分配的问题。所以，笔者认为，时间管理和精力管理是培训师自我管理的“效能层”。

无论是基础层的健康管理，还是效能层的时间和精力管理，其最终的价值指向都是培训师“实践层”和“德行层”的自我管理，包括直接与学员建立连接的知识、技能、人际关系及自身行为表现的管理。

在实践中，作者有深刻体会的是：“基础层”和“效能层”的自我管理，充其量最多只是为“实践层”和“德行层”的自我管理提供了一些必要的条件和基础，而中间“心性层”的欲望、目标和情绪管理实际上起着决定性作用。

**廖信琳**，TTT 职业培训师。拥有 16 年从业经验，已先后为近百家企业做过员工在职训练和管理咨询。

著有 TTT 培训师精进三部曲。

# 基于价值管理的投资并购与投后管理

陈继展

**巴菲特：最理想的投资项目就是“持有不断增值的资产，且能持续盈利。”**

在“经济新常态、供给侧改革、‘互联网+’”的大背景下，企业间通过收购、兼并来扩张、转型、套现，以实现企业价值最大化的事例屡见不鲜，笔者在上市公司担任投资部及高管协理期间，参与过多起并购项目，近期也为多家企业的并购提供顾问服务，那么，为了企业价值的提升，企业在投资并购时，应遵循哪些原则？如何实施有效的投资并购与投后管理呢？

**核心观点有以下几个：**

（1）市场是目标，资本是结果（把市场做好了，资本自然会追捧，不能本末倒置）。

（2）投资并购的成败，核心取决于投资方的综合实力（包括眼光、胸怀、经验、资源等）。

(3) 安全第一，其他次之（立于不败后求战）。

(4) 方向、节奏优于精准数据。

## 一、价值管理与投资并购的市场背景

(1) 经济转型大背景下，资本运作常态化。

(2) 投资并购成为经济转型期各类企业调档升级、创业退出的重要渠道。

(3) 价值创造与管理是投资方与项目方的共同目标及衡量成败的核心标准。

(4) 价值评估与投后管理是投资并购中的关键环节。

## 二、投资并购的基本类型与流程

1. 投资并购的类型

(1) 产融结合型：通过投资并购进行产业协同，通过矩阵战略优势实现产业及资本的双重收益（百丽国际、苹果公司、小米等）

(2) 财务投资型：纯股权投资，以获取投资回报为导向（独立投资机构、控股集团投资子公司、个人投资等）

(3) 业务投资型：业务导向，为实现企业转型、升级及布局未来成长业务而做的投资（产业基金、上市集团等。）

2. 投资并购的基本流程

(1) 选：行业、规模、区域等；

(2) 投：立项、尽调、估值、签约、投资；

(3) 管：资源导入，法、理、情管控；

(4) 退：养猪、养鸡、养儿子。

关键点：以终为始，价值导向、战略导向。

3. 投资并购的考量要素

（1）投资三原则：安全性、流动性、回报率。

（2）投资并购中考量的要素：

A. 业务：收入模式、优势及壁垒、空间及容量、战略等（案例：不同类型业务模式的估值，如资源依赖型、贸易型标的难以给予高估值）。

B. 财务：毛利、净利水平、现金流、负债率、投入资本回报率等。

C. 法务：股权结构、企业章程、对外抵押担保、重大合同等。

D. 内务：股东结构、核心团队、企业文化、信息水平及能力、运营效率、管控体系等。

## 三、价值评估与管理

1. 价值评估的标准

（1）核心三要素：盈利性、可持续性、成长性。

（2）核心价值创造概念：投入资本回报率、自由现金流、超越资本成本部分的经济收益。

（3）关键点：核心价值驱动要素。

2. 估值的三种基本方法

（1）收益折现法；

（2）重置成本法；

（3）市场公允评估法。

## 四、投后管理

1. 控股与非控股管控的区别

（1）控股管控靠自己。

（2）非控股靠标准（通用管控线+专属管控线）。

2. 管控线

（1）管控工具：公司章程、三级治理结构、管理制度、关键部门人员派遣、审计等。

（2）管控抓手：年报（战略、年度方针、计划、预算、财务报表）、会议。

3. 管控范围

（1）业务：战略、业务拓展、调整、重大投资、诉讼、对外抵押担保等。

（2）财务：资产、财务权限、资金需求及筹措计划、现金流、负债率等。

（3）内务：团队股权绑定、对赌、编制、核心岗位、成员变动、薪酬、任免、奖惩等。

（4）法务：重大触线报批制度。

**陈继展**，决胜地商管总经理，零售资深讲师，管理咨询、投资并购顾问。

擅长企业转型期的战略管理、连锁/营销体系建设、企业价值评估及购后管控体系建设等专题咨询。

著有《百货零售全渠道营销策略》。

# 专家是企业变革和发展的催化剂

杜　忠

## 一、真实案例：妙手回春的专家

不久前，有位铸造行业的生产管理“大拿”，看到我在为铸造企业做营销咨询和培训项目，很有诚意地找到我，说看到我在为铸造企业做战略、品牌、营销服务，而他本人所擅长的是铸造企业的生产管理，有20多年的铸造厂一线管理经验……

一开始，我觉得挺好的，他擅长做铸造企业内部生产运营管理，算是我的大后方，我专注做中小铸造企业转型升级：帮助他们从以生产为中心，转换到以客户为中心、以市场为导向的路径上去，正好互补啊！

可后来，我就有点疑惑了，因为这位“大拿”说，他最擅长的就是把濒临倒闭的中小铸造企业给救活过来，能够起死回生，妙手回春!

我不信，因为专家不是神仙，专家的本事不是“起死回生”!

这种故事搁农村，就是跳大神的阿姨最喜欢讲的，搁城里这种“神仙”都会把摊子摆在阴凉树底下，旁边再泡好一壶茶，一块脏兮兮的破布上画着八卦图，或许旁边还放本叫《麻衣相》的书，然后闭目养神，或比较世俗地眼巴巴地瞅着哪位不长眼的能被自己忽悠……

专家的本事是“让优者更优!”

这就好比清华北大211招生都是择优录取，从没有听说因为教育水平高，就从高考最后一名录取，然后通过优质和专业的教育，使之成为顶尖精英!

## 二、回归事实：专家是企业变革和发展的催化剂

我在咨询和培训实践中观察到：无论是主动寻求第三方专业机构辅助的工业（B2B）企业，还是积极参加外部培训学习和内部经验总结的工业（B2B）市场人，都有一个非常显著的特征，那就是成长性非常好，本身就非常优秀！他们的优秀，很难说是哪家咨询公司或培训机构的功劳，客观地讲，是因为他们本身就很优秀，接受了专业的辅导和培训后，变得更加优秀了，第三方的咨询公司和培训机构起到了催化剂的作用，加速了他们的成长过程，如此而已！

记得古典老师有本书叫《拆掉思维里的墙》，书里说不是专家不愿意把许许多多徘徊在鬼门关的企业拉回来。像我本人，从2012年就带着工业品市场小伙伴一起玩，迄今都5年时间了，孩子都快上小学了，与他们感情不可谓不深，但有句话说：装睡的

人，你永远也叫不醒！

濒死者，思维里有堵翻不过去的墙！那不是专业能解决的问题！

最近微信群里总流行一类文章，说“富人思维与穷人思维”，其实穷富真的很难用钱来衡量，不同的人仿佛生活在不同的空间维度，各自有一套思考逻辑，各自拥有不同的话语体系，甚至一辈子都仿佛是通向天际的铁道线，没有交集……

或许，在各自空间追寻着各自的诗和远方，才是最合理的安排，所以，真专家就做好专家的事情吧！让优者更优，至于起死回生的事情，且留给神仙和大师！

## 三、优者更优：专业的3层实战意义

专家让优者更优，从企业经营的角度来讲，专业有3层实战意义：

**首先，能帮助企业大量节省时间**。他山之石，可以攻玉。常年服务于企业一线的实战专家，一方面有深厚的专业研究功底，另一方面能大量接触企业实际问题，积累了丰富的经验和解决方案，往往能在最短的时间看到问题的本质，并给出恰如其分的解决方案，比企业自己摸着石头过河，在实践中去探索要来得快得多。

我在刚刚完成的中国西电的内部培训中就发现：企业内部许多问题，如果在常规工作场景下直接提出来，那唯一的结果就是“互怼”，公说公有理，婆说婆有理，最后要么不了了之，要么从此种下心病，互相“穿小鞋”；然而，有专家老师作为第三方来善加引导，就会把看似尖锐的问题转化成了对事不对人，各方都能心平气和一起来探讨，寻找解决方案，最后皆大欢喜！

**其次，能帮助企业大量节省成本。**专家老师浸淫于自己的领域，对企业的问题烂熟于心，在什么时间节点上做什么事情，由哪个部门或哪个人来承担是最优选择，往往比企业自己看得更加清楚，尤其是把那些跟风而动，不是因为紧跟用户需求升级配置更佳解决方案而增加的动作、不是以企业销售业绩可持续增长为落脚点的行为有效控制，就能大幅降低企业运营成本。

举例来说：对规模不大的中小工业企业来讲，有没有必要参加展会？参加的话，该重点参加哪些？如何实施才能真正带来效果，让投入产出比更高？在移动互联网如此发达的今天，中小工业企业要不要用微博工具来做市场推广？产出点在哪里？投入预算是否值得？等等。

**最后，直线抵达！**一切不能使产品和服务增值的行为都是浪费，专业的价值恰恰在于能更加清晰地识别这些浪费，并逐步优化。专家的价值就在于以自己的专业能力帮助企业拨开迷雾，找到直达彼岸的路径。

华为任总说：“锄头是种地用的，不能去炫耀锄头忘了种地！”对企业经营来讲，专业就是工具，真正的专业其实是极致的简单——准确把握用户的真实需求，为其匹配最佳解决方案，一切花里胡哨、虚张声势的新概念、新名词、新工具都不能偏离为用户提供价值这个最底层的商业逻辑，是为原点！

**杜忠**，天津大学MBA、某外企市场部。

十几年来，致力于对工业品销售技能提升、工业品销售团队管理、工业品市场团队管理，以及工业品市场营销体系构建的探索和研究。

著有《工业品市场部实战全指导》。

# 行　业

# 智能工厂建设如何少走弯路

刘承元

自动化、信息化和智能化成为当今社会经济生活中提及率极高的关键词，智能工厂建设成了热门。在这股热潮中，我们既要积极关注，认真学习，更要理性思考，有序导入。

## 一、没有精益的自动化、信息化会造成极大浪费

为了应对劳动力成本上涨，企业期望尽快实现机器对人工的替代，特别是看到乌压压一片装配工的时候，这种想法更是急迫。面对市场需求，一些自动化公司开始放胆接单，而且什么都敢承诺。结果是签约并支付首款后，自动化公司开始试做（不断试错），许多情况下不能如约交付靠得住的自动化设备或生产线，最后双方不欢而散，甚至被纠纷困扰。

另一方面，迫于趋势的压力，企业信息化建设也方兴未艾，但建设效率低下更是触目惊心。许多企业花巨资引进 ERP 系统，最后竟然做不了生产计划，不能实现生产计划功能的 ERP 根本就

不是ERP。

除了ERP之外，企业还会购买或内部开发如财务管理、人力资源管理等系统。这些系统充其量只是用来作为记录、查询和沟通的道具，很少见过能够实现统计、分析、报告、报警、纠错防错、可视化监控和职能协同等旨在提高管理智能化水平的功效。

除此之外，在自动化、信息化还有许多跟风装面子的现象，造成极大的资源浪费。

所以，如何进行自动化和信息化，是企业管理者当前需要认真学习的主题。

## 二、走向智能工厂，到底需要怎样的自动化和信息化

为了有序推动智能工厂建设，笔者创建了一条如图3－1所示的智能工厂结构化路径，明示了企业经营与自动化、精益化、信息化和智能化之间的关系。通过这个结构化路径，我们可以自

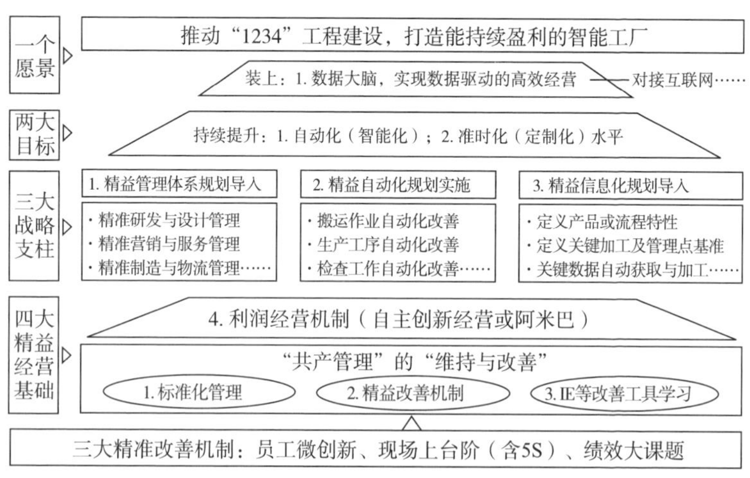


**图3－1　智能工厂结构化路径**

上而下较全面、立体地理解智能工厂所倡导的愿景、目标、战略和架构基础等内容。

第一，建设愿景。就是装上一个能帮助我们实现高效经营的数据大脑。这个数据大脑是企业经营中负责思考、判断和发出指令的神经中枢。它从企业经营的各个领域获取有价值的信息，并通过分类、加工处理得出各种有效的结论或指令，高效管控企业的运营。可以设想，在一个“中央经营控制室”里，我们可以即时看到各项经营图表、数据，看到关键 KPI 及为之努力的状况，看到关键战略或课题的推进状况等，做到“脑”（心）中有数。

第二，两个建设目标（或原则）：一是自动化或智能化，二是准时化或定制化。也就是说，智能工厂建设既要符合“自动化”原则，让生产或管理系统拥有人的智慧，具备判断、报警、防错纠错、自动停止等自动化（不是一般意义的自动化）的能力，即智能化，目的是既追求零缺陷和省人力；又符合“准时化”原则，让生产或管理系统拥有足够的柔性，在不增加成本或降低成本的前提下，对市场需求做出快速反应，满足客户个性化需求，并最终实现“定制化”生产的目标。

第三，三大战略支柱，即精益化、自动化和信息化。精益化，指的是与提供产品或服务密切相关的主价值（研、产、销等）流程、系统要符合精益原则，并进行精益优化，保障流程、系统能够高效、快捷和稳定地提供产品和服务。自动化，就是让机器代人干活，目的不外乎是提高效率（比人工效率高）、保障质量（比人工稳定可靠）、规避安全风险（不怕意外）和降低劳动强度（不怕苦累）等。信息化，就是通过 IT 及互联网技术，对记录、统计、分析、报告、预警、判断、指令和协同等工作实现替代。

可见，自动化（智能化）和准时化（定制化）是两个目标，而精益化、自动化和信息化三化改善才是实现两个目标的手段。目标和手段的关系要搞清楚，不能把智能化、准时化和其他三化混为一谈。

第四，四大精益经营基础，即标准化管理、精益改善机制、改善工具方法的学习和利润经营机制。

（1）标准化管理其实就是做两件事：一是定义标准作业，也就是说对所有作业的步骤和动作要求等进行标准化定义，以便保障过程高效和结果可重复；二是制定作业标准，也就是说，要制定一份一目了然并能满足标准作业要求的作业标准，以便对作业者进行培训、训练和比对检查等。

（2）导入精益改善机制，以便促进公司全员参与精益改善，持续提升企业经营管理绩效。3A 顾问公司积极倡导企业运营员工微创新（员工提案）、现场上台阶（自主管理）和绩效大课题三大精益改善机制，促进员工广泛参与。

（3）改善工具方法的学习和运用，内容包括 IE、新旧 QC 工具、VSM、6Sigma 等各种发现问题、分析问题和解决问题的方法论。

（4）利润经营机制，这是企业高层必须掌握的终极经营工具，从定义经营理念和经营战略开始，通过制定和落实年度经营计划等一系列具体的经营行为，达成企业提升利润等经营目标。

这四个基础对智能工厂建设来说，不是可有可无的工作，而是十分重要的组成部分。

企业可参照图 3－1 智能工厂建设结构化路径，立足长远，科学规划，分步实施精益化、自动化和信息化战略，逐步提升工厂的智能化水平，最终建成高效的智能工厂。

**刘承元**，合众资源（3A 企管）董事长。

作为国内著名的工厂管理专家，被媒体誉为“管理赢家”，以扎实的管理理论功底和丰富的经营管理经验，服务于一个高水平的客户群体。

著有比日本工厂更高效系列，《精益思维：中国精益如何落地》《专家博士的5S经》《卓越经营与自主管理》等书，对制造业全面提升影响深远。

# 精益实践将在新一代企业家的企业实现

余伟辉

## 一、变革中难于突破的困境

上一代创业型企业家：

（1）通常是“50后”“60后”，包括部分“70后”，目前年龄在45岁以上。

（2）具备敏锐的市场能力、经营能力与资源整合能力，在过去30年中国高速发展的过程中，成功将企业做大做强。

（3）一般不具备在优秀外企较长时间的实践工作经验，未曾经历过系统的、专业的管理技术与方法的实际操作。

精益生产、六西格玛等先进管理技术，他们不仅能理解也能认同，并且尝试着在企业实践，但为什么说不可能在**上一代创业型企业家管控的企业中形成系统管理和企业文化呢**？

第一，企业家们创业之前，先天对先进管理技术不曾具备实践操作经验。

由于历史原因，上一代很大一部分企业家在踏入社会后，较快开始了创业，所以，在先进制造管理技术的认知和实践方面是有先天不足的。

即使这些企业家可能曾经短暂地了解过精益生产、六西格玛等管理技术，但是对实践环节却完全没有实操经验。

第二，企业导入这些先进管理技术时，企业家们再次错过了管理技术实操。

幸运的是，中国上一代创业型企业家在大量的培训与学习中接触、了解并认知了这些先进制造管理技术，并开始在企业中尝试着实践。但遗憾的是，他们再一次错过了先进制造管理技术的亲身实践，也错过了一次成为管理型企业家的机会。

企业家们认为：我把先进的管理技术引入企业，公司的中层或基层员工应该好好学习和应用，这是企业给员工的福利，员工应该好好珍惜。

有时候，企业家也想学习先进的管理技术，但是有一个自然规律很难跨越：什么样的年龄就要掌握该年龄应该掌握的技能，错过了那个时机，很难回头再来。比如，一个工程师在做工程师时没学会CAD，当他成长为经理后，很难倒回去学习如何操作CAD。上一代企业家也是一样的宿命。

企业家主要是停留在倡导和支持的层面，其重心依然放在经营层面，从来不曾真正参与实操这些管理技术，结果往往不尽如人意。

很快，大家就会发现，公司的高层和基层间没有管理技术方面的共同话语，高层把精力放在战略、运营、文化层面，中基层掌握的管理技术也不能与高层之间交流，技术断层就此形成。

第三，先进管理技术无法进入企业的上层建筑的管理模式和运营管理系统。

高层先天不懂，后天又错失实践，然后，人们发现，这些先进制造管理技术的工具方法根本进入不了企业的上层建筑，高管们在运营会上，还是讨论之前的那些话题和指标。

试问：有哪家企业高层的运营会上把 OEE 列入设备综合效力评价管理？

试问：有哪家企业高层的运营会上把 CPK 列入工艺质量管理评价？

……

这些都做不到，先进的制造管理技术只是停留在部分基层主管、工程师的工作层面，始终游离在企业的常态化体系之外。

第四，先进管理技术成为部分中层管理或者工程师主管们短期内的工作。

既然先进制造管理技术无法进入企业的上层建筑，那么，当初导入这些管理技术的初衷就演变成中层管理者短期内临时性的工作。要么兼职糊弄，要么很快转调岗位，要么职业通道被堵死……即使刚开始时取得一些成果，当初激情满怀很快就变成了持续不断的困惑与彷徨，很快，这些工作变成可有可无，可重视可不重视，可做也可不做。

随着少数掌握这些技术的主管工程师们的陆续离职或岗位调整，这些管理技术在企业进入消亡阶段。

第五，企业家们的意志和关注点开始转移，回到原点。

随着企业经营环境的变化，企业家们的注意力开始转移，或者导入其他新的管理模式，新的管理模式一方面取代原来倡导的管理技术，另一方面新的模式也重复着过去的轮回。

一切似乎又回到了原点，除了那些记忆和叹息，还有少部分前期实践过的痕迹。

## 二、时代赋予的解决之道

既然在上一代创业型企业家管控的企业中无法实现这些先进制造管理技术的系统建设与企业文化建设，那么：

难道就这么认命了吗？

解决之道在哪里？

路在何方？

答案很简单：时代呼唤新一代现代企业家或管理型企业家！

新一代企业家具备这些素质：

a）是“70 后”“80 后”……

b）在优秀的外企中从基层到高层历练历练多年，有先进制造管理技术实操性的工作经验，掌握先进管理技术的使用和实践。

c）或者在少数优秀的中国企业中，曾经在上一代企业家管控的企业中，倡导先进管理技术时，作为主管工程师或主要负责人主导实践过先进制造管理技术，掌握一定的实操性工具方法。

d）他们在企业中具备了倡导者的相对独立的管控能力和职位，上一代企业家基本退出日常管理活动。

e）上一代企业家接班的子女不列入。

新时代的企业家，他们在主管工程师阶段，就掌握了西方国家几十年前甚至上百年前发展而来的先进制造管理技术，当他们有朝一日成为真正的企业管理者时，他们有能力践行自己的技能，继而重构企业的系统管理和企业文化。

试想一下，当新一代企业家年轻时期就在标杆性精益型企业历练多年，以后的你成为企业家时，还需要外部来给你推动精益实践吗？

当那一天到来之时，正是中国企业真正成长的历史时机。

**余伟辉**，著名精益运营管理领军人，实战派精益西格玛推行及现场改善资深专家。专注精益并致力于为民族企业的管理提升不懈努力。

著有《高员工流失率下的精益生产》。

# 渠道深耕再次布局

秦国伟

凡事均有进有出，对于食品行业来说，“出”指使产品从厂家到达终端，乃至消费者这一条直线的销售过程。“进”则指把处于销售链条最末端的消费者拉进来，形成产品运作的闭环。

在“有进有出”这一系列产品动销流程中，渠道是不可忽视的连接纽带和运作平台。无论是过去，现在还是将来，“渠道为王”依然是食品销售的主命脉，虽然移动互联发展到今天，很多个行业渠道发生了翻天覆地的变化，特别是服装业、小商品行业、小家电行业等，渠道在移动互联下受到重创，可食品行业虽受较大影响，但根本谈不上颠覆或改写。只有深耕渠道，实现二次布局，才能让经销商牢牢把握终端网络，为产品进入市场打下坚实的基础，进行产品持续动销。

经销商应该如何深耕渠道？

（1）各类渠道，相互弥补。大部分区域经销商掌控大型零售卖场渠道都较为单一，有些掌握大型零售卖场渠道，有些在流通渠道实力较强，有些则是主攻特殊渠道。在此基础上，现代经销商更看重对各类渠道的综合了解和掌控，通过各级别渠道的深度分销服务，不断挖掘下游资源，对接上游资源，最大程度完成产品的布局和销售。

举例：一名县级经销商主要运作流通渠道，多年来一直在县城、小镇子上进行饮料的分销推广业务。近两年来，他将工作重点放到追求产品布局，赛选产品，深耕渠道下游，利用自己在县城多年积累下的人脉和社会关系，全面打通当地各个中小学校内部小卖部、食堂等，同时辅以学校周围餐饮店、冰柜摊点等一系列终端，顺利实现了产品更大范围的布局和推广。

（2）打通渠道，全线运作。正是因为一款产品从厂家到终端再到消费者手里经历众多环节，遇到各种障碍，所以才会通过密集分布的渠道将产品送达消费者处。在现有的形式下，对于食品行业运作，任何一名经销商都不能沉溺于单一卖场、流通、零售、特殊渠道……而应该将这些渠道全部打通，做到全渠道运作，相互支撑，只有这样，产品才能够畅通地到消费者手中，实现持续性不间断的产品动销。

（3）联盟合体、互利共赢。在食品行业传统的经营理念中，个体经销商大多讲究深挖单一产品，分割渠道，以在某一方面有优势巩固地位，死守地盘。但是，新时代经销商的理念在移动互联网时代必须不断升级与更新，更加注重和看重联盟合体。

在当今瞬息万变的市场环境下，经销商个体的影响力、资金、覆盖渠道、社会关系等都过于单一，难以抵抗竞争对手的打击和市场隐含的风险。因此，经销商开始寻求资源整合，联盟合体应运而生。联合体双方或多方可以及时对接资源，互联互补，并不是谁侵害了谁的利益，谁霸占了谁的资源，而是更具体按情况，各取所需，完善自己的渠道体系、产品不足，所以这种联盟合体在互联网时代具有重大和深远意义，不可忽视。

（4）重视产品的连接作用。作为快消品的一种，食品类产品一般情况下循环快、销量大、周期短，而且能让经销商有足够的盈利空间。因此，经销商要以产品为纽带进行渠道对接和资源整合。经销商要充分认识到：产品的连接作用不仅仅是盈利，好的产品对渠道开发有着至关重要的作用，甚至于对其今后的生意扩大与跨界都有可能产生影响。特别是移动互联网时代，产品的纽带连接作用功不可没。

对于食品行业来说，深度分销是永远不会被淘汰的，只是随着时代的变化，商业结构的变化，操作手法的变化，其表现形式有所变化而已，本质与特征并不会改变。这是一种真正为消费者服务，将产品直达终端的销售模式。深度分销的重点与核心在于人员管理，深度分销的人员多数是经销商旗下经过培训的销售人员，一般来说，厂家配备很少，人员数量也不会多，主要来自经销商自己的队伍，有些还兼顾搬运工、司机等多个职位。这些“多面手”契合了如今竞争激烈、复杂多变的食品行业对从业人员的期待，可以更加熟练地将产品铺向市场。值得注意的是，这是新一代销售人员，他们基本都会运用移动互联网，对产品的传播、扩大影响都有帮助。每个人都有自己的社交圈层，都有自己的朋友圈，他们会在良好的深度分销管理下，在线上分享产品知识、产品的文化内涵、产品的功能与作用，也可能开发客户，满足另外一群客户的需求而产生交易。这也验证了一句话：在移动互联网时代，商业无处不在。

经销商深耕渠道，实现二次或多次布局是以产品为纽带，进行连接，打通一切可以利用的资源与渠道。但是，值得注意的是，经销商对于产品的投放市场、投入的资金与精力，都必须有层次感，切记，不能蜂拥而上，乱章无序，而要适度投放，这样才能实现多层级、持续、有序的布局，让产品以阶梯状的姿态涌入庞大的渠道体系，循序渐进，且不断档，实现持续动销。当然，人为控制节奏，是可以实施断档策略的。

最后，我要说的是：在近几年移动互联网影响商业格局的情况下，现阶段大部分经销商很难辨别未来的商业趋势与模式，但是立足自身，适应环境，积极尝试，比与趋势抗争，坐以待毙要好得多。时代的变化，不可抗拒，只有积极参与，主动学习新形势下的商业知识，使自己的生意与产品一样，才能不被时代和市场淘汰。

**秦国伟**，快消品营销专家，有着二十余年中国市场本土操作经验，是中国市场营销区域市场首位独创三角形理论设计者。

著有《销售轨迹：一位快消品营销总监的拼搏之路》。

# 消费升级时代，快消品企业如何应对

伯建新

无论你是否承认，“消费升级”已经成为2017年的热词，中国消费升级的时代已经全面开启！

面对新的消费浪潮，面对消费升级的时代，快消品企业需要做的要事是：正确把握市场发展的脉搏、了解消费升级的趋势、把握消费升级的特征，只有如此，才能在这个消费升级的时代做出正确判断。

## 一、消费升级时代消费者的特征

“80后”“90后”或者“00后”已经逐渐长大，正在成为消费的主力军，引领消费的趋势。

品质、个性成为他们选择的依据，价格因素在购买决策中的重要性越来越低。

那么，作为如今消费的主要群体，他们的消费带着什么样的特征呢？

（1）**追求便利：**没时间成为如今这些消费者最大的痛点，面对工作、生活、家庭和娱乐，这些消费群体愿意花钱买时间，把自己从无聊和重复的事情中解脱出来，愿意为了便利支付更多的购买成本。

（2）**强调品质：**丰富的物质供应，给了这些消费群体更多的选择，追求品质成为一种理所当然的选择，在价格和品质面前，这些消费群体愿意为好的产品买单，为了得到更高品质的产品，愿意溢价付出。

（3）**注重个性：**个性化已经变成越来越强的需求。不管什么样的东西，问一下它的品味、它的调性、它的个性化，成为这些消费群体自我认可和展示自身的一种方式，知名度高的大品牌已经不再是他们的必选，能够凸显个性、代表自己与众不同的个性品牌让他们更愿意为此而买单。

（4）**关注健康：**有健康才有一切，有健康才有未来，对于健康的追求和关注如今已经成为一种社会的常态。在摆脱低层次的温饱需求后，消费者向营养、健康、新潮等高层次需求进阶成为一个共识，这也就是如今营养食品和功能饮料、果汁饮料等健康食品销售增速快的原因所在。

## 二、面对消费升级，快消品企业的应对之策

那么，快消品企业的应对之策又在哪呢？

**在企业发展的思维方面：**思路决定出路，战略决定方向，首先，快消品企业要用战略性和前瞻性的眼光，看待新的事物，勇于接受新事物，通过主动改变自己来适应市场的变化。其次，快

消品企业要以学习的心态去面对消费升级，积极研究消费升级的特征，了解自己的消费者，积极做出企业的改进。

**在企业产品的开发方面：**企业一方面需要对现有的产品结构进行重新梳理，淘汰过时的产品，同时也要积极对自己的产品进行改造和升级，提升产品的品质，迎合市场消费群体的需要，如：伊利、蒙牛两大乳企对自身优势产品红枣酸奶在包装变更和配方上的调整。

另一方面则需要遵循消费者的需求，在开发新产品的时候，强化产品品质意识，加强新技术在新产品上的使用，采用优质的原料及开发有利于健康的产品等，满足消费升级时代消费者对生活品质、健康等高端的需要，引领消费升级的趋势。

**在企业品牌传播方面：**随着互联网的发展，QQ、微博、微信等现代媒体逐渐强大，传统传播媒体的垄断地位被彻底打破。电商、微商、APP 等营销方式和方法如雨后春笋般显示出强大的生命力，营销的手段、品牌传播的途径变得无限多样化。

企业采用多种手段如：网红、自媒体、微视频、自拍和大号等打造品牌成为企业品牌传播必备的基本技能。快消品企业要善于学习和运用这些现代传播手段，引爆主流，让自己的品牌在风口上升飞起来。

**在产品个性的塑造方面：**自我、独立、个性已经成为消费升级时代的显著特性，彰显个人价值主张成为新趋势，企业的产品可以没有强大的品牌支撑，但是，只要有自己独一无二的个性，也一定会迎来一片的喝彩。

要塑造产品个性，快消品企业可以从自己的产品包装做起，改变包装千篇一律的形象，让包装变的“好玩”“有趣”“有温度”；

也可以从产品名称上寻求突破，改变产品名中规中矩的形象，让自己产品的名字变的有“调性”、有“特质”；

还可以在传播语上做文章，让自己产品的传播语变的“最搞怪”“最无厘头”等，所有一切不需要让所有的人都认可，只要一部分人认可就一切“OK”，只要有自己的个性就一切都好。

**在企业营销方面：**一二级市场的惨烈、三四级市场的上升、让你无处躲藏的互联网络及线上线下新零售渠道的崛起，让销售变得无处不在、无时不在。销售的手段越来越多样化，也让销售的实现途径无限精彩。面对这种现实作为企业需要做的是：

第一，在面对激烈竞争的一二级市场，做好渠道的下沉和市场重心的转移，把渠道建设、管理的重点迁移至三四级市场；

第二，寻求全网销售的实现途径，建立自身的平台，做好企业自身多样化、个性化的消费场景和消费者的体验工作；

第三，跨界合作，和新兴网络平台开展定制、品牌授权、品牌联盟等多种合作方式。

总之，面对消费升级的时代，趋势无法回避，潮流难以抗拒，伴随着时代更迭，会有企业被淘汰，也会有企业快速成长，变是为了更好的发展，变同样是为了更好的应对变化，没有变，你的企业没有未来！

**伯建新**，实战型营销专家、新疆市场营销协会副秘书长、《河北酒业》专家团成员、《品牌中国网》专家联盟成员，《销售与市场》《中国营销传播网》等数十家营销主流媒体撰稿人和专栏作者。

著有《成为优秀的快消品区域经理》《快消品营销人的第一本书：从入门到　精通》。

# 四招打造动销样板市场

罗宏文

有人说打造样板市场要几招几试，还有人说经销商考察市场选品不能相信厂家打造的样板市场……总之，很多老板都是“提样色变”，花重金聚焦打造样板，结果不但没有成功，反而有一大堆市场问题，损失惨重。

那么，大家为什么还要热衷于打造样板市场呢？因为样板市场是职业经理人的直接职能体现，是引领厂家快速塑造企业形象、快速招商的传播途径，是实现产品从区域市场到全国市场乃至于全球市场的跷跷板，样板市场更是企业能够快速活下来的救命稻草。

如何科学合理地打造成功且快速动销的样板市场？

## 一、领悟样板复制

打造样板市场的常规做法就是聚焦人力、物力和财力，集中区域优势突破产品铺货率、占有率和销售氛围造势等，然后进行复制，大有“无惧长江滚滚流，口号震天动地球”的气势。事实上这样打造样板的结果如何呢？损失惨重，复制一个死一个，遗留问题一大堆，老板大怒直接把职业经理人给“咔嚓”了，再换一个职业经理人。

很多营销职业经理人干了这么多年的营销，也经历了这么多的市场变化，面对今天全新的消费形式和已经升级的复杂市场，只要说到做市场，一定就想到做样板市场，都能说出要聚焦资源，进行几招几试几步打造，然后进行样板复制。但是，笔者经过调研发现：成功的样板市场是不能复制的，因为没有两个完全相同的市场，每个市场都是独一无二的。

我对复制的基本理解是：复制就是照搬，不存在创新。

## 二、悟透样板嫁接

我发现有一个现象，就是很多爱学习的人，在学习大师如何打造样板市场之后，就拿着大师给的工具，踌躇满志、连奔带跑地到自己的地盘开始打造样板市场。结果没过多久这些人都回来了，被所谓成功的工具打得头破血流、遍体鳞伤、损失惨重，都背负着只花钱不干好事的臭名。

为了搞清楚这一现象，我从 2005 年就开始在市场上进行营销试错实践调研，发现凡是走捷径，对成功的样板市场进行复制的，是复制一个死一个。直到 2008 年底我得出一个结论：样板市场可以复制，但是成功的样板市场不可以复制，需要进行嫁接。也就是说，我们做了几十年的销售，却被大师的样板复制忽悠了几十年，难怪每次拿着学习的工具，却没有打造出成功的样板市场，反倒制造出一堆市场问题，导致企业损失惨重。那么，成功的样板市场该怎么嫁接呢？先要悟透嫁接的原理。

（1）嫁接时，接上去的枝或芽，叫作接穗，即母本，被接的植物体，叫作砧木或台木，即父本。

（2）嫁接时的母本就好比样板市场，充分熟悉和了解父本才能嫁接成功，并生长出全新的优质植株。

（3）能否嫁接出新植株，关键在于怎么使用母本和研究父本特性。

## 三、两个分析

要打造出成功的动销样板市场，一个是对市场环境的分析，一个是对产品的分析。这两个分析非常重要，笔者把两个分析比作是嫁接时的父本，这关系到能否嫁接出新植株，对动销样板市场的成功起着决定生死的作用。

第一，对市场环境的分析，主要是对地理特征、纬度温度、商业结构、消费习惯、产业结构、短期动态、销售环节费用等的研究分析。如消费习惯，因国内北方和南方、东部和西部及中部平原地区，生活习惯都是完全不一样的，而且还受到温度的影响，因而消费习惯也存在差异。

第二，对产品的分析，主要是已开发产品、待开发产品和既有产品的分析，以及对竞品的分析和潜在竞品的分析。如方便面会受到其他零食的冲击，饮料会受到啤酒的冲击，以及水果上市的冲击等。笔者研究发现，凡是在打造样板市场时，对环境和产品分析不透彻，走捷径的，最后都以失败告终。

## 四、三个确定

在研究分析完环境和产品之后，就到了选择在哪个区域打造样板市场，打几个板块、打什么产品，以及怎么打的问题。这个时候只需做三个动作：一是确定目标即样板区域、样板产品，以及样板任务，二是确定打造样板市场的人员队伍，三就是定营销策略。

**目标选定：**选定在哪个区域打造样板，打造几个，打造哪个产品，打造多少形象门店，以及打造成什么样，每个样板形象点的投入的多少等，所有依据都必须来源于前期对市场环境的调查研究和对产品的分析，决不能凭空想象。比如，我们规划要做 200 个门店的端架陈列，规定每个端架陈列 30 件产品，每个门店 200 元陈列费，但是在实际操作时，由于省会、地级和县级市场的环境不一样，如果这个标准过高，门店不接受或费用不足，就会导致业务员根本执行不下去；如果这个标准过低就会导致资源浪费。

**队伍确定：**打造样板市场需要组建专业突击队伍执行，市场业务员和经销商只做协助工作，待样板打造完成后做好服务跟进。

**策略确定：**营销策略的确定，这是一个方法问题，至于要采取什么方法和手段，要根据样板市场环境和竞品动态来决定。在这个环节上有些策略是可以复制的，笔者把它比作母本，也就是说打造出来的样板市场有原样板市场的痕迹。

鉴于篇幅的限制，就分享到此，更多详细内容，可以参考即将出版的新书《这样打造快消品标杆市场：持续增量的营销方法》，笔者用实战案例详细讲述如何用“两个分析三个确定”打造出成功的标杆市场，如何用“六个连环节奏”使市场持续增量。

**罗宏文**，长期关注快消品营销落地和营销试错。

现任郑州熙焜商贸有限公司首席顾问、深圳快车道管理咨询有限公司董事。

著有《娃哈哈区域标杆：豫北市场营销实录》。

# 新形势下白酒经销商如何立于不败之地

赵海永

以团购为主的经销商如何在未来发展壮大？下面笔者谈谈自己的看法。

## 一、跟着“大哥”走，抓大品牌放小品牌

首先经销商要有自己企业的品牌优势，同时还要“攥”有强势品牌。成功的酒类经销商通常只因极少数产品或品牌的推动，获得了巨大成功。对经销商来说，这就是在本土市场的“名片”。

我们仔细看看周边一直在发展的经销商，要么手中有全国名酒品牌或者其主导的系列酒品牌，要么手中就有区域第一品牌等。

因此，对于目前的经销商来说，选择永远大于努力，掌控了强势品牌，对自我的发展就会起到事半功倍的效果，否则将反之。

## 二、以“变”应“变”，摆正心态

对于一个企业来说，在发展的过程中，经常会出现高层调整、政策改变、人员变动。一旦有变，对经销商来说，以前“定”的策略等都要有所转变。

经销商首先要摆正心态，以“变”应“变”。随着白酒企业的发展壮大，其市场布局、营销模式、产品线结构都将面临调整，而已经和厂家合作多年、“事业有成”的经销商也需要转变思想意识，接受厂家因发展而带来的改变。

## 三、从“坐商”到“行商”再到“赢商”

20 世纪很多白酒经销商都是以坐商为主，到 2000 年以后，开始走出去，把竞争放到了服务市场中。但随着各个经销商都开始这么做时，我们又该如何进行调整呢？笔者认为，在市场操作的过程中，要考虑任何一个环境，对每一个政策、策略进行效果评估，以“赢”为主。

例如一个区域性中低端产品的经销商，当一款产品上市时，在产品上市期就要加强终端促销，刺激餐饮关键决策人（老板）加强对新品的推荐，尽快实现动销，辅以地面终端生动化陈列和空中传播，吸引消费者熟悉与关注产品。

在产品培育期进入良性动销阶段，让消费者形成初步的良性口碑，加强消费者促销，实现消费者自点，减少对终端促销的依赖。通常消费者是流动的。所以消费者培育要在这个阶段做。

在产品上量期消费者开始进行大量的自主性购买，流通批发渠道销售份额提升，加强渠道促销，快速进入产品。在产品巩固期、成熟期批发上量，建立科学的分销体系，加强终端拜访，合理分配渠道利润，保障渠道成员稳定的销售利润，尽量延长产品成熟期时间。

在其中每一个环节去关注最适应的工作，获得最大的收获。

## 四、调整操作模式，精细化每一个渠道

随着产品结构的升级，厂家对经销商的品牌运营能力、终端的运作能力等都提出了新的要求。

首先，对于传统流通渠道由单品进店投入转变为整个产品线组合投入。因此，进店时一定要考虑产品组合。这样既可以提高产品的宣传效果，同时，又丰富了竞争层次。

其次，由单纯的价格性投入向专销投入转变。酒类经销商可以适当增加单店投入，做一部分形象旗舰店。这样既可以增加对酒店的掌控力又提升形象，也许不能马上有效果，但是可以带动其他餐饮店销量的迅速提升。

最后，从单纯的餐饮投入向市场投入转变。企业与经销商应站在战略的高度，现在应该从单纯地做餐饮、做销量的思维中解脱出来，认认真真地思考做市场的问题：如何通过共赢的方式提升自身形象、如何通过消费者拉动提升销量等。思路不转变，所有的努力只能是徒劳。

流通与餐饮两条腿走路。如果只做餐饮，产品在市场上难以走入寻常百姓家，那么这个品牌就难以有质的飞跃。企业和经销商前期为了迅速打开市场，刚开始多是做餐饮渠道，因为餐饮渠道可以引导消费、推动产品升级和主导产品的更新换代。但是做餐饮的营销成本太大，当餐饮渠道走“火”后，要迅速地让流通

渠道走“活”。流通渠道走活了，消费者对该品牌的认知度才能提高。只要消费者“买账”，点击率自然就高，餐饮渠道就只能屈就了。两条腿走路对于酒类企业、经销商必须要解决的问题是孰先孰后，要视具体情况而定。

## 五、资源从“散乱化”到“精准化”“有效化”“统一化”

资源使用一直是一个品牌得以生存的保障，良性的、精准的、持续的资源投入是资源使用的精髓。从过往的“返点”形式到企业或者大商全局掌控转变。推广资源更需要聚焦于地面，更需要聚焦于持续不停地做终端拦截。当口碑未形成、消费者大量自主性购买没有实现时，最忌讳资源投入忽冷忽热。

对于资源的使用，经销商必须合理规划，尽量把费用明细到每一个渠道，细分到每一块区域，落实到每一周期。同时还要向企业的领导层和员工层传达公司的资源使用方向和使用规划。

## 六、强团队、重培训、系管理、做标准

市场精细化运作对经销商的组织能力提出了更高的要求。

笔者认为，首先，白酒经销商需清晰了解产品运作阶段，明确激励对象。将复杂的问题简单化，通过分析寻找出问题的本质，找准关键人的核心需求并满足其需求。

其次，定期培训是一个必备的环节。培训不仅仅是一个系统化学习的平台，还是经销商和员工拉近关系的阶梯。在培训的过程中，员工可以掌握更多的专业技能，同时感受到在公司工作也可以成长，实现自己更多的价值。

最后，经销商必须建立系统化的管理体系和标准，对每一个员工的工作内容和职责明确到文字上，对每一个细分工作考核到数字上。

在白酒行业大环境发生大变化时，白酒经销商欲想立于不败之地，调整和改变自己是必须的。

**赵海永**，盛初咨询资深平台总监，微酒特约撰稿人，博锐管理在线专栏作家、特聘讲师，佳酿网专栏作家，白酒经销商学院特聘撰稿人。

长期为全国各地酒水经销商营销团队提供营销实战培训。

著有《白酒到底如何卖》。

# 客户细分，精准管理驱动营销转型

叶敦明

销售人员卖力，管理系统给力，高层领导出力，结果却为何差强人意呢？

首先，客户结构有点乱。销量占比大的普通客户，没什么利润；更麻烦的是，这类客户缺乏竞争力，导致采购量不稳定，价格斤斤计较。高利润的客户，数量太少，也不怎么待见我们，老是做“备胎”，没什么搞头。

其次，产品结构有点杂。客户要什么，我们就给什么。说得好听一点，这是定制；实实在在地讲，这是瞎折腾。为啥？几年忙下来，没有几个旺销产品，只能靠着众多产品拼凑业绩。这可苦了研发、生产、技术支持与售后服务部门。

最后，盈利模式有点懵。行业景气时，投入快马加鞭，期望迎来起飞的风口。结果呢，销量确实增加，而利润不升反降。行业低迷时，变得无所适从。靠研发和技术做好内功，没这个心情，也没这个实力；靠服务另辟战场，没这个体系，更没这个团队。工程机械行业不到十年的惊人沉浮，着实给我们上了一课。

根本问题就出在没有落实客户细分。不少企业的营销水平，好似没有准头的射击。固定靶都打得如此费劲，更甭提移动靶了。

没有客户细分，就得一个客户一议；企业年度经营计划，常常被迫中断。比如，一个本来没有计划去碰的新客户，忽然有了可观的业务机会。此时，不得不从各部门抽调精兵，组成一个临时项目，高层也投入了不少关注和精力。

于是呢，原来的业务计划就受到了不小的冲击，特别是那些难啃、但又必须啃的客户，进展就慢了下来。盘算得好好的一盘棋，到了年终却显得残破不堪。

没有精准细分的销售业务，仿佛与空气斗拳，是一场空费精力的乱战而已。

客户细分，看似营销层面的一个策略而已，实则为战略经营的一个系统工程。一个企业的精准管理，比如，财务生产与交付系统，构成了营销转型的基础；三根顶梁柱，构建了营销转型的框架（见图3－2）；而亮丽炫目的屋顶，则为营销转型的成果。

**第一根顶梁柱：客户细分，营销得高分。**

得高分，标准是什么？营销绩效。绩效之一，在于客户结构，有生命力、有发展潜力，占客户数量比例，以及销量比例；绩效之二，在于营销组织，以品牌为销售撑腰，用体系为销售发力；绩效之三，在于营销战略，一个企业的战略规划若能构建在营销管理的磐石上，就越有执行力。

以客户细分之水，去载营销绩效之舟，这才是营销转型的明智之举。

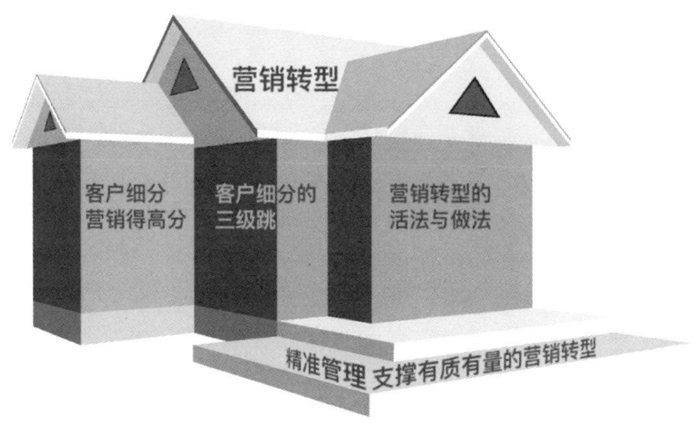


图3－2 企业精准管理模型图

**第二根顶梁柱：客户细分的三级跳。**

在客户细分中找好价值，为起步跳。说得明白一点，客户细分就是挑肥拣瘦，这里面有一个持续的客户新陈代谢过程。好的客户多进来，差的客户多出去，这样，有限的资源才能得到充分利用，兑现的价值也就越高。

在客户分类中找准做点，为跨步跳。不同类型客户的不同对策，以及体系营销的整体打法，目的都在于销售业务准头与劲头的持续提高。

在客户分级中找对方法，为落地跳。客户类型做好了，就好比找到了有鱼的池塘；客户分级做对了，则好比找到了捕鱼的办法。

客户细分决定营销效率，也就是投入产出比，或者说费效比，进而决定了一个企业的盈利能力及可持续发展前景。因此，客户细分就不再限于销售团队与市场部，而要进入到中高层管理的视野和实务之中。

**第三根顶梁柱：营销转型的方法与做法。**

那么，营销转型的方向在哪儿呢？

（1）营销转向高效益。

找到合拍的客户，与客户共成长，营销才会有大作为。有价值的客户怎么来？靠客户细分，找准营销的做点，然后持续培育客户价值，赢得长期可靠的客户源。

（2）管理转向高效率。

内部考核指标与外部客户评价方式，取得了一致的时刻，正是内部管理全心全意服务外部客户的"美好时光"。

（3）企业转向高价值。

制造企业担负着研发、生产、销售和服务的全过程责任，你们才是这个社会发展的价值源泉。战略、管理和营销，靠着"客户细分"这个新活法与新做法，在价值的磐石上构建企业战略梦想，兑现企业使命与承诺。

不得不说，我们的制造业喜欢借助外力做转型。资本、"互联网+"、大数据、人工智能、工业4.0，一个个"风口论"接连而出，那些本来就不打算苦干实干的企业投机者，纷纷挺身而上。

有一条路，人以为正，至终却成为沉沦之路。制造业企业，只有沉下心来经营，才不至于走入抛离主业、四处沉落的窘境。

在营销转型这条窄路上，非得下一番苦功夫，甚至伤筋动骨。昔日的销售功臣，学会谦虚，用营销思维和技术重新武装自己；当下的管理精英，则要以客户之心为心，以营销目标为自己的管理目标。

客户细分，唯有精准管理立定脚跟，营销转型才能奔跑起来。

**叶敦明**，致力于工业品营销咨询、营销培训、工业品品牌传播，帮助工业企业走向务实高效的大营销之路。

著有《变局下的工业品企业7大机遇》《资深大客户经理：策略准，执行狠》。

# 工业品企业内容营销工作如何突破瓶颈

张东利

## 一、工业品企业内容营销面临的普遍问题

随着以微信公众号为代表的社交媒体的兴起，内容营销开始被工业品企业普遍接受，甚至某些意识领先的工业品企业，已经把内容营销作为品牌营销工作的重点。但是，笔者在给他们做品牌营销顾问中发现，工业品企业内容营销面临着以下普遍问题，如果不很好地解决，将会成为制约内容营销工作成效的瓶颈。

这些问题主要表现为：

### （一）内容严重脱离市场和客户，带给读者的价值很小

工业品企业撰写的内容很容易走极端。要么是心灵鸡汤式的客户关怀，在逢年过节和假日时表现最甚，如铺天盖地的问候、

祝福；要么是与受众无关的企业内部新闻，如企业组织了篮球赛、歌咏比赛，召开了党员大会、新员工入职会等；还有就是晦涩难懂、只能给技术专家看的内容，如××异步三相电动机的运行工况得到提高等。这些内容都无法带给客户真正的价值。

### （二）内容基本由市场部提供，来源很窄，数量有限，导致内容发布缺乏持续性

自从内容营销兴起后，工业品企业市场部就苦不堪言，因为他们要挖空心思撰写大量的内容，应对微信公众号等社交媒体上源源不断的投放需求。本来市场部就很薄弱，且人员和时间被大量与销售支持有关的日常事务缠绊，这样一来，对内容营销工作只有东拼西凑，只求数量不求质量。

即使有的企业市场部阵容强大，有足够时间做内容营销工作，但他们也面临一条无法跨越的鸿沟，那就是市场部人员脱离销售、客户、技术和生产一线，写出的内容往往很浅，且以新闻类和企业文化类内容为主，对客户真正关心的问题认识不足，无法聚焦在业务和客户价值上，所以对销售工作帮助不大。

### （三）内容的写作没有章法，质量良莠不齐

很少有工业品企业在内容营销工作中有专业和系统的培训，因此在内容的创作上非常随意，完全凭喜好，很少考虑品牌战略、品牌调性、传播策略。此外，在选题、立意、逻辑和文笔上，不同的人风格和功力不同，因此撰写出的内容水平上相差很大。这样良莠不齐的内容，投放出去，只会造成企业形象的不统一，对品牌带来负面影响。

### （四）内容表达上使用纯粹的技术语言，完全不顾及读者感受

多数工业品企业的创作，只要涉及产品和技术方面的“内容”，通常都很晦涩，需要具备相当的专业知识才能读懂。也就是说这些“专业内容”采用的是技术语言，不是用户语言，是在沿用写专业论文的方式在做内容营销，因此，内容可读性很弱，传播的受众面很窄，影响力十分有限。

### （五）内容的投放渠道过于狭窄，未形成全网立体化传播的格局

内容好不容易创作出来了，却只见诸企业网站和微信公众号，其他的传播渠道没有曝光，没得到最大化利用，甚为可惜，这是许多工业品企业在内容营销上易犯的错误。我们可以做一个最简单的模型：内容的传播效果 = 内容的质量 × 内容的传播渠道。可见，传播渠道的相关性和多样性对内容营销的最终效果影响是很大的。其实，现今的媒体传播渠道极为丰富，除了企业网站和微信公众号是最常用的传播渠道外，行业杂志、行业网站、B2B 电商平台、企业博客、企业微博、企业内刊、电子刊物等也完全可以利用。

## 二、解决措施

如何解决以上问题？笔者提出了一些很好的措施，同时在被辅导的企业中实施后，也取得了显著的市场成效。

### （一）措施一：企业高层必须重视，发动全员参与，组建跨部门、跨专业的写作团队

显然，市场部作为“内容”的唯一提供者，是根本无法胜任内容营销工作的。我们只有通过企业高层的行政命令，不断发动，从文笔好、对内容营销有兴趣的不同部门和专业背景中，选拔出一支固定的写作班子，才能应对内容营销的挑战。这些成员来源需涵盖企业的职能部门，特别是市场、销售、技术、研发、生产、质检、人事部门都要参与，并形成一套管理和考核激励机制。笔者曾为一家有200名员工的客户组建了一支20人的写作班子，彻底改变了原来的被动局面，目前稿件数量、质量和多样性都大大提高。

### （二）措施二：所有的内容创作必须回到以市场和业务为导向

为读者创造价值，以帮助企业获得业绩提升为根本目的，弃绝心灵鸡汤、与此目标无关的内容。这要求每一个“写手”狠下功夫研究市场需求，挖掘客户的问题和痛点，对自身的产品优势、卖点和技术优势有深刻了解，能针对市场需求和客户问题提供相应产品或解决方案。所创作的每一篇内容，无论是新闻、报道，还是案例、行业洞察都有实实在在的干货，让客户读后能感受到价值。对客户没有价值的内容，只是在浪费读者和自己的时间。

### （三）措施三：利用外脑，持续和系统地进行内容营销和写作技能提升的培训

内容营销属于商业写作的范畴，同艺术创作不同，它有一定

的规律可循。因此通过对写作班子进行持续、系统的培训和实战指导，能打造一支思路清晰、逻辑严谨、文字功底好、选题和立意有效新颖的写作队伍，源源不断提供好内容，让企业在内容营销的“战役”中获胜。

**张东利**，工业品品牌营销专家，博扬工业品牌营销创始人，致力于帮助中国工业品企业走上品牌营销的制胜之路。

著有《工业品企业如何做品牌》《工业品牌营销20问》。

# 家具经销商未来 5 年的 7 大发展趋势

王献永

2012 年 6 月，我就在一次线下的培训课上，预测过家具经销商未来 5 年的 7 大发展趋势。当时听课的家具经销商老板半信半疑。5 年过去了，我的预测应验了吗？首先来看看我 5 年前预测的经销商发展的 7 大趋势（此趋势预测被多家行业媒体转载）：

**趋势一：**传统“坐商”将快速消退，“行商”将主导市场竞争；

**趋势二：**在局部市场形成某类产品垄断（占市场份额 50% 以上）的经销商将获得良好的发展；

**趋势三：**专卖店人才的竞争将成为未来竞争的核心；

**趋势四：**当地寡头经销商将在未来 2 ~ 5 年大量涌现；

**趋势五：**有思想、有理念、有规模的经销商将获得快速发展的机会；

**趋势六：**专卖店有没有一套招人、用人、留人的有效激励考核机制成为专卖店能否持续盈利的保障；

**趋势七：**专卖店持续不断的培训成了专卖店良性运营中必不可缺少的关键一环（培训促进销售）。

我们来分别看一下我预测的是否准确。

**关于趋势一**，坐商向行商的演进，我想，现在已经成为大家的共识。在2012年时，开店坐销模式还是很有市场的，那个时候也可以说是好时机，只要敢干，无论是开设店中店，还是独立店，成功的机会还是很高的！

**关于趋势二**，很多经销商到现在还没有很明显的感知，但是，你观察一下身边做家具的经销商的发展状况就知道了，尤其是做同城多店的经销商。在2012~2014年，伴随着全国家居连锁零售巨头（如红星、月星、居然及区域连锁卖场）的扩张开店，能够做好品类规划的经销商都做大了（最起码在当地做到了3个专卖店以上，甚至是5家店以上），在这个阶段，赢得竞争的关键点在品类上，而并非在品牌选择上，当然如果品牌和品类都选择的好，那就更好了。

**关于趋势三**，专卖店的竞争是人才竞争的观点，可能到现在还有很多人不以为然。在此，我再啰唆一下，如果你仔细观察的话，你会发现，同一品牌的不同地区的经销商，在当地做出来的业绩差别是非常之大的，甚至是同一品牌同一产品系列在同一卖场的同一位置换成不同的经销商来做，其结果也是差别很大的。为什么是这样的结果？这样的结果也恰恰说明了，品牌和产品本身不重要，重要是专卖店的员工不同，所创造的业绩也不同。在产品同质化的今天，专卖店与专卖店之间的竞争，就是专卖店之间人才的竞争！

**关于趋势四**，寡头经销商，这个很好理解，在某一地区，当行业人士问起某品类的大经销商时，人们会达成共识：知道做哪一品类，谁是做得最好的。这就是我所说的寡头经销商，在某一地区做到当地某品类的前几名。从目前来看，已经形成了这种局面。这些寡头经销商，有的已经成立了专营家居的商贸公司，由原来的夫妻店模式运作，实现了公司化运作。

**关于趋势五**，有思想、有理念、有规模的经销商将获得快速发展的机会。关于这一点，大家可以观察，在这几年这些经销商也的确做大了，有的已经做强了，年营业额有的已经过亿元了。

**关于趋势六**，专卖店人才的招、育、用、留的问题，越来越考验着家具经销商老板。为什么近两三年，很多的家具经销商都在关店？其中很关键的一点就是很多做大了的家具经销商，在专卖店人才的招、育、用、留的问题上没有建树，还是按照单个的夫妻店的管理模式运营。很多做大了（开 3 ~5 个专卖店以上）的经销商纷纷被逼关店。尤其今年，关店已经不是什么新鲜事了！

**关于趋势七**，培训促进销售，培训常态化。到现在很多夫妻店的经销商还是没有认识到系统化培训的重要性，很多夫妻店不舍得花几百元让导购员参加一些有针对性的培训，有些夫妻店为了控制成本连一个导购员也不请，自己每天亲自盯在店里，一年当中，根本没有机会出去参加培训（自己出去了，没有人盯店），甚至就连工厂组织的免费培训也不去参加，几年下来，除了“孤陋寡闻”这个词，我也想不到用什么词来形容她了。然而，将培训常态化的经销商，正在通过系统化的培训来获得更大的市场份额，正在通过有针对性的培训想办法把竞争对手打垮。而首先被打垮的就是那些“孤陋寡闻”的专卖店经销商。

经销商发展的 7 大发展趋势，也是经销商发展壮大的演化过程。各位家具经销商老板，不妨对照一下这七大趋势，你迎合了几个？也许我上面的文字会给你一些启发。找到你专卖店生意不好的部分原因。

参加有针对性的培训，是突破思维局限，迅速改变不利局面的捷径。

**王献永**，知行合一营销策划工作室创始人。多家家具卖场年度运营托管顾问。

家具终端门店运营、企划人员的实战训练导师，家具终端门店定制式培训的倡导者与实践者，家具终端卖场开业策划及节假日大型促销活动操盘手，家具终端门店系统化运营管理问题的终结者。

著有《家具行业操盘手》。

# 共享的维修服务，为什么只是看起来很美

黄润霖

所谓的维修服务，最为大众接受的概念是家电维修。后来延伸出的灯具电路、龙头管件、卫浴洁具、开锁换锁等服务，都能归纳到这个维修服务的大项里来。

在山头林立的维修平台中，虽然各个品牌都圈得了一定数量的用户，但另一个尴尬的事实是：大多数维修平台的盈利模式均停留在理论阶段，至于目前活得比较滋润的平台，还难觅踪迹。

## 一、互联网长尾效应的边际

互联网诞生之初，带给我们最震撼的一个认知，就是长尾效应。绝大多数维修平台的成立，也正是基于这个理论而赚足了投资者的眼球。当这个伟大的构想落地之后，面临的第一个问题，竟然是需求不足！是的，你没看错，需求不足！

需求不足一方面表现在用户痛点不产生，需求不触发；另一

方面表现在老用户的返单不足。

基于 LBS 的本地化生活服务平台挨了一闷棍：长尾理论在互联网的应用范围，明显不如我们想象中的那么神通。在维修服务平台的创业过程中，这些缺陷表现得异常明显：

（1）长尾效应对产品的选择有着较多的限制。产品，尤其是电子产品才是长尾效应发挥功效的主攻领域，本地化服务，尤其是非标准化的本地服务，并没有大幅降低维修服务本身的成本。

（2）用互联网解决低频需求的供给，价格战是最大的禁忌。最大化的长尾效应其实受限于服务提供者本身活动的半径。用价格优势来引流，只会简单地触发价格战，导致服务者本身利益受损，最后还是要祸及被服务者。

（3）长尾理论要发挥最大效应，维修服务的推广必须是首先找到种子人群，而不是简单地进入社区推广。因为，返单率过低的拓客模式，会成为压垮平台的最后一根稻草。

## 二、维修平台转型存活的多种模式

大多数创业的维修平台，在业务模式设计上，因为陷入了以家庭用户为主导人群的认知误区，而摔了一个大跟头。

从 2016 年下半年开始，大部分维修平台都已经回过神来，着手调整业务方向，从零散的 2C 转向高频的 2B，也就是转向有稳定维修需求的商业用户。比如，“叫我修吧”2016 年底与苏宁达成年 60 万份的订单意向，“万能小哥”接到摩拜、小黄车的车辆维修业务，正是基于家庭维修服务的天然瓶颈而做出的必然选择。

能接到商用集团订单的维修平台，当然是幸运的。在业务结果的梳理里，20%的客户将占到80%业务量的线下魔咒，在线上的聚合模式下，仍然成立。

因为，即使是获得了商用订单的叫我修吧、万能小哥，如果离开了背后风险投资在各个业务主体之间的穿针引线，这些商用订单的获取也是未知之数。在互联网BAT大局已定的背景下，离开了资源大佬们的支持，创业成功的概率至少还得再打对折。

当然，在维修平台的业务模式转型上，除了转向商业用户的集采订单比较成功外，同样成立于2015年的“e修鸽”，不是从解决消费低频入手，而是从提高客单件，直接转型到二手房翻新市场。虽然家庭用户的翻新是低频事件，但是足够高的客单价，在一定程度上弥补了低频消费的不足，这也是一个可取的思路。

“e修鸽”目前正尝试在京东和天猫等本地生活频道引流，但效果还需进一步观察。

相反，创立时间最早的中国联保、神州联保，显得异常低调。但是在线下布局的完整性上，这两家维修平台更具优势，尤其是在中西部偏远地区承接维修业务。以致海尔旗下同时也承担家电售后维修职能的“日日顺”品牌，也将部分偏远地区的家电售后维修业务，外包给这两家平台。

还有一类维修平台，在维修市场哀鸿遍野的局势下，也能过得很好。他们依托和掌握了某些行业的专属资源，并以这类资源为切入口，在维修市场抢占了重要的地位。这类企业的典型代表就是e城e家，企业的创始人是燃气行业巨头新奥燃气的少东家王子峥，这造就了e城e家在水电气检测和服务方面，具有其他平台企业无法比拟的优势。

## 三、维修平台创业，究竟应该怎么走

当从营销的高空轰炸转到地面推进的时候，维修平台的创业机会到底在哪里？

（1）低频低价的家庭用户维修，若没有高频低价商业用户作为中流砥柱，不仅成本无法有效分摊，服务的质量也无法保证。那些还继续在社区人群概念上转圈圈的维修平台企业，是时候悬崖勒马、改弦易辙了。

（2）共享的维修平台市场，不可能一家独大，更有可能是百花齐放。未来既有像e城e家在家庭用户煤气检修业务上遥遥领先的专业平台，也有商业用户水电产品销售后的配套服务商；既有像中国联保、神州联保这类在偏远地区本地化优势明显的联保品牌，也有像日日顺这样老牌的传统家电企业，因为售后服务的延伸形成的细分品牌。

（3）维修作为一项本地化的传统业务，核心价值在维修师傅。所以，未来以维修师傅为法人代表的区域加盟商的拓展，是决定业务能否得以快速推进的关键。

（4）家庭用户维修服务的低频，在于社区维修需求本身的无计划性，如何将低频改为高频，家政服务行业的“好慷在家”已经做了有效的尝试。通过包年服务、定期清洁，将被动的临时呼叫，转为主动的定期服务，不仅积累了大批稳定的会员，还提高了家庭用户的满意度。

随着消费升级，培养消费者进行定期售后检修的消费习惯，还有很长的路要走。

**黄润霖**，职业营销培训师。长期专注于营销实务的发展和创新，擅长“精细化营销”和“经销商提升”课题研究，积极推广和倡导“无边界课堂”等培训形式。

已出版《用数字解放营销人：一学就会的营销量化管理方法》《用营销计划锁定胜局：用数字解放营销人2》。

# 品类带品牌

## ——聚焦品类打造超级品牌

侯军伟

著名定位专家艾·里斯认为，要打造一个新品牌，首先应该创建一个新的品类。我们认为企业不仅仅是创建新品类，更重要的是让新品类能够获得发展，需要聚焦某个品类，通过全面、系统地打造它，从而让它引领企业品牌的发展。

### 一、品类选择

任何一个行业都会有基本的行业规律，在进行品类打造的时候，首先是品类的选择。企业要选哪个类型的产品进行打造，这决定着市场的成败。就食品行业来说，在品类方向的选择上可以通过以下几个原则进行考虑。

#### （一）能否代表行业发展的方向

我们在选择一个品类重点打造的时候，就要考虑这个品类是不是代表着这个行业的发展方向。比如，国内乳品行业的发展基本可以分为三个大的阶段：第一阶段是低温乳品为主，保质期较短，消费不够普及；第二阶段是常温乳品崛起，普及乳品的消费理念，完成全国市场的消费认知；第三阶段是新鲜乳品消费成为最佳选择。目前来说，乳品企业如果无新鲜的诉求，则基本无法获得消费者的认可，这是行业趋势，也是企业选择的方向。这些方向都是消费者对于产品的既有认知，企业需要重点考虑。

### （二）能否代表企业的核心能力

在市场竞争中，选择的品类能否代表企业的核心能力，决定着这个品类是否有持续发展的动力。企业的核心能力包括技术创新、专利、研发实力等。比如，光明乳业的畅优所添加的菌种为光明研发的“植物乳杆菌”，是独创的核心技术，这不是竞争者短期可以模仿或超越的。

### （三）能否代表产品类别的核心概念

具体到产品类别本身，是否具有差异化的概念诉求，决定着这个类别能否代表企业的最高水平，代表着企业品牌未来的发展方向。比如，新希望24小时巴氏鲜牛奶，用新鲜定义这个产品，同时也代表着企业的竞争力和核心能力。当地牧场当地生产，可以提供离消费者最近的产品。从行业发展来看，新鲜乳品是趋势，而新希望乳业通过24小时巴氏鲜牛奶，向消费者宣告“我们是最新鲜的”。

### （四）消费者是否有需求的痛点

产品类别的选择是否能够解决消费者的痛点？没有解决消费

者的痛点，就无法进入消费者的购物篮中。产品是满足需求的，但也是解决问题的。

通过以上四点分析，我们可以确定选择什么样的类别来打造品类品牌。

## 二、确定品类的核心价值

确定品类的核心价值，我们一般从两个和消费者有关联的优势能力来挖掘（如图3－3所示）：

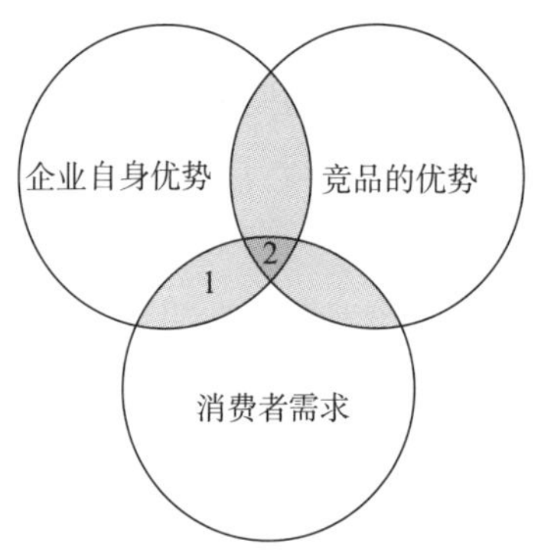


**图3－3　品类核心价值挖掘模型图**

（1）通过对企业自身优势挖掘，寻找和消费者的关联。如果企业的优势正好是消费者需要的，同时也是竞品没有的，那么这就是品类的核心价值；

（2）如果在“1区”中没有找到这种连接点，则需要分析竞品的优势、消费者需求和自身的优势。在这个过程中，由于这种优势竞品也具备但没有对外传播过，则企业可以在“2区”中寻找和消费者的联系，利用先发优势，占有该资源。

通过确定品类的核心价值，形成品类的独特性。这种独特性在于这个品类核心价值能够覆盖公司全系列产品，即这个品类的光芒能够让所有的产品都获得收益，能够给消费者留下深刻的印象。

## 三、打造品类的思维模式

### （一）产品即品类

打造品类首先是确定具体的产品。产品包括实体和虚体两部分，实体部分是产品的实际功能，如真材实料。仲景香菇酱里面有香菇，脉动饮品里面含有维生素等，企业能够生产一个优质的产品，这已经是基本功。虚体部分包括产品的概念是否精确，包装设计所传达的品牌精神能否触动消费者的心理等。产品只有做到内外兼修，才能够获得消费者的青睐。

### （二）品类即品牌

集中资源去打造所选定的品类，让其能够成为企业的“头牌”产品，从而通过这个产品带动公司其他产品的销售。如新希望乳业推出的 24 小时巴氏鲜牛奶，这个产品既代表着新希望乳业“打造中国鲜奶第一品牌”的理想，同时通过 24 小时巴氏鲜牛奶的极度新鲜，完成与消费者的沟通。既然这个产品能够保证 24 小时限时销售，新希望乳业的其他产品也不会差。这个产品概念由此及彼，从而带动整个品牌的更新。

### （三）品牌即传播

打造品类的过程，也是品牌传播的过程，要通过传播行为来进一步促使消费者产生信任。在塑造品类的过程中，必须要做到一致性。产品包装、宣传物料、广告片、终端形象、销售话术都要体现产品的核心价值，从而才能够在视觉上让消费者感受到强大的品牌力量。

### （四）超级单品成就超级品牌

当超级单品成为品类的代名词时，品牌自然也能够获得消费者的认可。超级单品必须能够超越普通的产品，引领一个类别的发展，只有如此，才能够形成足够的影响力。

品类的成功，最终也是品牌的成功。光明推出莫斯利安常温酸奶的时候，抓住了消费升级、消费者口感多样化等消费需求，从而引领行业的发展，成为销售规模超越 200 亿元的关键产品。特仑苏纯牛奶经过 12 年的运作，从零做到超过 100 亿元的规模，已经超越了乳品行业里第四名企业的总体销售额。这些品类最终都成就了企业的发展，使企业的品牌成为消费者信任的品牌。

对于很多企业来说，与其把有限的资源都分散在多个产品类别上，不如把资源集中到某一个有潜力的品类上，通过打造这个品类，形成企业的价值标签，从而完成企业的品牌蜕变。

**侯军伟**，上海睿农企业管理咨询有限公司创始人、总经理，本土管理实践与创新论坛理事，新食品杂志专家顾问团成员，中国品牌研究院研究员。

熟知品牌战略、产品定位、渠道策略及分销管理、营销推广等工作，乳品行业知名营销专家，终端管理效率倍增模型创建者，场景营销和超级单品理念践行者，专注乳业食品产业的营销策划与落地实施辅导。

著有《乳业营销第 1 书》《2017 中国乳业营销发展白皮书》。

# 当心你的品牌被固化

韩　旭

2017 年褚橙上市之前，网上发生了一件“褚时健被死亡”的乌龙事件。其实这究竟是一次乌龙事件还是人为炒作，并不是我们要探讨的核心，但是它却从侧面反映了一个问题——褚橙一定是在销量上遇到了瓶颈，这个瓶颈肯定跟“流量和关注度有关”。

很多人可能会问：像褚橙这样有 IP（知名企业家褚时健）、有传播点（褚老的励志故事）、有口碑（产品品质口碑）、有流量（有成熟电商平台和一批粉丝群）的成熟品牌，怎么还会遇到这种问题？其实这不是一个个例。

为什么结果会这样？因为我们身处移动互联的时代，面对的是一群越来越具有不确定性的消费者，品牌很容易陷入认知固化和遗忘的陷阱，导致流量和关注度降低，进而影响销量。

## 一、移动互联时代的消费者到底是怎样的一群人

（1）没有 IP 不关注：因为信息过度传播，一个品牌（内容）

如果没有 IP 支撑，就很难在消费者眼里找到存在感，更难被消费者认知和记忆，除非企业用大量的传播投入把品牌本身打造成一个大 IP，但是在移动互联时代，这种做品牌的代价越来越大。

（2）快速认知和刷新：因为互联网时代信息量极大，传播速度极快，消费者可以随时随地接受各类信息，所以他们接受新事物、新信息的速度非常快，但是信息的海浪也会不断刷新消费者的认知，把更多从前的信息拍在沙滩上。

（3）没有忠诚，只有利益和喜好。过去消费者认准一个牌子甚至会一辈子从一而终，但是现在，只要品牌出一次问题，或者是品牌跟自己不匹配，或者是见到更好的，马上就会换品牌。

（4）没有创新就是固化。因为新知识、新概念、新潮流的不断涌现并快速传播，人的思想变得越来越灵活，尤其是主导市场的“80 后”“90 后”“00 后”，所以一旦一个品牌一段时间内没有新东西、新变化的出现，他们就会对你的产品产生固化的印象，一旦他们又接受了新的东西，你的产品就可能被抛弃。

## 二、企业应该如何应对这种变化

### （一）保持对品牌内容的不断创新

在品牌内容的创新上，江小白可以称得上一个典范，无论是线下推广还是线上活动，总能制造出一些话题，引发共鸣，促进主动传播，所以做得都很到位，尤其是其包装上的“品牌语录”，很被消费者推崇。重要的是，目前企业内部已经形成了一套比较完善的内容制造体系，它会保证品牌不断有新内容推出。所以我们看很多同行模仿江小白，但只得其形不得其神，最终除了给消费者眼前一亮的感觉之外，并不能与消费者进行更深层次的沟通和互动，所以品牌很难产生黏性。

总体来讲，品牌内容可以创新的角度很多，比如，品牌口号、文案、视觉元素、新 IP 要素，等等，需要说明的是：对品牌内容的创新是为了与消费者沟通，为了增加品牌的新鲜感，所以一定不能无节制地创新，必须保持与品牌核心价值的高度一致。

### （二）高度重视品牌的 360 度传播与沟通

今天我们要更加重视对品牌的 360 度传播，尤其是不断在目标消费者之间、在行业内，刷出存在感、刷出新鲜感。行业口碑和消费者人气同样重要——行业口碑影响的是渠道的士气，消费者人气影响的则是销量。当然，如果能在传播的过程中通过话题、活动引起消费者或同行之间的积极互动，这种效果无疑是最好的。

举例来讲，现在打开微信就有很多人在朋友圈发广告，你会觉得烦吗？我想大多数人会因为它的内容千篇一律，自说自话、王婆卖瓜，而腻烦或者根本就不关心这些，而不是因为发广告本身这件事而觉得烦。所以提醒很多不喜欢在朋友圈为自己产品发广告的朋友，这种想法和念头本身就是错误的，在移动互联时代你需要刷出自己的存在感！

### （三）不断为品牌讲故事

很多人一提起品牌故事，就是为品牌挖掘一段历史，牵扯上名人典故什么的，然后就开始传播了——其实这类故事大多对品牌建设无益。

讲故事的目的是让消费者不断的认知品牌和保持对品牌的好感，所以故事必须要接地气，让消费者觉得亲切——或者如果你觉得没好故事可讲，将品牌植入到某个场景画面中，去引发消费者的品牌联想，也是一种比较好的手段。当然故事的发掘空间是很大的，比如，农夫山泉用自己员工的故事去做品牌传播的效果就非常好，但很多企业并不善用。

### （四）塑造品牌人格特性

要塑造品牌的人格特性，不是简单地设定某种文案风格，或某种视觉风格、某种场景营造，重要的是一定要有“人”成为品牌的人格化代表——这个人必须和品牌高度关联，比如，褚橙的褚时健、小罐茶的杜国楹、西少爷的孟兵等，不一定是名人，但必须有故事（有些也是加工的）、有可以传承的人格化特性。

当然，企业也可以找网红、找明星、设计卡通形象来塑造品牌人格，但如何讲好品牌与他们的故事、如何找到品牌与他们之间的人格共性，让消费者相信他们之间有深度关联而不是简单地花钱雇来战队，这一点非常重要。

过去做品牌我们一直强调一款产品、一个口号、一个画面、一支广告片、一个核心媒体，然后再通过不同的媒体组合和渠道进行持续的集中传播，就是做好品牌的定律。但是在移动互联时代，这一定律似乎正在发生改变，虽然它会让品牌变得高大上，但也会让品牌变得冰冷，除非你需要这种冰冷，比如，那些高端奢侈品品牌，但是在大众消费品领域，这种做法越来越难获取竞争优势。

**韩旭**，品牌农业孵化导师，中国品牌营销实战专家，正知正行（北京）品牌机构创始人。

出身于市场一线，拥有十五年营销实战经验，专注于企业品牌竞争力研究，不断践行“在行动中思考、在思考中行动”的做事理念和准则。

著有《中小农业企业品牌战法》。

# 药店战国时代格局之争

范月明

对于零售药店来说，这是一个逐鹿中原、鏖战纷飞的年代，也是一个英雄辈出的时代。

A 连锁几年前仍然只是一个不到 50 家门店的小型连锁，在有效的经理人的管理下，通过两三年的打拼，突破门店两百家，成为一方诸侯。

C 连锁上市之后，开始在全国大范围内收购，其扩张之势，令许多当地的连锁店惴惴不安，与 C 连锁相似的这种“大鲨鱼”也都在争夺自己的海域，在“大鲨鱼”的背后是否有更大的“虎鲸”悄然而至?

D 单体药店林老板有着几家自己的门店，在这种混战当中，他意识到了自己的不足与危机，开始加入了一些联盟。

在与联盟成员共同学习的时候，他开始意识到自己其实可以做得更好，于是做大做强也成为他的梦想!

这种“战争”演变成了 K 药店店长子玉的抱怨：“药店一家

挨着一家，怎么办呢？”

在观察中，我们也发现，哪家药店的生意好，就会有竞争者开在它边上，以分一些蛋糕，这就显示出了一个现实而又残酷的问题，如此短兵相接，谁能胜出？

这不禁让人想起了战国时代的场景，赢者做的是格局，格局与境界不同，造化有别。

如何取胜？

## 一、小而优不失为一种独特的活法

以几家店为一体的“单体店”在国内较多，但常陷入价格战之困局，因为没有品牌与品类的吸客能力，所以，常常举步维艰。

D药店林老板虽已积攒一定资本，但是，却并不知道该如何发力。

对于林老板来说，积极投身于大的药店联盟便是明智之选，而其所需要做的就是，在联盟的保护伞下，如何让自己的几家店找到市场定位。

每一家药店开出来，都有它的道理，这个道理，从市场营销角度来看，便是定位的差异，林老板要做大做强，也许并不是追赶上市公司，而是比自己昨天做得更好。

在这样的坚持下，能实现的途径便是寻找到自己小而优的特长、自己的核心竞争力。

从具体的操作上来看，应体现出小的灵活与快捷反应，指向于专业化的自我提升、标准化管理的流程构建，如此，在自我优化的同时，借助外力帮助，可形成自己的小格局，可与那些王牌企业的大格局共生共荣。

## 二、做区域地头蛇，须不断进取

A 连锁通过自己的打法，在较短时间内野蛮式生长起来，这无疑是一件令人兴奋且应点赞的事，不过，对于其管理者来说，如何应对强者的进攻是其日夜忧心的事。

对于区域强势连锁来说，需要突破的关键点是如何强化自己的品牌效应，如何对自己的门店进一步构建更精细化的流程，不断提高运营效率，实现更高利润回报，以抵抗全国性连锁进驻的打击。

如果自己构建的优势使外来者的进驻成本增加，将会形成一种资源壁垒，而这样的“美好愿景”来源于其自身持续的优化、蜕变。

对于区域连锁来说，快速学习是不二法门。

当然，也可以引进“高人”复制，经诊断后可融入企业的标准，通过一段时间打造出一个令“虎鲸们”望而却步的阵营，并获得更多工业资源支持。

在 F 城，原本一个拥有不到 100 家分店的连锁店，因管理经验与架构无法满足企业的快速发展需要，因此自上而下“有些乱”，后来聘请一位“前三甲”连锁企业的高管，在几年的时间内，梳理出了一个有章法的团队与可复制的高效率运营绩效模式。

这样的内在“格局”将会阻挡住外来企业进驻 F 城。

## 三、以规模取胜是王者之道

C 连锁向外扩张之时，也需要“排兵布阵”，每个企业有其自身的企业文化与体系，如果无法有效整合，将会使扩张走上“损耗”之路。

这里面，既需要考虑到地理上的布局，又要考虑到组织文化的匹配，还要考虑到所收购药店的潜力。

从理论上来说，门店数越多，运营的整体成本就会越小，其品牌效应也会越强，“势”在，所向披靡！

但最为考验的就是执行力，人多了，盘子大了，执行的力道是否还能自上而下一致？

更为重要的是，借助于新技术，大平台，多方资源，能否发挥其最大效能？这是对“大咖”连锁们的一个巨大挑战。

影响格局者，还有移动医疗、网上药店、政策等，有些药店，虽是后起之秀，近几年才开的，但是，借助于现代化技术，同样有着“黑马”般的成长速度。未来到底会掌握在谁手中？也许没有人能给出答案。

在这里，我们是否也要提及走出国门？得格局者，得天下，相信那些有梦想的药店经营者们，心可能并不只在眼前，更在远方，不过，需要提醒的是，路却在脚下。

回到基点，何为格局，格者认知程度，局者所做事情的结果，体现的便是认知的深浅与所执行的程度差别。这里面，可以“纬”出成千万种状态，呈现在世间的药店便有如此“千姿百态”“众彩纷呈”。

这种格局之争，又有其宿命，有其变术，也许辉煌的巅峰之势可能仅因为领军者“变化”突入低谷，抑或者因某个机会而扶摇直上，是命也，是运也，是时也，皆不可知。而正是这样的一种“变幻”，充满了魔力，吸引着无数药店人前赴后继。

竞争，得益者，是消费者，也是时代所需，药店圈的整体服务水平提升了，专业服务能力强了，越来越多的药店实现了“一站式”购物，对顾客的健康管理是深度的会员维护之举，这在以前，可能只停留在医疗机构与书本中，但如今已然遍地开花。

谁将会在中国药店的格局之争中胜出，目前是一个谜。谜底需要所有药店人用自己的心血来揭晓！

**范月明**，在海王星辰拥有近十年一线实战至中高层管理经历。一药店管理学院高级讲师，多家药店媒体资深撰稿人，中国药店金牌专栏作者。

著有《引爆药店成交率1：店员导购实战》《引爆药店成交率2：经营落地实战》《引爆药店成交率：专业化销售解决方案》。

# 卖药，客情千万不要“自作多情”

鄢圣安

做客情，对于每个做销售的人来说都不陌生，并且大家也在努力去做。所以，“我和那个药店老板关系好”，“你和那个采购关系硬”，“我和某某大夫关系很不错”这些词经常会挂在你的嘴边。可是，有的时候，你也会怀疑你和客户之间的关系究竟如何？因为有的时候，你自己心里也没有底。先来看看，我在实战中发现的几个案例：

曾经做代理的时候，有个业务员说：“鄢总，你家楼下附近的某某药店给我做，我跟他们老板关系很好。”既然这样，我就给他了。三个月后，业务员跟我哭诉：“那个店到现在款没有结到，货也卖的很差，几乎没有动。”当时进场很容易，所把这个店转给我去做。我去了之后，就和药店老板聊起来了，我说：“我的业务员说和您的关系很好，为什么货就动不了了？”老板说了这样一番话，让我深思：“什么关系好?！别以为到店里来喊声姐我答应就是关系好，别以为到店里来，给你倒杯水就是关系好，所有的业务员来我这里都是这样对待的，可能你们在别的药店没有好脸色看，我给了个好脸色，你就觉得关系好了！是你理解错了，那是我会做人。你所谓的关系好，只是你一厢情愿罢了！”

还有一次，在做内训的时候，有个学员说：“我和某某大夫的关系很好，东西也送了，还和他吃过饭，可是就是怎么压货他也不压，总是让我给他最低价，可是已经是底价了，他就是不要。”其实，这件事，说到底，还是客情不好，还是你以为是，一厢情愿的“单相思”。

还有一个案例，有个业务员给我微信，说：“鄢老师，我有一个关系特别好的客户（他自己觉得），可是今天去像变了一个人一样，脸不是脸，鼻子不是鼻子地把我说了一通，我想不通。”我回复他：“没什么想不通的，你明天去，就好了。”他问为什么，我说：“每个人都有心情不好的时候，今天你碰上了呗，不要轻易地去怀疑你的客情。”果然，第二天，他说：“鄢老师，你料事如神啊，真的和你说的一样，今天很亲热啦。”不是我料事如神，是做业务的过程中，我碰到过很多次这样的事情，慢慢悟出来的。

那么如何衡量你与客户的关系好不好？

第一，看你的货在店里卖得好不好，卖得不好就是关系不好。从意愿度这方面来讲，如果他是你的亲戚，能不好好卖你的货吗？另外一方面，也有可能是你没有教他卖，那么他不会卖，为什么不着急？为什么不找你探讨卖的方法？你为什么又不主动去沟通？说到底，还是关系不好。

第二，推荐新品，他废不废话。如果说：“小鄢啊，没法进你的新产品，因为同类产品太多了啊，因为你的价格太贵了啊，因为最近兜里没钱啊，因为你的这个药在我们这里卖不动啊，因为你的药名气太小了啊，因为……”总之，一大堆的理由，这就是关系不好，关系好的，只会说：“上，你说怎么卖吧！”

第三，是否给你介绍新客户。我觉得这是检验客情关系最有效的一招。给你推荐客户，就像是在承兑汇票的背面“背书”一样，这是一种承诺，一种认同。如果你和别人关系不好，或者你打心底不认同某个人，你会把他推荐给别人吗？或者你明明知道这个男的人品不好，你会推荐给你的异性好友吗？显然不会。所以，我们经常“要求”客户给我们介绍新客户，就是要把“某某总/大夫，您能给我介绍几个新客户吗？”这句话挂在嘴边，如果你信我，2 个月的功夫你的客户增长的数量会非常快，并且开发起来很容易，为什么？一是因为没有那个药店老板，连锁采购和诊所大夫是孤立存在的，他们都有自己的圈子；二是因为有某个熟知或者信任的第三方做推荐，那么合作的警惕感会大打折扣，不会担心你是骗子。

当然还有一些土办法，记得当年领导检验我们客情关系好不好，就一招，他把我身上的现金收光，然后让我去药店借 100 元，跟药店的人（老板或者店员都行）说今天钱包忘家里了，借 100 元今天用，明天还上。有人借，就是关系好，没人借，就是没有客情。这个办法听起来有点露骨俗气，但是细想想，好像也不是没有道理。

很多人那么自信地觉得客情关系好：是因为他觉得，我对你好，我给你送礼物了，我请你吃饭啦，我们一起出去春游过啦，你抽我烟，喝我酒啦，收我钱啦，你对我客气啦，你给我笑容啦，好像就是关系好啦！对不起，这样建立起来的客情好不到哪里去，最多只是“拿别人的手短，吃别人的嘴软”罢了，人家根本就没有打心底佩服你、认同你，只是面子上过得去罢了，多余的，都是你自己觉得的，一厢情愿的。

我们不要把“交情”和“客情”混为一谈，你对他物质方面的好，你的礼貌，你的卑躬屈膝，你的殷勤顶多算个“交情”，交情对提高销售量有用，作用却有限；但是客情，专业的客情，来源于尊重，互助，交流，交心。

以上只是我个人的一点见解和看法，供大家参考使用。

**鄢圣安**，OTC一线销售专家，武汉安信诺达医药咨询有限公司总经理，中国医药联盟优秀专栏作者，“谷丰观点”特约撰稿人，医药观察家报特约观察员。

销售实战经验丰富，一线管理务实高效。

著有《OTC医药代表药店销售36计（从入门到精通）》《OTC医药代表药店开发与维护》。

# 研究篇

# 中国古代管理思想的基本特征

张再林

中国古代历史悠久和富有成效的社会实践产生了极为丰富和精深的管理思想。本文试就儒家“礼治主义”为代表的中国古代管理思想的基本特征予以分析和揭示，以教于大家和同行。

## 一、“体用不二”

认识是行为的起点。管理学，作为一种有关人社会行为的方式及规律的学说，其实是以人认识世界的一定认识论模式为其哲学滥觞的。同时，也正是从不同的认识论模式出发，形成了风格迥异的中西各自的管理思想。

众所周知，长期以来，西方的认识论是基于西方现代现象学学者所刻意揭露和批判的“现象”与“本体”二分对立这一先入之见之上的。这一认识论模式假定，人只能把握事物的“现象”，而该“现象”背后的“本体”则属于人的认识鞭长莫及的“物自体”。由此便形成了与先验本体无缘的、以外在经验事实作为研究对象的西方人所谓的“经验科学”，而把这种经验科学推及人类社会，就形成了西方人的以经验主义为其哲学特征的所谓“行为科学”，即“管理学”的学科。

经验主义必然导向价值取向上的功利主义。这种经验主义的“管理学”认为，正如自然对象之于人仅为人的一种实用之物一样，人的社会行为之践履亦完全服务于人的一种功用所需，故追求所谓“效率”成为这种管理学的唯一目的。因此，管理学是一种纯粹的“应用性学科”，对人类行为的管理不过是实现某种外在于人自身的管理目标的一种手段和工具，这就导致了“经由他人完成事务”这一西方实用主义的管理学主旨的提出。

这其实是一种“有用无体”的管理学说。它强调人行为的“效率”，但却不问人行为本身的“意义”；它强调人的行为是一种外在的“手段”，但却无视人的行为亦有其自身内在的“目的”。因此，西方的管理学说是建立在“体”“用”分离、见“用”忘“体”的基础之上的，它是一种“无根的管理学”。这种唯用主义的管理学在西方近代管理学之父泰罗的管理学说里曾得以最充分的体现。在泰罗的学说里，管理活动的宗旨仅在于提高劳动生产率，作为被管理者的人毋宁已成为为获取更多利润而高效运转的一架无灵魂的机器，从中人已经完全遗失和辨认不出“自己”了。

中国古代管理思想则不然。如果说西方管理思想是本体与现象二分这一思想的产物的话，那么中国古代管理思想则源自其现象即本体这一“彻底经验主义”思想。在中国古人看来，本体与现象并非对立的二元，而是一种“显微无间”“上学上达”的一元整体。在这一整体里，现象并非是与本体无缘的东西，而是本体本身的显现和生成；本体亦并非是现象背后的“物自体”，而是现象本身的潜在形式。因此，本体不是某种实体性的东西，而是“即用显体”，即被看作一个展开于具体现象之中的功能性过程。由此便形成了中国古人本体与功用合一，即“体用不二”的“道”的思想。而“礼，履也”（《说文解字》），把这一“道学”思想运用于人的行为（“履”）领域，则形成了中国古代管理学说中别具一格的“礼治主义”。

与西方那种有用无体的“科学行为”不同，礼是体用为一的人的行为整体。在这一整体里，人的社会行为不是追求某种外在功利目标的单纯手段，而是作为个体生命本身的“性”的表现形式。具体言之，它是“因人之情”的一种活动，是由“亲亲”这一原始亲情向社会、他人领域的辐射的“移情”过程。也即《诗》所谓的“刑于寡妻，至于兄弟，以御于家邦”，孟子所谓的“老吾老，以及人之老；幼吾幼，以及人之幼”这样一种“举斯心加诸彼”。在这里，“复礼”即为“复性”，作为人的社会行为的“礼”与个体生命本质的“性”是完全为一的。这样，一方面，礼是用，礼作为人的行为的“经纬蹊径”具有明确的社会管理之功用。即所谓“礼者何也，即事之治也”（《礼记》），“礼之所以正国也”（《荀子》），“安上治民，莫善于礼”（《孝经》），“明乎郊社之礼，禘尝之义，治国其如示诸掌乎”（《中庸》）。另一方面，礼是体，作为“性”的表现形式“礼反其所自生”地又与宇宙及人的终极本体的道联系在一起。即所谓“礼者，人道之极也”（《荀子》），“礼也者，反本修古，不忘其初者也”（《礼记》），“礼必奉于大一”（《礼记》）。

这是一种从“行为本身”出发的管理学说。对于中国古人来说，管理，已不再是使管理对象服务于某种外在的社会管理目标的一种单纯的“事务”，而成为作为被管理者的人的一种“尽性”

与“践形”的过程；管理学，也不再是一种纯技术的“应用科学”，而成为一种具有鲜明价值判断特色的人的生命学说。正是从这一点出发，中国古代管理学说在人类管理活动中始终坚持、呵护了人自身的意义，避免了实用主义、功利主义所带来的对人类行为自身根据的异化和偏离，以其鲜明的“人本主义”特色与西方“无人称”的管理学说形成尖锐对比。

同时，中国古人坚持管理中“人本”这一“体”的意义，并不意味着无视作为手段和方式的“用”的重要性。中国古人不仅在其管理实践中一度建立和发明了令世人叹为观止的“经礼三百，曲礼三千”这一详尽明备的礼仪用制，而且坚持管理活动中的“体”的意义，唯有通过一定的“用”才能使自身意义得以显示和彰明，所谓“礼以器藏”思想的提出就是其明证。因此，在中国古代管理活动中，不同的行为规定是借助于不同的礼数和仪制规定来进行的，管理不啻成为一种“礼以行义”的过程。它使人类的管理活动既坚持目的的价值又强调手段的运用，既坚持“人本”的意义又不流于“唯灵”“唯识”的空论，从而又与形形色色的唯心主义社会学说的宗旨大相径庭。

这样，在中国古人以礼为其形式的管理活动中，种种被西方人视为背反的二律——体与用、目的与手段、内在欲求与外在规范已实现了其有机的统一，礼的形式已成为一种既有一定形式规定性又与无规定的人的终极实在相关的“有意味的形式”，即审美的形式。古人云，“知乐则几乎礼矣”。我们看到，中国古人的“礼”与“乐”在精神上其实是完全同一的。而这一审美的“人文主义”的礼治思想的提出，无疑为人类的管理学说揭示了一极为深刻的主旨：管理并非是一种以“必然”为其内容的“科学”，实质是以“自由”为其灵魂的“艺术”。

这就把我们带到中国古代管理思想的又一主题，即“行为自律”。

## 二、“行为自律”

西方的经验主义的行为学说必然导致了这样一种人学思想，即用自然规律偷换人自身的规律，拒不承认人的行为的自主能动性，而把人完全视为“趋利避害”的动物这一将人“物化”的倾向。由此便产生了作为西方传统管理理论的“X 理论”如下对人性的假定：

（1）正常人生性懒惰——尽可能少做工作。

（2）他缺乏雄心壮志，不愿承担责任，宁愿被人领导。

（3）他天生以自我为中心，对组织需要漠不关心。

（4）他本性就反对变革。

（5）他不太伶俐，易于受骗，易于受到骗子和野心家的蒙蔽。

这其实是一种“群氓假定”，即假定人类是一群自私的“经济动物”，是一群“为个人利益所驱使的无组织个体”。同时，也正是基于这一对人性的假定，西方管理理论倚重管理法规对人的行为的规定，强调管理者对被管理者的所谓的“积极的干预”。而对这种规定和干预的方式的理解尽管仁者见仁智者见智，但不外乎“胡萝卜加大棒”这一奖励与惩罚的“恩威并用”。

与这种“行为他律”的学说不同，中国古人在人类管理活动中则坚持和强调一种“依自不依他”的精神。在中国儒家看来，人性本“善”而非“恶”。所谓性“善”，是指人先验地蕴含有一种符合、服从社会组织需要的能力，即人天生并非一种原子式的“经济动物”，而为一种具有自组倾向的“社会人”。故儒家以“仁”释人，人即从二之人。同时儒家认为，仁不仅是人的一种行验的本质规定，亦是一种人之“端”。“端”本“耑”，《说文》称：“耑，物初生之题也，上象生形，下象其根也”。故“端”即事物之萌芽、之根苗。亦言之，“端”即事物之“潜能”。因此，作为“端”的仁的学说的提出表明，人的合乎社会需要的行为之产生，人的社会责任之履行，并非外力规定和干预所致，而其实是一种人自身的自我生成、自我完善的“成人”过程。犹如“火之始然，泉之始达”，它不过是人之潜在性向现实性的过渡，不过是自我本质的一种“扩而充之”。

这就导致了中国古代礼治学说中的“有治人，无治法”的“行为自律”思想的提出。中国古代儒家认为：礼治之实质并非把礼作为“束缚之具”，用礼以绳人，而其实是一种把“责任”还原为“义务”的人的“自我规定”“自我支配”“自我调节”活动。因此，对人的行为的管理能否成功，关键不取决于赏罚这一“他律”之劝禁，而取决于能否使人“返求诸已”地回到自身，即取决于能否使人成为真正自觉的“人”。故《礼记·曲礼》提出：“是故圣人作，为礼以教人，使人以有礼，知自别于禽兽”，《孟子》提出：“学问之道无他，求其放心”。这样，“礼治”归结为“礼教”，“治平”落实到“修身”，不是法制的确立，而是道德和人性的培养的“教化”成为儒家管理学说的中心。

在古代儒家看来，较之那种基于“他律”的“法治”，这种基于“自律”的“礼治”自有其难以比拟的优越性。司马迁称“夫礼禁未然之前，法施已然之后”（《史记·太史公自序》），孔子云：“道之以政，齐之以刑，民免而无耻；道之以德，齐之以礼，有耻且格”（《论语 · 为政》）。也就是说，法是消极的亡羊而补牢，而礼则是积极的防患于未然；法作为一种“有形的命令”可以使“民免”，但却不可以使“有耻”，而礼作为一种“无形的命令”不仅规定了人的行为取舍，而且使该取舍出自行为者的自觉。因此，“管理”即为“伦理”，人类管理活动中“治标”与“治本”、“治身”与“治心”、“治外”与“治内”等难以克服的对立，在中国古代“一以贯之”的治道里已完全失去了其自身存在的依据。

无独有偶，在现代西方“Y 管理理论”中我们亦看到了这一“行为自律”礼治思想的体现。作为对传统的“x 理论”的反思，“y 理论”提出：

（1）人用心智、体力于工作，正同于游戏同样的自然，人对于工作的喜恶，关键在于工作的情况对他是否是一种满足，抑或是一种惩罚。

（2）外力的控制与处罚，并不是唯一使人朝向组织目标而努力的方法，人对自己所承诺的目标可以自我控制与努力。

（3）对目标的承诺是对成就的一种奖赏。人有“自我满足感”，以及“自我实现的愿望”，这些都能诱导人们朝向组织的目标而努力。

（4）一般人在适当状况的鼓励下，不但能接受而且追求担负责任。避免责任，缺乏雄心壮图，以及过分强调安全感并非人的天性，通常是经验的结果。

（5）大多数人都具有相当高程度的想象力、创造力，用以解决组织上的问题。

……

同时，基于上述思想，“y 理论”认为人类管理活动之实质在于使管理者认识人的这些本性，充分调动人的潜力，并由此提出了“目标管理”“分权管理”“参与管理”及“顾问式管理”等一系列理论。所有这一切，不正是可以看作向中国古老的管理思想的复归，不正是说明了“行为自律”原则所具有的超越民族、超越时代的意义吗？

## 三、“权”的思想

西方管理学说无视人的行为本身而把人的行为完全“手段化”和“他律化”的倾向，必然导致一种所谓“科学主义”的管理思想。这种“科学主义”的管理思想认为，“太阳底下没有新东西”，正如自然界的万事万物都有其固有的不变的“物理法则”一样，人的社会活动亦有其确定不移、永恒普遍的“行为规律”。因此，管理学的主要任务就是发现和利用这种规律，以期达到对人的行为的所谓“科学的支配”。以此出发，由泰勒、吉尔勃斯夫妇、易默生等人倡导的科学管理学旨在强调行为方式的科学化与工作程序的标准化，因而产生了“动作与时间研究”“工作衡量”“工作评价”“工作程序分析”“报表分析”等一系列专门技术。我们看到，这种唯科学主义的管理思想在西方管理学的数学学派理论里得到最为绝对的体现。该派把管理当作一种数学化的模式与程序的系统，认为管理、组织、计划，以及决策既然是一种合乎逻辑的程序，就一定可用数学符号加以表示，故管理的关键在于一定数学模式与程序的确立。

这是一种“以不变应万变”的管理思想。与此不同，中国古代管理思想则以变为宗，主张以变应变，反对对固定的管理模式的恪守和固执。这就为我们引出了中国古代礼治的又一思想，即所谓“权”的概念。在《孟子》里，曾记载有这样一段著名的讨论：

淳于髡曰：“男女授受不亲，礼与”?

孟子曰：“礼也”。

曰：“嫂溺，则援之以手乎?”

曰：“嫂溺不援，是豺狼也。男女授受不亲，礼也；嫂溺，援之以手者，权也”。(《孟子·离娄上》)

这一讨论表明，作为中国古人的行为准则的礼是“既有经又有权”的，所谓“权”，即随机应变的原则，也即因时、因地、因人制宜的原则。因此，行为的“礼”不同于科学的“理”，后者强调的是万世不移的铁的规律，而前者则主张“五帝殊时，不相沿乐，三王异世，不相袭礼”，主张“勿必勿固”而要求我们具体问题具体分析。

中国古人的“权”的思想的提出，实际上是其礼的人本思想的又一体现。也就是说，既然人是自己行为的主体，既然其行为是一种自我完善自我生成的“自律”，那么，人的行为就并非像既定的物理活动那样，仅为一种单向度的合规律的东西，而是像创造的艺术活动那样，既是合规律性的，又是合目的性的，是合目的性与合规律性二者的动态平衡、二者的生动统一。用康德的术语来表示，行为的原则不是从属科学的“一致”，而是与审美的“协调”有关。这种合目的性与合规律性的生动统一、审美的“协调”也就是古人所说的“权”。因此，“权”并非是与“经”完全对立的概念，而恰恰是中国古人“人本”“人道”这一“经”的具体表现。

耐人深思的是，中国古人的“权”字即同于“权力”“职权”之“权”字。这表明通权达变的原则在中国古代社会管理活动中的重要地位，表明在中国古人心目中权的原则与管理原则之间密切的内在关联。实际上，在古代儒家的礼治学说里，其对这一权的原则的运用是随处可见的。例如，儒家基于“人本”强调行为自律而非他律，提出“有治人，无治法”“械数者，治之流也，非治之原也；君子者，治之原也”（《荀子·君道》）；但是其并没有因此而把“治人”超验化、绝对化而看成一成不变的东西，而是在强调“治人”这一治本的同时，在一定条件下和针对一定对象亦不排斥“先礼后兵”，不拒绝对“治法”的积极运用，即主张在以礼为本的前提下刚柔兼济、礼法并隆。《孟子》所谓的“徒善不足以为政，徒法不能以自行”、《礼记》所谓的“礼乐刑政，其极一也”的提出就是其明证。再如，儒家从人本出发在行为价值取向上反对“见义忘利”，主张“见利思义”“见得思义”，但是也并没有因此而走向绝对的“唯义主义”，而是在对“义本利末”强调的同时亦清醒地看到在一定情况下就一定对象而言“利取”的重要性，“利取”不仅不与“义取”相悖，反而可互为补充。也正是基于这一点，孔子提出了所谓的“先富后教”（《论语·子路》）的学说，孟子提出了“若民，则无恒产，因无恒心”（《孟子·梁惠王上》）的理论。

因此，不难看出，中国古代的礼治精神始终是与权的原则一脉相通的。孔子说：“可与共学，未可与适道；可与适道，未可与立；可与立，未可与权”（《论语·子罕》），孟子云：“子莫执中，执中为近之。执中无权，犹执一也。所恶执一者，为其贼道也，举一而废百也”（《孟子·尽心上》）。权，已成为中国古代礼治学说的最高原则和核心概念。而中华民族之所以既坚持其道德理想的至上，又不流于“举一而废百”的偏执，而始终以其“务实精神”著称于世，不正是与古人对这一充满哲学机智的权的原则的体认和发明有关吗?

无巧不成书的是,在现代西方管理学说中,亦出现了一种所谓的“权变理论”(Contingecy Theory)。该理论主张将“Y 理论”与“X 理论”加以综合,强调个人胜任感与工作条件及效率的相辅相成,强调管理活动的随机性和因人而异性。这种人类管理思想的殊途同归,不正是再次说明中国古代管理思想的博大精深,和向世人展示出其所具有的无穷的生命力吗?

**张再林教授**,长期从事中西哲学比较、中国哲学的现代阐释的研究,并为中国大陆“中国哲学身体维度”研究的开创者。

代表著作:《作为身体哲学的中国古代哲学》《中国古代身道研究》《中西哲学的歧异与会通》《治论:中国古代管理思想》《车过麻城·再晤李贽》等。

# 易经智慧与中国企业家的战略思维

罗　珉

## 前　言

《易经》（Book of Changes）也称《周易》或《易》，在古代是帝王之学，政治家、军事家、企业家的必修之术。

我们认为，中国企业家战略思维与中国古代哲学所强调的“天人合一，主客相容”“有无相生，难易相成”的关系思维逻辑相通。

严格地说，《易经》对中国企业家战略思维的形成起到非常重要的作用，具体地说就是形成了中国企业家独有的关系思维（the relationship thought）。这种关系思维认为，组织及其管理实践本身属于“关系”范畴。但它不是一种简单的自然关系，而是人的生命存在、组织及其管理主体性存在的本质方式，它作为人所特有的对象性关系，即主客体关系的运动，有意识、有目的的主体性活动，是一种社会历史性的现实关系。

按照“关系思维”的方式来理解，组织及其管理的存在和本质既不是人和事物、主体和客体任何一方（实体）本身独立静止的存在形态，也不是它们固有不变的属性，更不是仅仅作为人的主观意念才发生和存在的现象；它恰恰是作为一定的“关系质”或“关系态”而客观地产生和存在着的关系现象。

所谓“关系思维”的特点，就是不再把组织及其管理的任何客观事物仅仅当作没有自身结构的、孤立抽象的实体，而是从内外部结构、联系、系统、秩序、信息等关系状态来深入把握它的存在形态；不是从实体的意义上来理解对象，而是从结构关系上动态地理解“存在”，从运动、相互作用、相互联系和相互关系的意义上来进一步把握组织及其管理的现实。

我们认为，“天人合一，主客相容”的关系思维逻辑构成了中国企业家战略思维的核心思想。按照被誉为“群经之首，大道之源”的《易经》（Book of Changes）的系统智慧（systematic wisdom）思想，事物中存在着“位、时、中、应”全方位的关系。

## 一、“位”的因素

所谓的“位”，是指位置（position）、定位（positioning）、场所（place）、位子（seat）与位势（to be situated）。朱子曰：“位者，安其所也。”中国企业家的战略思维所说的“位”，是与环境、处境联系在一起的位置观，具有生命的内在结构与方位，而人也是这个环境处境中的一个部分，是活生生的、能动的人，因而“位”是指被赋予了一种“精神”的灵异之所在。

按照中国古代哲学“天人合一”的思想，“位”是指任何事物都存在宇宙生命的内在结构与宇宙方位，也可以是西方人所说的“场所”（place）。

中国古代哲学所强调的“天人合一”，在西方可以称为“场所精神”。按照挪威建筑学家克里斯蒂安·诺伯格·舒尔茨（Noberg Schulz，1980）的说法，根据古罗马人的信仰，每一种“独立的”本体都有自己的灵魂（genius），这种灵魂会赋予人和场所生命，将自始至终伴随人和场所，同时决定它们的特质与本性。诺伯格·舒尔茨（Noberg Schulz，1980）认为：场所是行动和意向的中心，它是“我们存在中经验到有意义事情的焦点”。场所并非是死的、一成不变的，场所是物质的本质、形态、质感和颜色等具体事物组成的一个整体，这些物的总和决定了一种环境的特性，也就是“场所的本质”。[①] 正如德国哲学家马丁·海德格尔（Martin Heidegger）所说：“无论何时何地，我们都同一种存有（being）相互关联着。”

这是一种真实的场所塑造（place-making），涉及人的归属感（belonging）的场所意识。至于“非场所性”指的是“场所认同的弱化，结果使所有场所看起来都一样，无法提供人不一样的经验机会”（Relph，1976：90）[②]。

中国企业家有时将“位”称为地利，古人把“地”看成是“万物之本原，诸生之根菀”，“利”字后人多从“锋利”“利益”等意义上使用它。“地利”完全是从农业生产中得出的概念。“利”虽用“以刀割禾”会意，但“禾”只是作代表，“利”可

① Christian Norberg-Schulz. *Genius Loci. Towards a Phenomenology of Architecture*. New York：Rizzoli，1980. 18.

② Edward Relph. Place and Placelessness. London：Pion Limited，1976. 90.

泛指土地之所出。与“地利”密切相关的还有“地宜”或“土宜”的概念。《左传》成公二年：“先王疆理天下，物（视也）土之宜而布其利。”讲“土宜”正是为了尽“地利”，因为只有用其宜，才能得其利。地，选择做事的地方，在军事上常讲占有有利地形，说明地利也很重要。

在中国企业家的思维中，一个企业的“位”或“地”常常是指决定这个企业生存环境的“生态位”（niche）。按照种群生态学理论的观点，“生态位”的观念可以用到观察某一产业种群的企业如何生存和发展，考察该种群的企业生存条件，以及相似组织所处的产业状况。在生态学上，生态位是与生物所处环境直接相关的概念，它界定了生物在环境中存在和发展的客观位置，各种生物因其各自独特的生存方式而各自占据特有的生态小环境。

《易经》六十四卦中每卦爻位等次的不同，可以称为生态因子。生态因子是时间因子和环境因子的统称。在生态因子变化范围内，能够被生态元（ecological unit）实际和潜在占据利用或适应的部分称为生态元①的生态位，其余部分称为生态元的非生态位。从社会组织到整个人类社会环境，所有的社会生物的组织层次是具有一定生态学结构和功能的单元，可以称为组织的社会生态元。所有组织的社会生态元都具有相应的社会生态位。《易经》中的“位”或“地”实质上就是“生态位”，所考虑的是环境资源与其所处群落中其他组织的联系，也反映了其所处环境的互动关系。

从另一方面看，《易经》中的“位”或“地”也可以看成是

---

① 生态元（ecological unit）是指从基因到生物圈内任何一种具有一定生命力或生态学结构和功能的组织单元，是构成上一层次生态系统的基本组分。

个体或组织“适者生存”（struggle for existence）所处的位置，或称为物竞天择、优胜劣汰、适者生存的地位。个体或组织为获得资源而进行竞争，每一个个体或组织形式都正在为生存而斗争。这种斗争在新诞生的组织内最为激烈，而且新组织的诞生和生存的频度都与更大环境的要素相关。这些要素诸如市场区域的大小、需求的可持续性、政治性动荡、行业的成长率和环境的可变性，影响了一系列专业化组织的建立与生存。

在中国企业家眼中，“位”带来“势”。就好比在万米高空有一块大石头，一旦落下来，就有万钧之力和不可阻挡之势。后人所说的势是众多优势的结集，是总揽各方面优势所形成的势在必行、势如破竹、势在必得的有利态势和主动地位。这就是“势”。中国企业家的战略最高准则是造“势”、谋“势”、借“势”和顺“势”，这就把“势”提到了指挥艺术的最高峰。

西方传统组织理论所研究的是单个组织如何把自己的技术、产品、服务、文化、经营思想、管理与控制、制度或机制优势等转化为一种市场能力，形成市场竞争中的一种势能。这种思维方式实质上说是一种实体性思维，而非关系思维。如果我们用一种关联性思维来看待组织边界的不确定性，就可以发现对跨组织生态系统、平台生态系统等新型组织形式的认识就是一种关联性思维的结果。

跨组织生态系统的战略联盟、虚拟组织等，实质上是把单个组织动能、能量或能力转化为了一种势能；平台生态系统要尽可能地利用全社会的冗余资源，实质上是把个体动能、能量或能力转化为了一种势能。单个组织在战略联盟、虚拟组织成了一个枢纽或接点，单个组织借助于跨组织生态系统、平台生态系统把自己的动能、能量或能力转化为了一种势能。枢纽或接点说明了组织在跨组织生态系统中的地位，这种地位的意义在于单个组织在市场竞争中的生态位发生了变化。

尽管单个组织具有相同能力或能量，但由于它们各自在跨组织生态系统中的生态位不同，表现出来的是不同的势能。这就像把一个物体被举高就具有重力势能，物体从一米高的位置转移到十米高的位置，它们下落的势能肯定是不同的，越是高处的物体，重力势能就越大。生态位不同，决定了市场竞争中的势能的不同。因此，单个组织向介于市场与传统科层制组织之间的组织形态转变，决定了单个组织在市场竞争中势能的大小。

可以这样说，跨组织生态系统的战略联盟、虚拟组织等是一种介于市场与科层制组织之间的准市场组织，本身比科层制组织更有弹性，因而组织就具有了一种弹性势能，这种弹性势能说明了组织由于弹性形变而具有一种新的能量。我们知道，压缩的弹簧具有能量，让压缩的弹簧放松就产生了弹性势能。从这个意义上说，“联盟势能”就是组织发展的新动力，“支点”和资源“杠杆”的有效配合，就能产生高于原有资源几倍、几十倍，乃至更大的能量，能有力地、微妙地改变市场竞争的力量对比，使天平倾斜向自己一方，使组织的核心竞争能力的发挥成为可能。组织的核心竞争能力本身就是组织与其他组织之间异质性的体现，这就形成了落差，创造了势能。

对中国企业家来说，组织的势能是源于整体的涌现性。按照复杂性理论的解释，涌现性是整体才能表现出来的特征。系统科学把整体才具有、孤立的部分或总和不具有的特性称为涌现性。整体涌现性是一种规模效应，整体特性与系统规模即组分多少有关系。规模的增大会导致系统性质的显著差别，描述和处理的方法有明显不同，即使元素之间的关系非常简单，当规模增大后也会出现一些本质上全新的系统特性和行为。

## 二、“时”的因素

所谓的“时”，是指时间（time）、时机（chance）和机遇（opportunity）。在中国企业家眼中，时机（Chance）常意味着因为运气或偶然而出现的机遇，时机着重指偶然或意外的可能，往往是指具有一定的偶然性，具有在似乎无因可查的事件中未知和不可预测的成分；机遇（Opportunity）是一种有利的状态或合适的时机（Opportunity is an auspicious state of affairs or a suitable time），既包含了一种适宜或有利的环境或多种因素（A favorable or advantageous circumstance or combination of circumstances），也包含了合适、有利的机会或时间（A favorable or suitable occasion or time），一般把机遇看成是有利于进步或发展的良机（A chance for progress or advancement）。

在《易经》中，“时”就是“历数”。“历数”有一年四季、二十四节气、七十二候、三百六十日。

因此，《易经》卦爻中包含了时间、空间的整体性，是一种整体时空观，认为时间与空间都是处于混沌状态的混沌整体，即任何时间、空间都是事物的混沌表现，既不存在没有任何处于混沌状态事物的空无所有的空间，也没有脱离事物的时间。

《易经》以“中”为正，以“中”为德，贵中守正的价值观，其核心精神是时中。清代著名易学家惠栋说：“易道深矣！一言以蔽之，曰：时中。”

而这种“中”总是与特定的“时”变相联系，卦时决定着卦义。《系辞下》指出：“变通者，趣时者也。”趣，即趋，这就是说，变化会通，是趋赴合宜的时机，而不是不合时宜的随意变通。

在人的道德修养上，《易经》要求人们的行为符合“时”与“中”这两个概念。这种“时中”概念是一种很高的生存智慧，它要求人“时行时止”，要求人的行为与天地人万物的运动变化产生协动，发生共振，在顺应性的相通相协的一致性中，顺畅地实现人的存在。这里，“中”是指中庸之道，即人在天地自然之道正中运行，既不太过，又不不及；“时”是指与时势一致。

《易经》中的“时”包括：

识时之义：即察觉时机的来临，重视来到身边的机会。

知时之行：即知道时机来临时，如何抓住机会。

用时之机：即掌握利用来到身边的机会，不要错过而后悔。

待时而动：即一旦时机到来，立即有所作为——行动。

观时之变：即能够看到时机的变化，并随着它的变化对自己的行为做出调整。

时行时止：即在恰当的时机开始，恰当的时机停止，在与天地万物相通相协中，顺畅地实现人的存在。

《易经》的这种主动性适应、创造性顺应的“时中”生存智慧，是和那些庸俗生存方式的本质完全不同的，它构成了中国企业家积极进取和待时而动的性格。

儒家特别强调“时”与“中”之间的关系。可以说孔子中庸思想的内在精神是“时中”：“君子之中庸也，君子而时中”。这就是说“时中”是中庸之道的灵魂和核心。所谓“时中”，就是要求适当的时间，因地制宜、灵活多变地“执中”“用中”。孟子对孔子一生的“时中”践履给以高度评价：“可以速而速，可以久而久，可以处而处，可以任而任，孔子也……孔子，圣之时者也。”宋代理学家朱熹更是在系统阐述的基础上提出了“时中”的实质是“随时而中”或“随时以处中”，即时时做到恰到好处。

中国人把时间作为市场竞争的武器的认识远比西方人早。司马迁在《史记·货殖列传》留有妙言：“夫纤音筋力，治生之正道也，而富者必用奇胜。”司马迁不无感慨地论述道：“此皆诚一所致”，“由是观之，富无经业，则货无常主，能者辅凑，不肖者瓦解。”而时间就是最重要的竞争武器，在中国商品经济并不太发达的古代，战国时期洛阳著名商人白圭对经商的时机把握得恰到好处，就知道利用时间差、地域差和信息的不对称来谋取利益，靠贱买贵卖获取利润。白圭提出了著名的“人弃我取，人取我与”的经商理念。白圭还认为真正的商人，不应唯利是图，应当有“智、勇、仁、强”四种秉性，具备姜尚、伊尹等人的智慧、计谋，方可成就大业。这一经营准则，直到今天仍为中国企业家广为运用和提倡。

中国企业家有时将“时”称为天时，既有时机之意，又包含千载难逢罕见的机遇，天时意味着在正确的时间做正确的事，这是与地利同等重要的因素。天时，天，包括天气、气候变化等。人们常说靠天吃饭，比如，适度下雨有利于农作物的生长。时，就是做事的时间。比如，农业的春播秋收，就是顺应了天时。《说文》：“时，四时也。”即春夏秋冬的季节变迁。又说：“旹，古文时，从之日。”查甲骨文“时”作“旹”，正是从之日，意指“日之行”，即太阳的运行。这表明人们很早就直观地感觉到太阳运行引起季节的变迁，而称之为“时”。天时，有天下大势和机会，也有自然环境的影响，这里面包括疾病的流行。

人们常说某个企业家或某个企业得“天时”，其含义就是将某个企业家或某个企业得益时局变幻，包括制度变迁、政策改变与市场的变化。“天时、地利”是企业创业时期取得成功的关键因素。成功的创业者，都是擅长把握机遇和利用环境的具有强烈进取心的冒险家、实干家。

美国佛罗里达州立大学教授康姆斯和奥本大学教授凯琴（Combs and Ketchen，1999）强调：厂商应当注重战略性机会窗口（window of strategic opportunity）的把握和利用。所谓的战略性机会窗口是存在于市场上的一种难得机遇，它的出现非常短暂，它往往被竞争对手所忽视，但恰恰与某些厂商所具备的能力、特点和条件相符，或者把握和利用这种机会的能力和条件可以比较容易获得。战略性机会窗口持续的时间往往都不长，因为那些虎视眈眈的竞争对手在厂商采取行动后会恍然大悟，并跻身其中，加入竞争，从而使这种机遇不复存在。

对战略性机会窗口的把握不仅取决于准确找到被别人忽视的市场机会，还要求厂商具备与市场机会相匹配的战略资源，二者缺一不可。厂商需要对所处的环境及自身条件进行系统、仔细的分析与评估，以确认什么样的机会才是厂商的战略性市场机会。一旦厂商认清了自身的资源能力及面临的机会和威胁，并确定了战略性机会窗口，厂商的行为就应当是迅速地瞄准特定的顾客全力以赴满足他们的需求，首入市场优势非常明显，并赶在竞争对手醒悟过来之前确立自己的竞争优势。如果可能，最好能构建一定的进入壁垒，包括技术壁垒、成本或价格壁垒、市场准入壁垒等。

这一点十分重要，因为战略性机会窗口持续的时间一般都不会很长，竞争对手也不会眼睁睁地看着企业大摇大摆地从它身边将肥肉叼走而没有任何反应。但厂商一旦确立了竞争优势并建立起进入壁垒，那么竞争对手要采取对抗性的行动恐怕就没那么容易了，他们要么付出极大的代价，得不偿失，要么会干脆明智地敬而远之。

## 三、“中”的因素

所谓“中”，是指中心性（centrality）、中央（center）、中意（favorite）、合意（desirable）和指向器（direction finder）。中国企业家战略思维与中国人的传统智慧的相通之处在于：非常崇尚“中”的概念。这强调要把握事物的“度”，注重不偏、不倚、无过、不及，事事处处做到恰如其分，恰到好处。这里的“度”，既有程度上的度，也有时间上的度，这是一种动态中的度，也就是从量变到质变的发展过程，在对立事物间相互制约的统一中把握度。

中国有几千年的文明，儒家文化影响了中国人几千年，儒家治世最大的贡献就是“中庸”，中庸是孔子思想和儒家哲学的重要内容。中庸属于道德行为的评价问题，也是一种德行，而且是最高的德行。宋儒说：不偏不倚谓之中，平常谓庸。中庸就是不偏不倚的平常的道理。中庸又被理解为中道，中道就是不偏于对立双方的任何一方，使双方保持均衡状态。中庸又称为“中行”，中行是指人的气质、作风、德行都不偏于一个方面，对立的双方互相牵制，互相补充。中庸是一种折中调和的思想。调和与均衡是事物发展过程中的一种状态，这种状态是相对的、暂时的。孔子揭示了事物发展过程的这一状态，并概括为“中庸”，这在古代认识史上是有贡献的。

中国企业家战略思维的“中”，是指“允执其中”。允即诚信；中意味着不偏不倚。真诚地坚持中庸之道，比喻真正做到恰到好处。

儒道两家传承了《易经》的“贵中”思想，并从不同的方面，以不同的形式丰富和发展之。儒家积极崇尚“中庸”，形成了不偏不倚、执两用中的价值观；道家积极倡导“自然”“无为”，形成了返本复初、回归“自然”的守中价值观。儒道互补使中华民族独特的“中道”价值观更加完善，对民族精神的形成产生了至关重要的影响。

在《论语》中没有记载孔子对中庸的具体说明，但有涉及“中”的论述。《论语·尧日》论述尧在让位给舜时说：“咨，尔舜！天之历数在尔躬，允执其中。四海困穷，天禄永终。”意为让舜在管理国家时要真诚地保持适中。《论语·子路》载孔子语：“不得中得而与之，必也狂狷乎！狂者进取，狷者有所不为也。”“狂”指激进。“狷”指保守。孔子认为激进与保守都不是“中行”。但如果交不到合乎中行的，也可交一些激进和保守的人，因为这些人虽然不能中行，但毕竟还是真诚的，比“巧言令色”的“乡愿”要好得多。

从孔子关于“中”的论述看来，孔子的“中庸”有两方面的内容，即诚信和适中。无适中为狂狷，无诚信为乡愿，都不是中庸。所以，孔子把中庸作为最高的道德。“中庸之为德也，其至矣乎！民鲜久矣。”（《论语·庸也》）就是指不偏不倚，折中调和的处世态度。《中庸》曰：“中也者，天下之大本也。”老子说得很清楚：“万物负阴而抱阳，冲气以为和。”一阴一阳才成其为道。偏执一端就远离道了。唯有执中才是成事的正道，称为“中道”。

道家与儒家鲜明的“道中庸”不同，其形成的是独具特色的“道法自然”的“守中”价值观。老子指出：“致虚，恒也；守中，笃也。”即致力于心灵的虚静，要恒常不懈；坚守中道，要一心一意。道家主张的“守中”，一方面说明了“中”是事物本来就有的原初状态，不是后天人为的；另一方面说明了恰恰是由于有了后天的人为干预，才破坏了事物的原初状态。因此，为了实现人性的返璞归真，必须“守中”，即守护住事物原本的“自然”状态。在这里，“守”不应视为保守或倒退，它体现的是道家超然通达、返本复初、回归“自然”的入世理念；它以“守”取胜，大力张扬了道家“自然”“无为”的“中道”价值观。儒家的“尚中”，体现的是积极进取、争先有为、崇尚中庸的入世理念；它以“攻”取胜，大力弘扬了儒家“执两用中”“不偏不倚”的“中道”价值观。

凡事均有两端：过或不及，比如，管理一切从严控制，是一端，是泰罗主义或科学主义的观点；一切从宽任自由乃另一端，是人本主义的主张。诚如曾仕强教授所说：“真理不在两端，常在两者之间”。即孔子所说的“过犹不及”。过火的一端和不及的一端都一样要坏事，同样不可取。中国企业家深谙，管理也就只能在恩威并举、宽猛相济中获得和谐。从而“允执其中”也就成为“尊道”的不二法门。

中庸思想要求保持对立面之间的平衡、和谐，这是正确的，但过分强调平衡、和谐，便违反了中庸。这也许正是孔子以中庸为最高道德标准的原因之一。

## 四、“应”的因素

所谓的“应”，是指反应（reaction）、影响（influence）、权变（contingency）等。被誉为“群经之首，大道之源”的《易经》（Book of Changes）的英文名字就可以直译为“变化之魂”。因此，《易经》中处处强调的都是变化、权变。《易经》通过六十四卦，三百八十四爻的变化，揭示出“权宜、权变”的智慧与价值观。

《易经》自古就有“变经”的说法，但变与不变却又是联系在一起的。《系辞》中说：“易，穷则变，变则通，通则久。”这说明了《易经》中一个重要的辩证法则：“通变致久”。事物有变就有常，有常就有变。《易经》就在这种“变动不居”中显示了“恒常通久”的不变法则，又在这种“恒常通久”中表现了“唯变所适”的可变规律。

要把握《易经》的“恒常通久”和“唯变所适”的思想或规律，必须做到：

（1）“道变”，即洞察大势，“道”就是不可违背的规律。企业家要对当前天下大势明察秋毫，无论治国还是经商，都折射出了“道”的智慧。

（2）“虑变”，即心里要有个大主意。企业家要计谋深远，明察全局，善于拿大主意。

（3）“观变”，即先做旁观者，不主动攻击别人，但一旦有油水，决不放过。

（4）“知变”，即不为一时得失所动。企业家的重要素质就是能明辨大局，调整策略，适应新情况，不计较一时一地的得失。这就需要企业家始终保持清醒的头脑，察人、察势，保持事业的正确方向。

（5）“识变”，即沉着灵活寻找转机。企业家如果要做到机变，首先要具备的素质是机动灵活，心明眼亮，不能呆板迟钝。临到机会时，聚精会神，才能出巧思妙算。

（6）“察变”，即本变知变才是真豪杰。古往今来，能成大事的人无不善变。

（7）“远变”，即发现别人没有走过的路。

在中国人的传统智慧中，往往把“应”称为经权观，强调处理事物要“执经达权”。这里的“经”可以看成是一种基本的规则，“权”则是一种随机应变的技巧。

经权观是儒家学说中的重要内容。《公羊传》明确提出很有思辨色彩的经、权范畴，并初步论述了二者关系：“权”者何？权者，反于“经”然后有善者也。“经”原义为织物的纵线，引申为常道、规范，即至当不移的道理、正常情况下的准则，也就是今天所说的原则性。这里的“经”可以看成是一种基本的规则。“权”原义为秤捶，引申为权宜、权变，与“经”相对，指要善于衡量是非轻重，以因事制宜，也就是今天所说的灵活性，这里所说的“权”则是一种随机应变的技巧。二者相结合，就是所谓“执经达权”。这里的“执”指“坚持、遵循”，“达”指“通达事理”。

经权观强调，决策者一方面要把握永恒不变的基本原则，另一方面又要因应瞬息万变的内外环境，因地制宜，因时制宜，因人制宜。中国人日常语言中的“彼一时，此一时也”①，强调以时间地点为转移；“穷则变，变则通，通则明，明则久”②，强调主动变革、“通权达变”，以适应环境的需要；“可以久则久，可以速则速”，强调一切以条件为转移；“嫂溺，援之以手，权也”③，

① 语出《孟子·公孙丑下》：“彼一时，此一时也。五百年必有王者兴，其间必有名世者。”

② 语出《周易·系辞下》：“《易》穷则变，变则通，通则久。”

③ 语出《孟子·离娄上》

“舜不告而娶”①，强调在特殊情况下则可破例不避嫌疑。

儒家强调“应”“权”要与“时”“中”结合的思想。北宋张载提出了“顺变化、达时中”的积极主张。宋代大儒程颐不仅给“时中”下了多个定义，而且认为“权”即时中（“权”，权衡、因时制宜也），“欲知中庸，无如权，须是时而为中。”

作为一种权变思想，中国企业家战略思维的执经达权实施起来有四条基本原则：适其时，取其中，得其宜，合其道。

一是“适其时”，是指要适应时间、地点、具体的条件，而不要生搬硬套，做事如果只坚守原则，不知通权达变，必招致失败。这样的例子很多，比如，三国里有一个失街亭的例子，就是只坚持了《孙子兵法》所强调的作战基本原则，拘囿书本教条，没有依据当时街亭之战的各种具体情况做出变通。

二是“取其中”，是指儒家“中庸”思想的原则。在儒家思想体系，“中”是客观存在的道理，在管理中强调执经达权而取其中，就是既要坚持中正之道又要打破常规。

管理者如果懂得了这个道理，他也就懂得了“执中有权”的管理思想。

三是“得其宜”，宜是指恰当、合理的意思。儒家的合理就是符合“义”与“仁”之道，即为合理。但在孔子管理哲学里，“义”与“仁”也有权变，而不是教条的。

《庄子·盗跖》里“尾生抱柱”的故事，是说相传古代有一个叫尾生的人，他与自己的情人相约于某日某时在一座桥下见面。可到了那一天，河水暴涨，姑娘没有如约前来，而尾生信守

---

① 语出《孟子·离娄上》：“不孝有三，无后为大，舜不告而娶，为无后也，君子以为犹告也。”

诺言，抱住桥柱坚持、等待，结果被不断上涨的河水淹没而亡。

四是“合其道”，在儒家哲学用语中，“道”具有原则、规律、事理、学说、道德、价值观等多种含义。也就是说，道是天地间的至理，是一种意识形态，是顺其自然，顺势而为，尊重自然的一种规律。但不管对发生的问题如何处理，即使合其道，仍要知权变。

执经达权的管理思想就是要让人懂得管理是实践的活动，是不断地面临新问题。因此，我们在管理中，一方面要把握永恒不变的基本原则；另一方面，又要懂得适时适宜地变通。所谓管理，就是要“管得合理”。适其时，取其中，得其宜，合其道，执经而达权，这就是中国传统文化管理方法论的精髓。

可以这样说，中国企业家战略思维的“执经达权”归纳起来有两个要点：一是强调事物的矛盾运动发展到一定的阶段或程度，就注定要发生变化；二是强调顺应时代潮流，与时代同步发展，也即适变，通变，也就是“与时俱进”。

中国企业家战略思维的经权观要求“通权达变”，根据变化了的情况来调整已有的手段和方式，“穷则变，变则通，通则久”。而这种经权观与西方管理学中的“权变理论”所强调的实事求是，一切从实际出发，具体问题具体分析，灵活处置，随机应变有所不同，中国人的经权观关注的是战略层面的“执经达权”，更注重长远、变化和强调顺应时代潮流，是一种唯物论；而西方管理学中的“权变”，注重的是灵活处置，随机应变，是一种辩证法。因此，中国企业家战略思维注重的是将中国人唯物论的经权观与西方管理学中辩证法的“权变”结合起来，形成一种新的经权论。

《易经》是中国人在理论上和方法论上解决不确定性的典

范——既然中国企业家不逃避，不拒绝不确定性，中国企业家就得学会如何处理这漫无边际、毫无头绪的不确定性，学会如何与之打交道，学会如何生存。这就是中国企业家的人生智慧。

从某种意义上说，中国企业家的这种全方位关系思维说明，我们应当从系统各要素之间多层次、多方位的复杂联系中去把握系统的整体性、相关性和协调性，要重视企业家们的经验中存在着意志因果关系。

**罗珉**，现任西南财经大学企业管理研究所所长、教授、博士研究生导师。

专著有：《德鲁克管理思想解读》《德鲁克与他的论敌们：马斯洛、戴明、彼得斯》《涉外企业管理》《资本运作——模式、案例与分析》《现代管理学》《资本运作案例精选》《资本运作——理论模式与实践操作》《管理理论的新发展》《管理学范式理论研究》《组织管理学》《现代管理学（第二版)》《后现代管理理论探析》《管理学范式理论的发展》《组织新论：网络经济条件下的组织管理新范式》《管理学前沿理论研究》等。

# 史学思维和管理研究

刘文瑞

管理思想家詹姆士·马奇曾经尖锐而富有洞见地指出：“美国管理学教育的理性成分过多，急需增加几分愚蠢。”当然，他并不否定明智的理性，强调的是在理性之内和理性之外保持某种平衡。这种平衡，表现为“除了喜欢生活中的效率或者效力之外，还喜欢生活中的美和雅”。

马奇还曾说过：“如果我们只在不被辜负的时候去信任，只在有所回报的时候去爱，只在学有所用的时候去学习，那么我们就放弃了为人的本质特征。”① 而历史给人们展现的图景，往往富有这种“愚蠢”或者“非理性”，饱含不可理喻之美和蠢笨至极之雅。因此，站在史学的立场上讨论管理问题，是一件令人兴味盎然却在多数时候劳而无功的事情。本文试图从马奇立论的角度，给各位同仁竖立起一个蠢笨标靶，谈谈史学思维对管理研究的意义。

① 见《马奇论管理》，丁丹译，东方出版社2010年版，第16，19，12页。

何谓史学思维？概要来说，就是在时空维度中关于情境的思辨，以及由此达成的某种共识，但这种领悟很难概念化。大体上，在古代，就是司马迁“究天人之际，通古今之变，成一家之言”的追求；在近代，就是兰克史学力图还原客观历史真实的科学化努力；到了当代，则是柯林武德“一切历史都是思想史”和克罗奇“一切历史都是当代史”的诠释。

不论古今，认知历史的关键在于对情境的把握。

陈寅恪有言：“吾人今日可依据之材料，仅为当时所遗存最小之一部，欲藉此残馀断片，以窥测其全部结构，必须备艺术家欣赏古代绘画雕刻之眼光及精神，然后古人立说之用意与对象，始可以真了解。所谓真了解者，必神游冥想，与立说之古人，处于同一境界，而对于其持论所以不得不如是之苦心孤诣，表一种之同情，始能批评其学说之是非得失，而无隔阂肤廓之论。否则数千年前之陈言旧说，与今日之情势迥殊，何一不可以可笑可怪目之乎？但此种同情之态度，最易流于穿凿傅会之恶习。”①

这段话尽管在史学界已经人所共知，但对史学领域之外还有重申的必要。尤其在管理与情境的关系认知上，陈寅恪之言富有启迪性。

## 一、管理研究的历史轨迹

20 世纪 60 年代，英国的 C. P · 斯诺发表了《两种文化》，他认为西方社会的智力生活已经分裂为两个极端集团：一极是文学知识分子，另一极是科学家，二者之间存在着互不理解的鸿沟。

① 陈寅恪：《冯友兰中国哲学史上册审查报告》，载《金明馆丛稿二编》，三联书店 2001 年版，第 279 页。

文学认为科学乐观、浅薄，没有意识到人类处境的危险；科学认为文学短视、反智，缺乏远见，不关心自己同胞的福祉。两种文化的冲突已经严重影响到人类的发展。即便是没有冲突的互相尊重，也不过是礼貌的隔阂。文学家对科学家的尊重来自于不懂科学却能看到神力的巫术式敬畏，而科学家对文学家的尊重来自于对不了解的邻居打照面时手指碰一下帽檐的致礼①。

从两种文化的角度看，管理也存在着类似冲突。但是，这种冲突在管理领域正面效应显著。许多文章和专著，往往只看到科学和人文的对抗，而没有看到科学和人文的协同。考察管理思想史，不难看出，尽管科学与人文互不待见，互相排斥，然而其实际效应却更多地表现为两种文化挤压下的研究进展。正如草原上的羊因为有狼的存在而活得更健壮那样，思想也一样，在对立的、不同观点的对抗中产生张力，推动着思想不断向前发展，不断创新。

工业化以来的管理学研究，二者交替行进②。从欧文和巴贝奇开始，欧文偏向人文，而巴贝奇立足科学。早期管理学创始人泰罗崇拜科学，数学至上；而与泰罗齐名的法约尔则注重经验，且排斥数学。现代管理学奠基人巴纳德有着十足的人文范儿，而接续巴纳德进行管理行为研究的西蒙则是科学奇才；巴纳德以充满人文气息的社会协作观念创新了组织理论，西蒙则以有限理性的提出巩固了科学研究的底盘。一直到当代的学院派，把推崇科

---

① 详见 C. P. 斯诺《两种文化》，纪树立译，三联书店 1994 年版。

② 科学和人文从业者互相看不起，这是世界通病，即斯诺所说的两种文化冲突。中国学生刻薄互称“文科傻妞”和“理科呆瓜”，就是这种心态的表现。从学术发展的角度看，二者之间的挤压恰恰是互给对方的动力，一旦失衡则会出问题。但这一课题需要专门研究。

学的实证研究推向极致，而被学院派排斥的德鲁克则推进了管理理论的人文一面。

对此如果再进一步展开，还可发现，即使在微观层面和具体领域，两种倾向对抗的张力也无处不在。例如，战略管理有不同的求解思路，明显偏向人文的钱德勒的历史化，明茨伯格的手艺化，同明显偏向科学的波特的数据化、模型化形成各有市场的影响力①。早在科学管理时期，尽管泰罗以“秒表骑士”著称，而且有数学高手巴思的无条件拥戴，但人文倾向明显的甘特则不时以人文异端冲击科学正统。即便是泰罗的朋友们，数学优先的吉尔布雷斯和人文优先的埃默森也在平分秋色。霍桑实验中，人文倾向明显的梅奥不断追问人类的根本问题，而实验中的中立设计和科学倾向又不断给人文追问以科学解答。霍桑实验之后，对实验结果的科学质疑和人文传承，充分反映出这种挤压带来的学术丛林式进化②，科学和人文互相纠缠共生，既有排斥，又有互助。

具体到组织学习领域的理论和实践，不难看出阿吉里斯的模型化和圣吉的禅悟化相反相成。在心理研究领域，卢因以场论和团体力学弘扬科学对管理的作用机制，斯金纳以行为主义摒弃不可捉摸的人文黑箱；而麦格雷戈以特有的人文敏感主张 Y 理论，马斯洛更以人本心理学的心态管理对管理科学化提出挑战。

这些都属于两种文化在管理研究中的互相挤压表现。管理学由此得到发展。学界无需害怕这种挤压，甚至还要欢迎这种对

---

① 可参见明茨伯格等《战略历程：纵览战略管理学派》，刘瑞红等译，机械工业出版社 2002 年版，尽管明茨伯格没有用科学和人文两大文化梳理概括战略管理的十大流派，但其中两大文化的对抗和挤压处处可见，而且表述饶有兴味。

② 可参见雷恩《管理思想史》，孙健敏等译，中国人民大学出版社 2009 年版，该书对两种文化在管理思想领域的冲突有大量述评。

抗，没有意见的抗衡和挤压，就没有思想的火花，更没有学科的发展和创新。

总体上看，在西方，尽管人文化研究和科学化研究互相抨击，互不服气，但大体能够形成平衡态势。尽管学院派似乎占据优势，但学院之外有德鲁克的光彩照耀，学院之内有马奇、沙因的另类光芒，大致可以互为镜鉴。

中国当代的管理研究，是从20世纪70年代末的改革开放起步的，因之带有浓郁的“三个面向”色彩，即面向现代化，面向世界，面向未来。在这一背景下，视本土文化为落后渊薮的观点比较流行。在20世纪80年代以来的管理学构建过程中，整体趋势是科学化和现代化优先，而人文思考搁后。20世纪90年代以来，在整个中国社科领域形成文化反思的同时，管理研究在科学化和技术化的路上突飞猛进，不仅在自然科学基金领域取得一席之地，而且有徐淑英等一批深受西方学术熏陶的学者助力，推进中国管理的实证研究。整个学科向数理方向和工程方向靠拢，对中国管理研究的发展起了极大推动作用。

但毋庸讳言的是，管理学中的人文成分越来越淡化。在这种情况下，伴随当局对文化自信和中国话语的强调，伴随中国社科界对传统文化的弘扬，管理研究领域再度重视人文因素，这无疑具有积极作用。不过，是否有可能热得过头导致发烧，还有待持续观察。

## 二、史学思维对管理研究的贡献

管理研究在科学和人文的挤压中得到发展，而史学思维属于人文范畴。人文思维和科学思维，有同有异。再进一步，即便在人文领域，稍有学术浸淫就不难发现，人文在古代融为一体，而在现代细分的文史哲各科，思维也有相应差别。

史学思维的特点是：不是从假设出发，而是从史料出发。所以，史学思维具有鲜明的特色，出于历史的不可复制本质，这种特色主要表现为对逻辑实证主义的排斥和对证伪主义的接纳。同哲学培养人的下意识理性、文学唤醒人的下意识激情相比，史学培养的是人的下意识经验。所以，具有史学基础的人，往往以经验主义奠基；而具有哲学基础的人，往往以理性主义开道；文学素养较高的人，则以情感和直觉垫底。

在传统的文史哲领域，文以想象力见长，史以占证据见长，哲以搭架构见长。在对传统典籍《道德经》的研读中，可以充分看出这种差异。

从事文学研究者，往往喜欢《庄子》胜过《老子》，在潜意识里把文辞和想象力放在结构之上。而从事史学研究者，则往往注重老子对古今成败存亡的总结归纳，在潜意识里把历史大势放在辩证思维之上。从事哲学研究者，则往往更为热衷老子的有对之学和强弱转化之术，在潜意识里把不可言的终极之道放在可言之事之上。不同的人读《道德经》，会读出不同的味道。哲学读法会被它高度抽象且富有辩证思想的文句所折服，史学读法则会被它洞见历史且对兴衰大势的明察秋毫所吸引。

近代严复看到了从史学角度读《道德经》与哲学角度的不同，他从老子曾经是周王室史官这一事实出发。点评《道德经》时说："吾尝谓老子为柱下史，又享高年，故其得道，全由历史之术。读执古御今二语，益信。"① 严复所说的执古御今二语，即

① 《老子评语》，载《严复集》，中华书局 1986 年版，第 1081 页。

“执古之道，以御今之有，能知古始，是谓道纪”（《道德经》第十四章）。这两句，可以看作对古今成败存亡、祸福强弱的法则性总结，它的本质是史学的。

曾经，文史哲不分家，使其共性掩盖了内在的差异。正是在这一意义上，马克思曾经说过：“我们仅仅知道一门唯一的科学，即历史科学。”① 所以，史学在一定程度上可以反映出人文的共性。但中世纪的西方和古代的中国学术走向还是有微妙的差别。希腊之后的西方学术，由哲学统领而走向神学；春秋之后的中国学术，由史学统领而走向治术。

管理学在近代诞生，欧美管理学的出现，直接源于大机器工业和贸易立国的需要。所以，欧美的管理研究，是从成本和效率切入的，即便对人的重视，也具有工具色彩，研究方式和路径具有浓厚的工程特点。这种倾向，即便是在强调人本、重视文化的研究者那里也很明显。

如果我们回到传统的人文思想角度看史学，暂且先不管文史哲的内部分化，那么，史学思维对管理研究的贡献，恰恰是经验和理性、科学和人文二者的互相制衡。

---

① 这段话是马克思在《德意志意识形态》手稿中删掉的一段。原文是：“我们仅仅知道一门唯一的科学，即历史科学。历史可以从两方面来考察，可以把它划分为自然史和人类史。但这两方面是不可分割的；只要有人存在，自然史和人类史就彼此相互制约。自然史，即所谓自然科学，我们在这里不谈；我们需要深入研究的是人类史，因为几乎整个意识形态不是曲解人类史，就是完全撇开人类史。意识形态本身只不过是这一历史的一个方面。”具体见汉译《马恩选集》1995 年版第 1 卷第 66 页脚注；或者《马恩文集》2009 年版第 1 卷第 516 ~ 519 页脚注。这一说法，充分强调学术的整体性不可分割。而删掉的原因，很有可能是作者觉得这种说法与近代科学诞生后的学术分析状态不符。尽管采用了科学这一称谓，但马克思在这里突出人文的意图很明显，同时也涵盖了科学与人文的对应关系（即自然史和人类史）。沈湘平《唯一的历史科学：马克思学说的自我规定》（中国社会科学出版社 2016 年版）对这段话有多角度辨析。

从遗传学角度看，动物只有生物性遗传，而人类有社会性遗传。解释生物性遗传靠科学，解释社会性遗传靠人文。而历史学的研究在人文领域具有代表性，它所表现的是社会性遗传。

管理研究靠科学和人文两翼，两翼即对立又统一。注意，这种对立统一不同于某些公式化的表述，它是指相对而成的挤兑，是一种互相牵引、互相矫正、互相制衡的张力，而不是简单的互相依存和互相转化。或许，科学与人文的缠绕挤压，正是社会遗传的双螺旋结构。在中国传统的表达中，所谓“塞翁失马”的祸福转化，没有相互挤兑的含义，而“矛盾互击”的竞争压力，才是激发研究的对立状态。

管理研究的科学方面是必要的，没有科学，没有理性计算，就没有管理。但如果仅仅发展其科学方面，就有可能走偏。现代管理学具有实证取代思辨、知识取代意识、科学取代哲学的倾向。而史学思维，恰恰可以矫正工程思维的还原论倾向，回到事物的整体论本质；可以矫正科学方法的线性思维倾向，尽力反映事物的多维性和复杂性；可以矫正理性判断中的决定论倾向，揭示事物发展演变的不确定性。

如果没有科学的一面，那么，所谓管理研究，不是走向神学，就是走向权术。但如果没有人文的一面，所谓管理研究，就会虚置人性，乃至忽略社会。从目前的发展趋势看，管理研究有从实证到循证的变化迹象[①]。循证不排除实证，而且同历史紧密相关。历史研究中的孤证不立、多重证据等方法，可以帮助我们有效遏制实证之失。

---

① 关于管理研究由实证向循证的转变，参见菲佛、萨顿：《管理的真相——事实。传言与胡扯》，闾佳、邓瑞华译，中国人民大学出版社 2008 年版。

从知识角度看，波兰尼把知识分为显性和隐性两大类。显性知识（Explicit Knowledge）可表述，属于格式化的符号系统。隐性知识（Tacit Knowledge），可体验领悟，属于非格式化的意念系统。凡是科学知识，必定是显性的；凡是人文知识，则在显性中包含隐性，其价值由隐性知识决定。史学思维可以在发现和体验管理的隐性知识方面起到重要作用。

隐性知识在技术层面为“秘诀”，在认知层面为心智。借用麦克利兰的“冰山模型”一词①，我们不难看到，在管理知识中，科学部分（尤其是技术）在水面上，可考核衡量；人文部分在水面下，不可衡量；最核心部分在无意识层次，当事人自己都难以觉察。

按照野中郁次郎的观点，创新来自于隐性知识和显性知识之间的转化。野中描述为SECI模型：群体化（Socialization）→外显化（Externalization）→联结化（Combination）→内隐化（Internalization）②。史学思维发掘隐性知识，科学实证考察显性知识。科学和人文的平衡与对接，不但决定着管理水平，而且直接影响创新能力。

在理念层面，科学可以做到search，而史学则反推科学，要求其进一步做到research；在实践层面，科学可以做到view，而史学则反推科学要求其进一步做到review。

以武侠小说为例，金庸笔下的诸多高手，对少林七十二绝技

---

① D. C. McClelland. Testing for Competency Rather Than Intelligence［J］. American Psychologist. 1973，28：1～14.

② 野中郁次郎、竹内弘高：《创造知识的企业：日美企业持续创新的动力》和《知识创造的螺旋：知识管理理论与案例研究》，李萌、高飞译，知识产权出版社2006年版。

趋之若鹜，然而武术之强和佛性之善在练功过程中不可避免会此消彼长，修炼不当则反受其害。史学的意义，恰似《天龙八部》中的扫地僧，在《无相劫指谱》旁边放一部《法华经》，在《般若掌法》旁边放一部《杂阿含经》，以佛法的慈善之念，化解武功的杀生戾气。单纯从武术的技能角度看，这种善念修行丝毫无助于功力的提升，而从武术的愿景角度看，这种善念修行正是武学的根本所在。

史学思维对管理研究的意义，可以仿此类推①。也正是马奇所说的："为了更好地在行动中发现目标、助长有趣目标的发展，我们显然需要了解一下明智的愚蠢。我们现在所做的许许多多的蠢事当中，哪些可以带来有吸引力的价值观结果？"（同前，第51页）为了明白"明智的愚蠢"，可以继续以马奇的话回应史学无用的话题："学术知识不能用来解决具体环境下的具体问题，除非生搬硬套，但是，在新的或者不断变化的环境下，当管理者面临意外问题或者未知问题的时候，学术知识的作用就会凸显出来。学术知识提供的是问题的思考框架，而不是解决对策。"（同前，第13页）

另外还要指出，关于管理学普适性与特殊性的争论，关于管理的普遍规律和地方情境的争论，在一定程度上，都是过去学界曾经争论过多次的长期话题。在这些争论中，科学派与人文派有过多次交锋。民国早期"新青年"和"学衡派"之争（以胡适

① 从科学角度看，武侠属于虚构；从道义角度看，武侠属于子不语的怪力乱神。也许那些看见武侠就反感的朋友，已经发觉了沉迷于武侠的愚蠢，对扫地僧的虚构哑然失笑。然而离开了这种愚蠢，生活会减少诸多趣味。笔者在1989年之前，坚信看武侠小说是愚蠢无比而且没有任何好处的行为，然而在时代的动荡中，以武侠消磨时间的副作用，就是在金庸小说中发现了另一个世界。

和梅光迪为代表），科学派与玄学派之争（以丁文江和张君劢为代表），都值得从学术角度认真回顾反思，为今天的管理研究提供参照。即便在今日已经有了学科细分的知识框架下，由宏观的人文与科学的张力，到分科的史学经验、哲学建构和文学激情，对管理研究无不带有类似于史学传统的平衡效应。

## 三、史学的前车之鉴和用于管理研究之误

历史研究在中国有着古老的传统，但到了近现代，历史研究作为一门学问，也受到西学东渐的冲击，产生了深刻的变化。关于传统史学（古代史学）对管理研究的价值，笔者写过相关文章可供参考①，这里从略。然而关于近现代史学与古代史学的不同，及这种不同对管理研究的影响，似乎还很少有人注意，值得在此讨论。

史学在中国近现代的发展轨迹，有正路，有弯路。正路是受近代学术大势的影响，向科学化方向发展。从顾颉刚为代表的古史辨派倡导疑古思潮，清算中国古史，到傅斯年强调“史学就是史料学”，就是这一路径的代表。

实际上，中国古史研究到了清朝，就已经出现了类似于西方近代科学思潮的倾向，乾嘉学派的朴学，以考据见长。重小学，通训诂，精校勘，严考证，在整理古代资料上做出了重大贡献。朴学在求真求实上的努力，已经在消解传统史学的价值导向影响及其地位。

正是在这一意义上，近代的革命家往往批判清代考据学者躲

---

① 刘文瑞：《从历史中汲取治国理政智慧》，《西北大学学报》2017 年第 3 期，第 119 ~ 129 页。

进学术小天地而不关心社会民生，但也正是考据学的发展，使中国史学有了内生的科学化追求。发展到顾颉刚等人的疑古思潮，已经出现了对历史真实性的深度拷问，对传统史料的全面质疑，与西学传入中国带来的科学思潮结合，用实证方法整理国故[①]。这一路径下，兰克史学[②]兴起，传统史学的价值观念被清算，其中最有代表性的人物当属有“中国的兰克”之称的傅斯年[③]。

傅斯年早年留学欧洲，后来创办中研院史语所，对中国史学的近代化有筚路蓝缕之功。傅氏最有名的语录是：“上穷碧落下黄泉，动手动脚找东西。”其史学思想最通俗的表达就是“我们只是要把材料整理好，则事实自然显明了。一分材料出一分货，十分材料出十分货，没有材料便不出货。”[④] 比较学术化的说法就是：“史学便是史料学。”

他对中研院史语所的要求是：“本所同人之治史学，不以空论为学问，亦不以‘史观’为急图，乃纯就史料以探史实也。史料有之，则可因钩稽有此知识，史料所无，则不敢臆测，亦不敢比附成式。此在中国，固为司马光以至钱大昕之治史方法，在西

---

① 对疑古思潮在清末民初兴起过程的思想轨迹有兴趣进行考察者，可参考梁启超的《清代学术概论》和顾颉刚的《古史辨自序》。

② 兰克史学得名于19世纪德国史学家兰克（Leopold von Ranke，1795~1886），他认为历史研究的目的是发现历史的本来面貌，强调去伪存真的考证，主张如实直书，坚守价值中立，客观还原历史。他被后人称为近代最伟大的历史学家，是“科学历史学”的代表。值得注意的是，兰克的弟子兰普勒希特（Karl Lamprecht）认为，兰克在理论上没有创建，他只不过是实践了德国历史精神的“最伟大理论家”威廉·冯·洪堡的思想而已（见易兰：《兰克史学研究》的相关论述，复旦大学出版社2006年版）。中国的傅斯年、陈寅恪等史学家，都受兰克史学的影响较大。

③ 参见王汎森：《傅斯年：中国近代历史与政治中的个体生命》，王晓冰译，三联书店2012年版。

④ 《历史语言研究所工作之旨趣》，《傅斯年全集》第3卷，湖南教育出版社2003年版，第10页。

洋，亦为软克（今译兰克）、莫母森（今译蒙森）之著史立点。史学可为绝对客观者乎？此问题今姑不置答，然史料中可得之客观知识多矣。”①

傅斯年称：“史的观念之进步，在于由主观的哲学及伦理价值论变做客观的史料学。”“著史的事业之进步，在于由人文的手段，变做如生物学地质学等一般的事业。”② 在设定史语所的旨趣时，傅斯年明确把近代史学与古代史学区分开来：“历史学不是著史：著史每多多少少带点古世中世的意味，且每取伦理家的手段，作文章家的本事。近代的历史学只是史料学，利用自然科学供给我们的一切工具，整理一切可逢着的史料，所以近代史学所达到的范域，自地质学以至目下的新闻纸，而史学外的达尔文论正是历史方法之大成。”③

这种科学化的史学，其进步作用是显而易见的。但是，人们在高度肯定其积极意义时，往往会忘记任何进步都要付出某种代价。史学科学化，意味着传统史学中的价值导向被消解，道义伦理被排斥。而中国传统的以史为鉴，论史知世，由史得悟，从史生智，大半会在科学光芒下销声匿迹。这种史学用于管理研究，难免有所偏向，注重实证而反对思辨。

实际上，历史就是观念史，历史就是思想史④。把历史科学化，那种以实证方式从历史资料中寻找管理奥妙的努力，不过是给管理研究增加了一些历史数据而已。尤其值得重视的问题在

---

① 《〈史料与史学〉发刊词》，《傅斯年全集》第3卷，第335页。

② 《史学方法导论》，《傅斯年全集》第2卷，第308页。

③ 《历史语言研究所工作之旨趣》，《傅斯年全集》第3卷第3页。

④ 关于观念史和思想史的辨析及其与兰克史学的关系，参见何兆武为柯林武德《历史的观念》一书所写的长达47页的译序，商务印书馆1997年版。

于，西方的社会演变过程中，科学、神学、文学、艺术各司其职。兰克史学的兴起，在西方不会替代基督教伦理和信仰的地位。而在中国，则出现了以科学决定人生观的呼喊。当今有些学者以计量史学解释管理问题，就类似于用多巴胺的生化反应解释爱情问题。其中的负面影响，值得引起关注和研究。

如果说，史学的科学化有副作用，但毕竟还是正路；那么，史学的政治化，就是副作用更大的弯路。从晚清到民国，受政治需要的带动，史学向实用、影射和比附方向的发展，就是这一实例。

晚清时期，康有为以公羊学的比附方式，为维新寻找历史证据，孔子成为改制的先驱。到了章太炎，则以古文经学的研究为排满革命服务。这一路径，到民国时期已经蔚然成风。20 世纪 20 ~30 年代的中国社会性质大讨论，在学术语言中渗透了现实需要。虽然这一讨论的政治倾向和实用追求明显，但大体上还能在学术范围内说事。

尽管如此，已经出现了“以论带史”的研究方法，表现为用某种理论公式剪裁和套用中国史料。包括一些很有名的史家和著作都多少带有论在史先的痕迹，例如郭沫若的《中国古代社会研究》和《青铜时代》《十批判书》等。《中国古代社会研究》号称是恩格斯《家庭、私有制和国家的起源》的续篇，是出于“对于未来社会的期望逼迫着我们不能不生出清算过往社会的要求”，是在“风雨如晦”的时代里“鸡鸣不已”（《中国古代社会研究》自序）。

值得警惕的是，许多学养丰厚、造诣非凡的著名学者，不但未能避开这一弯路，反而在这条弯路上越走越远。

这种政治化的史学，在管理研究中所起的作用有两个方向，一是狭义的借鉴、简单的比附和低档的类推；二是在实证领域以非科学方式排斥科学。

虽然有前车之鉴，但当下的管理研究领域运用史学，似乎并未从前鉴中汲取多少教训，甚至还在前仆后继。主要的表现有：

（1）对历史现象按照传统方式归类概括，借以说明《神农本草经》优于现代植物分类，四库典藏优于现代图书馆。

（2）根据需要剪裁史料，寻求符合自己意图的史实验证相关假说，对某一观点和见解寻求史料的正反馈支持，而对负反馈视而不见，导致历史真的成为“任人打扮的小姑娘”。

（3）按照现实发掘故事，叙述历史以证明当下的合理性。

（4）用混沌的整体对抗逻辑分析，用模糊的说明替代清晰界定，用阴阳五行式的结构体系替代元素周期表式的科学体系。最常见的，是在历史资料中简单套用某一成功经验，狭义理解以史为鉴，或者在思维上回归古代，如用阴阳概念说明管理中的某些现象，用《易经》说明管理中的各种情境变化等。

不论是以科学化方式运用史学，还是以政治化方式运用史学，所有这些，都背离了史学思维。研究者并没有形成史学思维，而是用科学思维、政治思维对待历史资料，为现实服务。所以，它们在管理研究中所起的作用，不但不能与技术性研究形成人文方面的挤压张力，而且还会助长技术性研究中的缺失。

就科学化而言，是在历史资料中寻找相关元素，运用现代方法进行所谓的实证研究，其最积极的作用也不过是扩大了实验范围和实验数据，不可能对实验体系产生警醒和校正效应。

就政治化而言，是以历史故事阐明当下行为的正当性和合法性，是为现实提供正强化解释，其最积极的效应也不过是增强了迷茫中的信念，不可能为现实提供批判性思辨。

笔者认为，史学思维对管理研究的真正价值，在于增长研究主体的见识与智力，以史学的熏陶观察和论证管理实务。有些人尽管不从事史学，但却具备了史学思维。那些不具备史学思维而试图把历史知识用于管理研究者，多数走了弯路或者偏道。

从 20 世纪 80 年代起，笔者以史学功底从事管理研究，歪打正着，几十年的积累，反而有一些学术上的收获。当人们都看重科技和现代性时，笔者曾呼吁从文化与传统研究中获取管理的洞见。但今日越来越多的人试图以文化与传统解读管理问题时，笔者又忧虑管理学界因此而发烧感冒。对此，不妨将自己的期望和担心坦诚在此，以引起同仁的反思。

**刘文瑞**，男，陕西子洲人，西北大学公共管理学院教授。

主要从事管理学原理、行政管理学、中国政治制度和管理思想等方面的研究。

即将出版新作：

(1)《历史深处的管理智慧》(1.2.3 册)。

(2)《看电影，学管理》。

(3)《管理的尺度》。

(4)《管理学在中国》。

(5)《西方管理大师丛书》(共 10 册)。

# 公益商业化可持续发展的制度基础

张远凤

## 一、公益慈善发展的两个方向：公益公共化与公益商业化

“公益”从广义来讲是公众的福祉和利益。现代公益是组织化公益，从事公益活动的主体可以是公共组织，如事业单位，也可以是民间机构，如非营利组织和企业。前者一般称之为“公共事业”，后者往往被称为“公益慈善”。“公益慈善”者，慈善以为动机，公益乃其目的。慈善公益就是用私人资源服务于社会或环境目标①。公益商业化就是既赚钱又行善②。

---

① 莱斯特·M. 萨拉蒙著，叶托、张远凤译，撬动公益——慈善和社会投资新前沿导论，社会科学文献出版社，2017年版，第13页。

② 莱斯特·M. 萨拉蒙著，叶托、张远凤译，撬动公益——慈善和社会投资新前沿导论，社会科学文献出版社，2017年版，第24页。

在公益慈善事业发展过程中，呈现出公益公共化与公益商业化的两个方向，这是公益慈善与政府和市场两大部门之间矛盾运动的方式。

十九世纪末以来，在公益慈善事业现代化过程中，首先采取了非营利性组织模式，主要依靠慈善捐赠和志愿服务获得资源，相对独立于政府和市场。不过，这种相对独立性并不稳定，很快就受到来自另外两大部门的“入侵”。

一方面，20 世纪 60 年代中期以来，西方国家政府在福利体系和公共服务体系改革过程中，向公益慈善机构伸出了橄榄枝，以拨款、补贴和购买服务等方式对它们进行“招安”。非营利组织逐渐被纳入公共服务供给体系，成为公共服务的主要提供者。“公益慈善”与“公共服务”的边界日渐模糊，政府对非营利组织的资助和规制也同步增加。这个过程可以称之为“公益公共化”。

另一方面，公益商业化几乎是与现代公益慈善事业同步发展的过程。公益慈善机构本身就与市场经济有着天然的联系，公益慈善的“滴水经济”向市场经济的汪洋大海汲取资源是十分自然的事情，市场对公益的这种“诱降”过程就是所谓的“公益商业化”。进入新世纪以来，这个过程由于突破性的社会创新而加速了。

公益与政府、商业的影响是相互的。公益公共化的同时，政府也在公益化，所谓“服务型政府”就是政府公益化的另一种说法。与此相似，在公益商业化的同时，也在发生着商业公益化，所谓“企业社会责任”和“社会企业”就是证明。即使是曾经将非营利部门称为“独立部门”的美国，非营利组织也在失去独立性（distinctiveness），不仅失去对政府的独立性，而且失去对市场的独立性[①]。

康晓光教授在《驳“永光谬论”》一文中把公益商业化归罪于新公共管理的流毒传播[②]。实际上，新公共管理是政府改革的理论基础，但并不是公益商业化的推手。社会创业或社会企业家精神（social entrepreneurship）和慈善资本主义等才是为公益商业化呐喊助威的主要理论基础。

可见，公益商业化并不是什么新现象，它是公益慈善与市场经济之间长期冲突与妥协的产物，并不比“公益公共化”更加危险或更加可怕。

## 二、公益商业化的四个层次

如前所述，组织化的现代公益慈善以非营利组织和商业企业为载体，向着公益商业化和商业公益化两个方向在发展。从组织形态的角度来看，公益商业化是以非营利组织的商业化来实现的，在这个意义上，公益商业化等同于非营利组织的商业化。

公益商业化由浅及深可以分为四个层次：第一个层次是商业化创收，采取商业手段获得运营收入；第二个层次是企业化管理，按照商业原则进行组织管理；第三个层次是借鉴公司模式利用资本市场；第四个层次是公益商业化的最高层次，公益慈善机构彻底摆脱非营利性束缚，蝶变成为社会企业。

第一个层次是初级层次，商业化程度最低，公益慈善机构只是采取商业活动来获得运营收入，用于弥补日常运作成本开支。

---

① Lester M. Salamon, America's Nonprofit Sector (3rd Ed.), Foundation Center, 2012.

② 康晓光，驳“永光谬论”，http://www.sohu.com/a/192239211_805920，2017年10月5日访问

服务收费、不相关商业活动、善因营销，等等，都属于这个层次。第二个层次，公益慈善机构实现管理的专业化与职业化，在服务市场和人才市场与商业企业进行竞争。在第三个层次，绕过非营利性约束，通过金融创新利用资本市场获得资金，甚至使用股权投资工具，依靠资本市场获得财务可持续性。随着公益商业化程度的提升，营利性公司和非营利组织之间的传统界线逐渐变得模糊。在这个层次，非营利组织变得越来越像商业企业而不是传统的慈善机构。然而，无论它外表看起来多么像商业企业，它在性质上仍然不是企业，在所有商业化手段之下，仍然服从于公益性的目的。也许引入了准股权性质的社会影响力投资，但是它的根基仍然长在非营利制度的法律框架之中。到第四个层次，公益机构转制为社会企业，摆脱非营利组织必须遵守的无股东、不分配的法律约束，进化到依靠道德约束主动遵守公益性使命。

非营利组织制度与商业企业制度相比，并没有道德上的优越性。德鲁克曾说："非营利并非美德，事实上，任何一项活动，如果能够产生利润却没有盈利，那就是反社会的"①。德鲁克常常用职业学校来举例，在职业学校兴起之时，办学规模很小，由社会提供补助是应当的。但是，时至今日，它们已经成为一个很大的行业，应该对一个经济体的资本形成有所贡献。

从西方国家公益慈善商业化的发展过程来看，似乎是由浅到深逐渐发展演变而来。在这个过程的每一步，社会创新实践总是推动制度改革。在公益商业化的深化再次对现有公益慈善制度尤其是非营利组织制度提出了挑战。

① Peter Drucker，Management as a Liberal Art，现代管理宗师德鲁克文选（英文版），机械工业出版社，1999 年版，第 103 页。

## 三、公益商业化可持续发展的困境

公益慈善事业的可持续发展有两个基本方面，一是价值可持续性，二是财务可持续性。传统公益慈善为了更好地解决财务可持续性问题而走上商业化道路。公益商业化过程中保持公益性主要依靠两个方面的力量，一是非营利性价值观与制度的约束，二是收入来源结构相对均衡。如果这两个力量缺失，在商业化过程中，公益慈善机构就很可能偏离使命，背离公益属性。

发达国家现代慈善事业发展较早，建立了相当成熟的非营利组织制度，慈善和志愿精神得到鼓励和发扬，公益慈善机构的收入来源较为均衡。美国是公益市场化和商业化程度最高的国家，它的非营利部门的收入来源由慈善捐赠、政府资助和收费收入三部分构成[①]。如果不包括志愿服务，这三个收入来源的比例分别为12%、38%和50%；如果包括志愿服务，这三个收入来源的比例就变为24%、38%和38%[②]。近年来，这三个收入来源中，慈善捐赠与政府资助都相当稳定，慈善捐赠约占GDP的2%，政府资助在政府预算没有大幅度提高和社会政策没有重大变化的情况下，也将保持较为稳定的状况，因此，商业化收入是非营利部门的收入来源中增长最快的部分。可以说，慈善捐赠和政府资助是非营利部门保持公益慈善属性的关键因素，而商业化是其继续增长和发展的主要途径。

我国在公益慈善和非营利组织都还很不完善的情况下开始公

---

① 莱斯特·M. 萨拉蒙著，陈一梅等译，全球公民社会——非营利部门国际指数，北京大学出版社，2007

② Lester M. Salamon, America's Nonprofit Sector (3rd Ed.), Foundation Center, 2012.

益商业化的实践。尽管三大条例规定了社会组织的非营利性，但法律法规的规定并不完全一致。在实践中，保障公益商业化的两股力量都很软弱。一方面，慈善和公共资源十分有限、难以获得。尽管近10年来慈善捐赠增长很快，根据民政部《2016年社会服务发展统计公报》的数据，2016年我国慈善捐赠达到800多亿元，但是只占GDP的约0.1%。政府资助往往以购买服务的方式提供，但我国政府购买公共服务还处于起步阶段，为社会组织的资助力度仍然十分有限。目前，我国服务型社会组织（即民办非企业单位）的收入90%以上依靠服务收费。

在这样的背景下，完全按照非营利原则运作的慈善组织数量很少而且十分弱小，大多数民办非企业的创办者对慈善和非营利性概念认知不足，普遍采取机会主义行为，出现了过度商业化和偏离公益性的问题。这些创办者们往往并非认同慈善理念而选择非营利模式，而是为了利用优惠政策、降低成本而选择注册为社会组织，在运作过程中，并未严格遵守非营利性原则。以养老机构为例，如果举办商业性养老机构选择工商局注册，就享受不到国家扶持民办养老机构的一系列优惠政策，服务成本就会居高不下①。教育和医疗领域的情况也大致如此。

以非营利组织为载体的公益慈善事业就是在这样一种混沌状态下生长起来的，得到了一些鲜花和掌声，也长期饱受诟病和质疑。

政策制定者为了改变这种混沌状态，最近出台的一些政策，试图从两方面纠正上述问题。一方面要求这些民办非企业单位在

---

① 徐永光，公益向左　商业向右——社会企业与社会影响力投资，中信出版集团，2017年版，第82页。

非营利性和营利性之间做出选择，另一方面也提出了比较切合实际的退出非营利模式的政策。比如，2016 年修订的《民办教育促进法》要求严格区分营利性与非营利性民办教育机构。同时，分别规定了两类机构享受的优惠和支持性政策。医疗和养老领域也遵循类似政策思路，在区分营利性与非营利性的基础上，两类机构有差别地享受各项优惠政策。同时，考虑到实际情况，为了减少改革阻力，为民办非营利性企业单位的举办人设计了以奖励形式替代回报的政策。比如，《关于鼓励民间资本参与养老服务业发展的实施意见》（民发〔2015〕33 号）规定，“民办非营利性养老机构停办后，应当依法进行清算，其剩余资产由民政部门负责统筹，以捐赠形式纳入当地政府养老发展专项基金。原始捐资有增值的，经养老决策机构同意并经审计符合规定的，可对捐资人（举办者）给予一次性奖励。”徐永光认为，这项政策的最大突破是为“民非＋公司”的发展模式打开方便之门①。举办者同时举办两家养老机构，一为公益性质的民非，二为商业性质的企业。民非轻资产，公司重资产。公办公益性养老机构把资产出租给民办商业性养老机构，公司与民非之间进行关联交易。

这些政策变化显示决策者对我国公益商业化现实情况采取的务实态度。但是，公益商业化的可持续发展需要制度保障，取决于制度基础设施的进一步完善②。

## 四、制度包容性促进公益商业化可持续发展

社会创新总是在制度的交叉和边缘地带产生，公益商业化是

---

① 田甜，公益“搅局者”徐永光，南方周末，2017 年 10 月 10 日

② 黄春蕾，郭晓会．慈善商业化：国际经验的考察及中国的发展路径设计［J］．山东大学学报（哲学社会科学版），2015（4）：34－44

慈善向企业和市场跨界的产物。但是这并不意味着市场将会取代慈善，也不意味着企业制度要替代非营利组织制度。正如萨拉蒙在《撬动公益》中的警告：不可夸大公益商业化的力量和作用。公益商业化不能替代政府，也难以向传统慈善说再见，而是要“携手合作”①。政府和传统慈善机构对于公益商业化不仅是重要的，而且是“倍加重要”的。为了做到携手合作，政府和非营利部门都必须改变目前的惯用做法②。

为了规范和促进我国公益商业化的发展，必须要按照“包容性制度”的理念进一步完善相关制度建设。就公益商业化而言，“包容性制度”就是在弄清楚公益慈善事业在公共服务和社会福利体系中的角色，界定政府、市场和非营利部门在公益慈善领域扮演的角色，在制度层面既要明确企业与非营利组织的边界，规范两类主体的行为，又要建立两种组织制度之间的接口，促进两类主体之间的合作。就我国当前公益商业化的形势而言，既要对营利模式与非营利模式进行严格区分，又要为非营利组织制度与企业和市场制度之间设计接口，政府对公益商业化既要鼓励发展又要加强监管。

首先，要继续完善和强化非营利制度，在公益商业化过程中维护公益性。尽管公益与商业价值趋同、相向而行，但公益组织、商业组织的性质并未改变③。公益组织属于非营利性机构，

---

① 莱斯特·M. 萨拉蒙著，叶托、张远凤译，撬动公益——慈善和社会投资新前沿导论，社会科学文献出版社，2017 年版，第 80 页。

② 莱斯特·M. 萨拉蒙著，叶托、张远凤译，撬动公益——慈善和社会投资新前沿导论，社会科学文献出版社，2017 年版，第 93 页。

③ 徐永光，公益向左　商业向右——社会企业与社会影响力投资，中信出版集团，2017 年版。

没有股东权益，只有法人财产权，即使有盈余也不能分配利润；商业企业属于营利机构，股东拥有剩余索取权和收益分红权利。强化公益慈善机构的非营利属性，是公益商业化最有力的制度保障。

即便在公益商业化最活跃的国家，也没有轻言放弃非营利组织制度，很多金融创新用来“绕过”或者“软化”非营利制度的不分配约束，但并未否定它，也没有取代它。它的核心价值观仍然得到有效保护，并未被稀释。当前民办教育、民办医疗和民办养老领域严格区分非营利与营利性制度的做法是保护非营利制度、强化非营利理念的明智之举。在严格区分组织法律性质的基础上，再辅以精准的产业政策，为提供公共服务的非营利组织和企业设计有差别的支持政策，防止和避免政策性投机行为扰乱非营利性制度和公共服务市场。

其次，完善非营利制度与商业和市场制度的接口，包括两个方面，第一个方面是取消对民办非企业单位的不合理限制，为便利民办非企业单位利用市场机制尤其是资本市场提供便利，第二个方面是建立非营利制度与营利性制度之间的转换机制。

我国现行的民办非企业单位制度，在服务市场准入、设立分支机构和利用资本市场等方面还存在诸多不尽合理的限制。为了促进服务业的升级发展，壮大民办非企业单位，应该尽量减少民办非企业单位与事业单位和企业在上述这些方面的差别，促进公共服务市场的有序竞争。

无论是在体制改革过程中，还是在社会创新过程中，转变资产属性和转换组织性质是很正常的现象，政府要建立资产和组织性质转换的制度通道。当前政策要求教育、医疗和养老机构严格区分非营利性和营利性，这就意味着一些原来登记为非营利组织的机构在重新选择时，可能会转制成为企业。一些企业在捐赠股权的时候，也面临着私有产权转换为非营利性产权的问题。公共资产转型为非营利性资产也并不罕见。比如，转制型基金会（conversion foundation），就是公共或准公共资产经过民营化转制而来，即“通过民营化实现慈善化”（philanthropication through privatization，PtP）。所谓公共或准公共资产可以是一家政府所有的企业、一栋政府所有的建筑或其他资产、一些政府控制的特定收入来源、债务置换，以及准公共组织（如非营利组织）向营利组织的转制[①]。有两种转制方式：一种情况是政府企业和政府资产转制为民营企业之后，由基金会持有这些民营企业的股权。我国的民办非企业单位转制为企业时应该也可以借鉴这个做法。另一种情况是非营利组织转制为营利性企业的时候，将非营利组织的资产部分划归某个基金会。这种做法在美国、意大利、奥地利和新西兰都被采用过。非营利组织转制为商业企业，商业企业转制为非营利组织，都应该有制度设计，既是退出机制，也是转换机制。

最后是加强对公益商业化的监管，规范各类主体在公益商业化过程中的行为。非营利制度和营利性制度既要兼容和有接口，又要维护其公益性，防止商业化对公共利益的侵蚀。要做到这一点，除了强化非营利组织内部治理和行业自律之外，还必须加强全方位的监管，包括政府监管、公众和媒体监督，等等。

总的来看，公益商业化是公益和市场两个部门价值趋同的结果，是商业企业和市场制度自我改良之道，也是公益慈善和非营

① 莱斯特·M. 萨拉蒙著，叶托、张远凤译，撬动公益——慈善和社会投资新前沿导论，社会科学文献出版社，2017 年版，第 43 ~ 44 页。

利部门发展的新机遇。这既是两大部门的自我改造，也需要两大部门的携手合作，更需要政府在制度设计上的支持与跟进。

**张远凤**，中南财经政法大学教授，地方政府治理研究中心主任，武汉大学管理学博士，匹兹堡大学和约翰·霍普金斯大学访问学者。主要研究领域是非营利组织、公共服务及管理学。

出版的专著有《德鲁克管理学》《民营企业管理创新》，主编的教材有《社会创业与管理》《非营利组织管理》，合译的著作有《撬动公益：慈善和社会投资的新前沿导论》。

# 论德治思想

## ——兼谈张载对德治思想的贡献

张茂泽

学界对德治思想有不少误解。如认为儒家德治思想的主要内容就是轻徭薄赋，重视道德教化。这样理解，当然不错；但将道德理解为只是伦理道德，只是作为治国理政的手段之一，则不能反映儒家德治主张的本质所在。从这一认识出发，进而断定德治就是人治，不重视法治，甚至反对法治，将德治和法治对立起来，则不符合事实。

实际上，在儒家看来，道德是法律的源泉和基础，法律是道德的强制化产物；道德是法律的目的和理想，法律是道德的保障工具。儒家反对严刑峻法，反对不教而诛，批判以君主私意为法，根本上是反对将民众视为统治工具、不将民众当人看，并不是反对法治，而是反对伪法治，反对黄宗羲所谓“非法之法”；德治实际上呼唤道德基础上的真法治，要求出于道德、与道德统一、服务于道德教化和道德修养提升的法治。在这个意义上，可以说德治就是道德加法治。

今天我们研究古代德治思想，仍然有重要意义。

## 一、德治的“德”

在中国古代政治思想史上，德治思想长期占据主导地位。在儒家那里，礼作为言行规范，是道德的外化，法则是礼的强制化。故德治可以包含道治、礼治和法治。

礼治、德治，以及道治、法治，是儒道法分别提出的不同治国理政主张。德治在历史上源于西周礼乐文化的礼治，尤其是周公“敬天保民”“明德慎罚”的主张，产生于礼坏乐崩时期。德治源于礼治的崩坏，是对礼治的反思和超越。儒、道都认为，德是道之在人性，是道在人性中的落实，德治可谓道治的具体实现。

故儒道治国理政，都重视这样几点：

一是强调治国理政的依据或准则，如道或德或礼；

二是重视民众的利益、欲望，即民心、民意；

三是重视发展生产，注意节约，减免税收等。

历史上主张道治的黄老，甚至就将儒家德治作为自己的内容；而主张德治的儒家，发展到魏晋玄学、宋明理学处，又吸收了自然无为等道治的思想内容在内，作为德治思想的资源和内容。德治本来就包含刑罚处分的意思在内，它蕴含着法治的因素，后来也从德治中引申发展出法治主张。故法家人物或出于主张德治的儒家，或深受儒家德治思想影响，针对儒家德治主张立论。

儒家德治思想的核心，是其道德理论，德治只是其道德理论在政治活动中的实践运用。儒家道德理论，又以“德”的认识和实践为核心。迄今为止，人们对“德”的意义的理解，一直制约着对德治主张的认识和评价。

在儒家看来，天命之谓性，性与天道统一。德是人的本质属性，称为德性。在天人合一的关系中，德是中介、桥梁。作为中介、桥梁，天以德赋予给人，此即人的先天属性，亦即人性中的先验内容；此先天、先验人性是人们进行人性修养的逻辑起点、方法、标准和理想。上天还以此德性作为赏罚标准。人们必须有道德修养，才能与天合一。

后来，“天”或“天命”理性化为“天道”后，道成为德的基础，德即道的表现。道与德体用统一，是为道德。道德统一，在现实的人那里表现为道德修养高，德高望重，这正是天人合一、人性与天道统一得到实现的现实标志。既然德是人的本性，而又道与德统一，故也可以说道德即人的本质内核。

张载尝言：“循天下之理之谓道，得天下之理之谓德。”① 就道德作为人的本质属性言，道德即天下之理，是天下真理在人性中的凝聚形态和存在状态，也是人性修养的依据、准则和收获，而不只是伦理规范。就社会表现言，人们借助道德的作用，能替民众解决现实生产生活问题，挺立起人之所以异于禽兽、人之所以为人的主体性。故道德虽然抽象，但有强大的现实力量。有道德修养的人，如君子，特别是圣人，因此能感染人，评价人，引导人，成为社会中坚、民族脊梁。

忠恕之道，内圣而外王。在人之所以为人的社会生产生活

---

① 《正蒙·至当篇》，《张载集》，章锡琛点校，中华书局 1978，第三二页，下同；也见《横渠易说·系辞上》，《张载集》，一九一页。

中，德的存在主要有两种形态：一是道德修养，二是道德教化。

道德修养在本质上是人性修养，即人性自觉和人性实现的过程。善恶冲突，善战胜恶而实现自身是主线。德不孤，必有邻。学习是与仁者为伍，见贤思齐的活动。修养使人增加智慧，澄明人性，获得德性之知，为善的实现提供源于个体的助力。克己是在学习基础上，克制和消除身上存在的、不符合人本性的东西的活动。它要求以德性之知蕴含的天下之理为标准，以自觉到的人性为标准，抑制恶念，消除恶言、恶行，斩断恶的根源，消灭源于个体的恶。

德表现在个人修养上，即个人至善本性和现实人性修养的实际收获，是先验德性和经验德行的统一，是至善本性和日生日成的体用统一。衡量一个人是否有德，既要看德行的动机、觉悟，也要看德行的实践和效果。

具体而言：

一是个人“志于道”“喻于义”，具有“谋道不谋食”“忧道不忧贫”的高远追求、高尚动机；

二是格物穷理，认识把握天下之理，具备天下文明修养；

三是由自觉而自主、自由，具有帮助他人、民众，以至天下所有人，认识、解决现实生产生活问题的能力。一个有德的人，意味着他自己有修养，有能力替他人、民众解决问题，排忧解难，如发展生产，提高民众生活水平等。这种修养、能力是统一的，即所谓德才兼备，统称道德修养。一个人有道德修养，是其有功德的前提条件、必要准备。教化乡里，得志行道，则是将道德修养转化为社会历史功德的途径。

道德教化在本质上是人性教化，即帮助他人自觉和实现其人性的过程。人性本善，德必有邻。人性或道德要实现自己，也有理论的力量和实践的力量实现自己，这是道德教化的理论基础。道德教化的重点，是帮助他人获得学习能力和克己能力，以扬其善而抑其恶。

推己及人，仁民爱物，仁政是德治的表现，依靠道德修养的不断提高而王天下的王道政治是德治的实质。德表现于人际关系，即施恩于人，造福子孙后代的恩德。为社会、国家做贡献，造福桑梓、乡里，有功德于民，是为有德。如墨子认为，“利人”乃是“天德”。[①] 董仲舒更从君权依据角度立论。他说：“且天之生民，非为王也，而天立王以为民也。故其德足以安乐民者，天予之；其恶足以贼害民者，天夺之。”[②] 在天、君、民的关系中，董仲舒强调天“生民”“为民”而“非为王”因素，强调王位的给予或被剥夺，就在于王的德行是否足以“安乐民”。

这表明，一个人是否有德，从社会历史角度看，不只要由自己感受和评价，而且也被他人评价，任后人评说。在此，道德或人性的运动机理是：一个人施恩于他人，治国者有功德于民，他人、民众或子孙后代享有其德惠，油然而生感恩之心，是为恩德。感恩的对象遂被感恩者视为有德。故我们常见，前辈有大德，多由其苗裔代代缅怀；治国者如有大功德，不仅其后裔，而且许多民众也歌乐颂扬，传之千古。

学生评价老师，孔门是典型。颜回赞颂老师孔子“仰之弥高，钻之弥坚，瞻之在前，忽焉在后”[③]，子贡则说：老师的地位高如日月，“无得而逾焉”，老师的门墙很高，学生有“不得其门

---

① 《墨子·天志下》。

② 《春秋繁露·尧舜不擅移汤武不专杀》，苏舆《春秋繁露义证》本，北京：中华书局，1992。

③ 《论语·子罕》。

而入”① 之感。可见，老师由学生评价，在上者被在下者评价，强者被弱者评价。

公道自在人心，决定者影响了被决定者，决定者是否有德，由被决定者评价，也是社会规则。借助此规则，在不平等的现实社会里，人格平等得以部分实现。“功德——恩德——福德——有德”，是道德的人际关系运动法则。依据此规则，社会舆论遂成为道德评价的重要途径和保障。

社会舆论的基础是民众心性深处潜藏的道德意识。道德意识根深蒂固，如孟子所谓恻隐之心，直抵人的良心、本性。小孩看电影、电视，先要分个好人坏人，可谓道德意识的觉醒。弱者有无资格、能力评价强者？在德治历史上，大家逐步形成了共识，即民心民意里潜藏着义理。

张载阐明了其道理，认为其中主要有两点：一是事情不牵涉自己的私利，二是要众人之心同一。他说：“民虽至愚无知，惟于私己然后昏而不明，至于事不干碍处，则自是公明。大抵众所向者必是义理也，理则天道存焉。”又说：“一人私见固不足尽，至于众人之心同一则却是义理”②。

由此可以得出结论，他人对自己的看法，民众对官员的品评，媒体的报道、点评，历史记载和评价，作为社会舆论的主要方面，也是道德评价的主要渠道，是有其道德意识基础的，应该肯定。在道德滑坡、诚信难立的时代，应该充分发挥公共舆论的道德评价作用。

---

① 《论语·子张》。

② 《经学理窟·诗书》，《张载集》，第二五六至二五七、二五六页。

## 二、张载对“德治”思想的理论贡献

德治思想有几个要点，张载均做出了贡献。

**第一，德治的理论基础是天人合一的世界观，张载明确提出“天人合一”命题，并发掘了其中的政治哲学含义和道德修养境界意义。**

“天人合一”是德治思想的依据、准则和理想，德治即天人合一的世界本真状态在社会政治活动中的表现。德治源于西周以来的礼治，礼治正是天人合一的治国模式。其基本模式是：皇天无亲，天命靡常，但它“惟德是辅”[①]，上天只保佑有德的君王；而君王是否有德，上天从民众那里了解、判定。天生烝民，有物有则。上天使天子奉承天命以治民，天子则以其“敬天保民”“明德慎罚”政策而获得民心民意，进而得到上天眷顾；“天矜于民。民之所欲，天必从之”[②]，民众则借助“天视自我民视，天听自我民听”[③] 而制约君王，影响君王的政策。天、君、民的政治活动，均围绕“德”进行，并由此实现天人合一。这可以看作是我国古代德治的萌芽，而且其中蕴含着天人合一的思想框架。

从整个儒学思想看，天人合一包括天生人——具体化为天生人成、天命人性、天意民心——的过程，也包括人后天借助修养而与天合一的过程，是先天与后天、先验与经验、先天禀赋与后天勤奋努力的统一。孔子提出“天生德于予”“知天命”“知命”等主张，《中庸》有“天命之谓性，率性之谓道，修道之谓教”

---

① 《尚书·蔡仲之命》。

② 《尚书·泰誓上》。

③ 《尚书·太誓中》。

说，孟子提出人“固有”良知，故应“尽心知性知天”“存心养性事天”说，有“万物皆备于我”说等，天人合一思想均暗含其中。

张载则从修养角度将天人合一思想明确化为诚明合一说。他说：“儒者则因明致诚，因诚致明，天人合一，致学而可以成圣，得天而未始遗人”，提出了“一天人”① 主张。其“民胞物与”说，认为乾坤是大父母，所有人皆同胞兄弟，天地万物和人有内在血脉联系，休戚相关，也从修养境界角度体现了天人合一特征。

天人合一，指人的身体、自然生命乃天生人成的产物，人的本性与天道统一。人性的自觉和实现必须在认识和实践天道的基础上才有可能，人的精神的昂扬、主体性的挺立，只有在致良知的基础上才有可能。其中，道德或人的本性，正是天人合一的桥梁、中介，人们进行道德修养，并推己及人，齐家治国平天下，则是达到天人合一的圣人境界的必由之路。在儒家思想中，天人合一的中介，呈现为内圣外王的历程。道德修养是内圣，推己及人、齐家治国平天下是外王。德治是外王的总称，其基础就是道德修养。

在张载看来，天人合一落实到社会政治活动中，表现在几个方面：

**其一，政治活动的出发点是天人合一的道德。**天生德于人，人性本善，内含仁义道德，人的一切活动，包括政治活动，都在于帮助道德的觉悟和道德的实现。政治权力是道德的表现，政权应该建立在道德基础上，政治权位则有德者居之，任用贤能治国

① 《正蒙·乾称篇》，《张载集》，第六四、六五页。

只是其部分表现。照德治的理论上说，最有道德的应该做天子，故天子既是天之子，天命所归，有权治民，可以代天立言，又是民众在上天面前的代表，有权敬天、祭天，为民请命。故有道德支持的权力，一定意味着奉天承运与民意的统一。

**其二，政治活动的基础、准则和理想，都在于天人合一的道德。**政治的任务在实现正义，继善成性，继天立极，政治黑暗时甚至不排除有人奋起为民请命、替天行道，政治活动的宗旨在于帮助所有人成为理想的人，为天地立心。

**其三，政治主体、权力主体是道德或义理，而道德或义理，正是天人合一的表现。**张载认为，决定政权命运、政治走向的主体，是天命和民意，是天人合一的意志；而天意和民意、天理和民心有内在联系。他断定："众人之心同一则却是义理，总之则却是天"；"大抵天道不可得而见，惟占之于民，人所悦则天必悦之，所恶则天必恶之，只为人心至公也，至众也。……故欲知天者，占之于人可也。"（《经学理窟·诗书》）民心民意与天命内在统一于"义理"的思想，体现了理学的理论特色，从根本上淡化了君权的神圣性，为有民主色彩的民本政治提供了理论根据。

从我国古代德治思想史看，张载明确提出"天人合一"命题，丰富了"天人合一"作为政治哲学命题的内涵，凸显了它作为德治的理论基础的地位和作用，使它从一般哲学命题具体化为我国古代德治思想的首要政治哲学命题。

**第二，德治的认识基础是道德认识，即人们对人性的自觉，人性本善是德治思想的逻辑前提，德治即人自觉到的至善本性在政治活动中的引申和运用。**在张载看来，德治的认识基础主要不是见闻之知或"闻见小知"，因为这种见闻之知乃是对象性的"物交而知"，难以见到人之所以为人的本质所在；而是非对象性的、主体反思的“德性所知”，即人的“天德良知”[①]。儒家所谓德性，即道德，也就是今人所谓人的本性。德性所知，亦即人性的自觉；其实践要旨也在于依据觉悟到的人的本性，进行政治活动，帮助其他人觉悟自己的本性，在社会上推广和实现源于至善本性的正义，最终全面实现人的本性。德性之知源于《大学》在明明德、格物致知，《中庸》“明诚”，孟子尽心知性知天、存心养性事天，它主要不是经验的见闻之知，而是对人的本质、人的主体性、人本性与天道的统一性有深刻直观，对天人合一有理性认识、使命担当。在张载看来，人们认识到德性之知，就表明达到了诚明境界，也就是达到了天人合一的圣人境界。由这样的人来治国，因为认识掌握了天下之理，故能真正实践德治或仁政，为万世开太平。

**第三，有德者有其位，无德者无其位，德（道德修养）与位（权位）统一，让道德为权力提供合理性、正当性、合法性依据，让权力成为实现道德理想的工具，乃是德治的基本原则和政治理想**[②]。之所以称为德治，关键在此。权力会使人异化，绝对权力绝对异化，德治是从根本上防止和解决权力异化的治国模式。根据德治的德位统一原则，道德修养是进行德治的前提和基础，治国理政只是治国者道德修养的自然运用和表现。孔子说“政者正也”，又说“义以为上”。人性修养必然在政治活动中表现出来，使政治成为实现道德正义的活动，成为人性政治、良心政治。

---

① 《正蒙·大心篇》和《诚明篇》，《张载集》，第二〇、二四页。

② 孔子提出“为政以德”（《论语·为政》）主张，又说“有德者必有言”（《论语·宪问》）。《中庸》将“德治”说发挥为德位统一的德治原则：“德为圣人，尊为天子，富有四海之内。宗庙飨之，子孙保之。故大德必得其位，必得其禄，必得其名，必得其寿”；“虽有其位，苟无其德，不敢作礼乐焉；虽有其德，苟无其位，亦不敢作礼乐焉。”

从历史看，德位统一思想应渊源于西周时期。周人认为“皇天无亲，惟德是辅”，提出“明德慎罚”等国策，已经意识到政治权力的来源、基础、性能都在道德。王国维认为殷周剧变，关键在周人制礼作乐，封邦建国，将国家制度建立在道德基础上，此说实属深刻洞见。

孔子所提倡的君子人格，也含有德位统一的意思。君子本指治国者，孔子君子观凸显了道德修养对于君子的本质意义，实际上暗含着要求道德修养和权位统一的意思。孟子主张民贵君轻，谈到权力的依据有“天受”和“民受”两个方面，他强调“民受”是权力稳固的主要条件。儒家反复强调治国者应有道德修养，有道德修养的贤能之士应该入仕得位，目的正在于将权力的合理性、正当性、合法性建立于道德基础上。故在政治人才培养上，应“仕而优则学，学而优则仕”[1]；在治国用人上，要“尊贤使能”，使“贤者在位，能者在职”[2]。如果德位不统一，“不仁者而在高位”，则治国者不仅不能实现正义，反而只能“播其恶于众”[3]。可见，选贤与能被认为是实现德位统一的根本途径。

在张载看来，德治的理想之一，即在治国者的构成上，主要有两个层次：一是达到诚明境界的圣人，由圣人来治国；二是民众则皆为“成身成性以为功”[4] 的君子。张载封建说，也有此意。

**第四，德治的主要政策措施是发展经济生产、改善民众生活，然后进行道德教化。**在德治思想中，道德教化的物质基础是经济生产生活。孔子有富而后教说，孟子有制民之产、有恒产而

① 《论语·子张》。

② 《孟子·公孙丑上》。

③ 《孟子·离娄上》。

④ 《正蒙·中正篇》，《张载集》，第二七页。

后有恒心说，荀子有强本节用而后明分使群说，都将道德教化建立于经济生产生活基础上。张载则认为，君子虽然自己要“喻于义”，但对待民众却要注意“利”，而且他肯定地说：“利，利于民则可谓利，利于身、利于国皆非利也”①。这就细化了董仲舒“以仁爱人，以义正我”说，将仁爱他人具体化为有利于民众。

道德教化和道德修养一体两面，修养是基础，教化是引申和应用。儒家以德治国，关键在发展教育文化事业，提高全民修养和能力。修养的主要内容是“在明明德”，在人生实践基础上觉悟人之所以为人所固有的光明本性，成为理想的人，并推己及人，“明明德于天下”，从而实现天下大同的理想社会；具体路径是《大学》“三纲领”“八条目”，以修身为本，在格物、致知、诚意、正心基础上，齐家、治国、平天下。“平天下”即“明明德于天下”。

此外，道德教化的文化基础，则是办学校、书院，发展教育文化事业，不断提高民众的文明修养水平。道德教化的主要方式，不是强制灌输，而是治国者以身作则，做出榜样，熏习、感染、影响民众。道德教化的主要内容，是遵循民本原则，传道解惑，帮助所有人修身养性，遵守礼法规范，自觉和实现人性，直到“明明德于天下”。用张载的话说，即“立必俱立，知必周知，爱必兼爱，成不独成”②。

历史上的德治包含了刑罚的法治意义在内。在德治中，刑罚是迫不得已的最后手段；“无讼”才是理想的社会状态。治国者既使用刑罚手段，也服务于道德教化目的。惩罚人、杀人，威慑

① 《张子语录·语录中》，《张载集》，第三二三页。

② 《正蒙·诚明篇》，《张载集》，第二一页。

人、恐吓人，以刑去刑，本身不是目的。

**第五，张载“为万世开太平”说是我国古代“德治”理想的新表述。**张载“为万世开太平”说，可以视为古代儒家治国智慧的重要组成部分，具有重要现实意义。

在我国古代历史上，治世屈指可数，每次治世维持时间也有限。从治世说，成康之治40年，文景之治约40年，贞观之治22年，加上后来的开元盛世，713~741年，也只有28年，都不能维持长久。长治久安只是思想家、政治家和民众的设想、向往，从未真正变成现实。从朝代说，强大的汉（前202~220）、唐（618~907）二朝，加起来才711年，最长的周朝也不过800年。谁不想传之万世呢？秦始皇自称始皇帝，也希望二世、三世直到万世，结果二世而亡。万世之说，成为空中楼阁。

在张载看来，实行德治，治国者必须“有大功德者”。治国者要有仁心，强明果敢，加上宰相有才，才能实行井田、封建等德治措施。汉唐治世明君，如“唐太宗虽英明，亦不可谓之仁主；孝文虽有仁心，然所施者浅近，但能省刑罚，薄税敛，不惨酷而已。”① 显然，张载提出“万世太平”理想，是超越历史，超越汉唐的。

关于太平，《大学》提出平天下的理想，《礼记·礼运》形成大同、小康社会理想。道教经典《太平经》，表达了民众对社会太平理想的期盼。“平天下”本《大学》八条目之一，可谓儒家德治理想社会的标准表述形式，影响很大。张载将太平与万世结合，实际上将儒家德治思想推进到一个历史的新阶段。

① 《经学理窟·周礼》，《张载集》第二五一页。

## 三、井田说、封建说的德治意义

德治的具体政治主张，不同时代会根据不同历史条件而略有不同。如孔子针对礼坏乐崩状况而有君君臣臣主张，针对血缘继承而有任用“野人”贤能的主张，针对民众贫困而有百姓富足、富而后教的主张等。孟子则针对战国时期血缘继承而有尊贤使能的主张，针对民众贫困而有“制民之产”、使民众有恒产的主张，针对杀人盈野状况而提出反对不义战争等。

孔子主张学习和克己结合起来进行修养，定位政治活动的实质和宗旨就是实现正义，方法是以身作则，推己及人；提出“不患寡而患不均，不患贫而患不安”①，注意到公平对于社会稳定的重要性、不公对社会稳定的破坏性。张载认为，“贫富不均，教养无法，虽欲言治，皆苟而已”②；主张以礼治国，“欲养民当自井田始，治民则教化、刑罚俱不出于礼外”③。张载认识到经济制度对治国的基础性作用，甚为难得；礼法相比，礼以修养为基础，强调自觉、自律，法则是强制性规范，没有自觉、自律，难免有法不依，执法不严，法律条文成为具文。

针对北宋政治高度集权、社会贫富不均等弊端，张载提出了井田说、封建论。过去人们习惯从国家统一角度，比较封建制和郡县制的得失，评定封建说；没有注意到张载封建制和井田制、宗法制一起，重点不在反对郡县制，而在反对君主专制独裁，批判贫富不均，希望通过土地制度、政治体制、社会制度的改革，

---

① 《论语·季氏》。

② 吕大临《横渠先生形状》，《张载集》，第三八四页。

③ 《经学理窟·礼乐》，《张载集》

追求实现公天下的德治目的。

井田制是张载的核心经济主张。张载井田主张虽有特定历史针对性，但并非就事论事，而是他“语治则必期于三代”[①] 的社会政治理想在经济制度上的落实。他说：“治天下不由井地，终无由得平。周道只是均平。”[②] 实施井田的方案是：先将土地收归国有，而后分给农民，“先以天下之地棊步划定，使人受一方，则自是均”。原地主也“使不失其为富”，办法是“随土地多少与一官，使有租税”，让他们做“田官”，收 1/10 的租税；但这只是暂时，而非世袭，“及一二十年”，改为“择贤”任能。

张载井田说的实质是民本思想，落实孔门“百姓足，君孰与不足！百姓不足，君孰与足”[③] 精神，通过让土地共有、耕者有其田，以确保社会公正、平等，抑制剥削和贫富分化。

针对私天下的现实，在政体上，张载主张简政放权，与天下人共治天下，实现公天下，是张载封建说的宗旨。

他分析说：“井田卒归于封建乃定。……所以必要封建者，天下之事，分得简则治之精，不简则不精，故圣人必以天下分之于人，则事无不治者。”“圣人立法，必计后世子孙”，如果是周公当政，固然可以治理好国家，但后来者谁有这能力？治国者完全不必要“纷纷必亲天下之事”。封建的好处还在于，“不肖者复逐之”，有众人监督，奸佞小人难以得志。西周封建解体，只是因为“朝廷大不能治”导致的结果。柳宗元等认为“秦不封建为得策，此不知圣人之意也”[④]。“圣人之意”就是抑私而扬公，抑

---

① 汪伟《横渠经学理窟序》，《张载集》第二四七页。

② 《经学理窟·周礼》，《张载集》第二四八页。

③ 《论语·颜渊》。

④ 《经学理窟·周礼》，《张载集》第二五一页。

不平而成均平。他猛烈批判后世“以天子之威而敛夺人财”的私天下行径。

张载还提出宗法主张，作为社会建设的要点。马克思认为共产主义社会是“自由人的联合体”，国家已经消亡，家庭还当存在。和睦幸福的家庭，总是财产公有，家庭成员恩爱有加，相互平等，忘我奉献，故可以将家庭看成“自由人的联合体”的原始形式。中国社会主义社会建设理应重视家庭建设，总结和弘扬优良家风，固本培元，以构建和谐社会。在资本的消极作用下，现实社会不稳、难安，和家庭这一社会危机“防洪闸”“诊疗室”未能发挥应有作用关系极大。既然重视家庭建设，对我国历史上的宗法思想理应重新评价。

张载说：“管摄天下人心，收宗族，厚风俗，使人不忘本，须是明谱系世族与立宗子法。宗法不立，则人不知统系来处。古人亦鲜有不知来处者，宗子法废，后世尚谱牒，犹有遗风。谱牒又废，人家不知来处，无百年之家。骨肉无统，虽至亲，恩亦薄。”① 实行宗法的实质是利用血缘亲情和优良家风，抑制自私自利泛滥，小则传家，大可保国。因为“公卿各保其家，忠义岂有不立？忠义既立，朝廷之本岂有不固？今骤得富贵者，止能为三四十年之计。造宅一区及其所有，既死则众子分裂，未几荡尽，则家遂不存。如此则家且不能保，又安能保国家！”②

所言甚为有理。因为家庭是社会的细胞，家庭和谐是社会和谐的基础，优良家风的传承是优秀传统文化传承的基础、途径和重要方面。没有家庭优秀文化的传承，民族优秀文化传承只能是

① 《经学理窟·宗法》，《张载集》第二五八至二五九页。

② 《经学理窟·宗法》，《张载集》第二五九页。

空中楼阁。故近代冯桂芬也力主“复宗法”，认为宗法是“佐国家养民、教民之原本”；乱民不是天生如此，源于家庭或宗法废坏，“不养不教”。本来，地方官员有教养责任，但“养，不能解衣推食”，“教，不能家至户到”；即使能够这样做，也“尊而不亲，广而不切”（《校邠庐抗议·复宗法议》），只有父兄亲、宗法切。宗法复，则盗贼、邪教、争讼械斗之事不会发生，保甲、社仓、团练之事可以推行，社会自然稳定。

**张茂泽**，现任西北大学中国思想文化研究所教授，德国图宾根大学访问学者，主要从事中国儒学史、中国宗教思想史、中国现代学术思想史研究。

著有：《贺麟学术思想述论》《金岳霖逻辑哲学述评》《孔孟学述》《中国现代学术思想史论集》《中国思想文化十八讲（修订版）》《中国思想学说史》先秦卷、《名学篇》等著作十余部。

# “入圣之机”
## ——对王阳明“一念发动处便即是行”之另类解读

陈立胜

从人之存有上说，“一念发动处便即是行”，乃揭示出人之存有的无限性与有限性交织这一特殊性质。

将“一念发动处便即是行”命题解读为一“入圣之机命题”、一“励志命题”，既能体现阳明透过此命题而激发读者成圣之信心与决心这一用意，同时亦能涵括“警示命题”“克念功夫命题”解读路径所揭示的对恶念不容姑息、斩钉截铁的态度。

——陈立胜

一

**“一念发动处便即是行”，乃王阳明知行合一思想之中的一个重要命题，亦是极富有阳明运思特点的一个命题。**该命题出自

《传习录》：问知行合一。先生曰，“此须识我立言宗旨。今人学问，只因知行分作两件，故有一念发动，虽是不善，然却未曾行，便不去禁止。我今说个知行合一，正要人晓得一念发动处，便即是行了。发动处有不善，就将这不善的念克倒了。须要彻根彻底，不使那一念不善潜伏在胸中。此是我立言宗旨。[①]

当代学界对这个命题的理解与阐述，大致已成“共识”，即这个“命题”并不能完整地反映阳明知行合一的思想，因为这一“销行入知”命题跟阳明一贯重行的“销知入行”思想存在明显的“紧张”，更为严重的是，如果不对这一命题的适用范围加以区别与限制，则必致道德实践方面的流弊。

具体而言，“在理学的伦理学中把道德修养分为‘为善’和‘去恶’两个方面，从这个角度来看，提出一念发动即是行，对于矫治‘一念发动虽是不善，然却未曾行，便不去禁止’有正面的积极作用；然而，如果这个‘一念发动’不是恶念，而是善念，能否说‘一念发动是善，即是行善’了呢？如果人只停留在意念的善，而并不付诸社会行为，这不正是阳明所要批判的‘知而不行’吗？可见，一念发动即是行，这个说法只体现了知行合一的一个方面，它只适用于‘去恶’，并不适用于‘为善’，阳明的知行合一思想显然是不能归结为‘一念发动即是行’的。”[②]

---

① 陈荣捷：《王阳明传习录详注集评》226：302～303，台湾学生书局，2006年修订版。“：”前数码为条目，后为页码。下文简称《传习录》，且随文标出。

② 陈来：《有无之境：王阳明哲学的精神》，人民出版社，1997年，第107～108页。另参《宋明理学》（第二版），华东师范大学出版社，2004年，页212。近有台湾学人蔡九龙接着陈来先生所阐述的区别引申说，必须在“善念不是行”“恶念却是行”做出“双重判准”，才能显示出阳明知行合一教法的特殊处与细微处。见氏著：《王阳明“知行合一”的再研议》，《哲学论评》第46期（2013年10月），台湾大学出版中心，第121～156页。

**于此看来，阳明“一念发动处便即是行”在逻辑上蕴含着概念内涵的混淆，表现出以知为行、以念为行的倾向，这无疑有其道德涵养上的考虑：把观念上的恶等同于实践上的恶，旨在根绝观念层面的不良动机，这是王阳明讲知行合一的宗旨，但是这一说法，即便是从道德涵养上看，也有自身的问题。道德本质上实践的，不良动机的消除固然有助于避免恶的动机外化为恶的结果，但善的动机却很难视为善的行为本身：如果善念即是善行，则一切道德实践便成为多余的了。**[1]

实际上，这种“后果很严重”的质疑由来已久。早在阳明居越期间，张净峰就跟阳明当面指出“知之真切处即是行”分明是“以知为行”，“其弊将使人张皇其虚空见解，不复知有践履。”[2] 阳明去世后不久，胡瓒宗就批评阳明知行合一说弊端所在：“夫苟好善也，即谓之好已行矣，而仁义未见其如何由之也，好果行乎？苟恶恶也，即谓之恶已恶矣，而私欲未见如何克之也，恶果行乎？”[3] 后来王船山批评阳明知行合一说是以“不行为行”，其用意亦不外于此：“若夫陆子静、杨诚斋、王伯安之为言也，吾知之矣。彼非谓知之可后也，其所谓知者非知，而行者非行也。知者非知，然而犹有其知也，亦惝然若有所见也；行者非行，则确乎其非行，而以其所知为行也。以知为行，则以不行为行，而人之伦、物之理，若或见之，不以身

---

① 杨国荣：《心学之思：王阳明哲学的阐释》，北京三联书店，1997 年，第 209 页。

② 张岳著、林海权 徐启庭点校：《小山类稿》卷六，福建人民出版社，2000 年，第 109 页。

③ 胡缵宗：《愿学编》卷上，《续修四库丛书·子部·儒家类》第 938 册，上海古籍出版社，2002 年，第 424 页。

心尝试焉。”①

既要维持阳明“一念发动处便即是行”命题的有效性，又要避免上述“后果很严重”之指责，看来，一个可行的办法即是对“一念发动处”之“一念”加以限定，即“一念”之“念”仅限于“恶念”。**也就是说，“一念发动处便即是行”这一命题乃是一“警示命题”“克念功夫命题”，其意义即在于对“一念发动处”会流于“恶”之可能性应当保持足够的警惕。这自是维系王阳明“一念发动处便即是行”命题有效性的一种解读。**

确实，传统文献通常把“行”只理解为外显的举止行为，如救人行为、亲民行为、事亲行为等，阳明知行合一说则扩展了“行”的蕴涵，将“行”上挪于“知”之中，把行动最早发动的“意”“意念”也看作是“行”，讲一念发动处便就是行，依照阳明所自述之宗旨，其用意就是要重视“念”之在修身功夫中的重要性。吾人气拘物蔽，日熏日染，待人接物，闲居独处，念起念灭。或白日做梦，想入非非；或为物诱，而生邪思妄念。虽偶有所觉，亦不深究。究其实际，不外阳明所说人之自欺、自慰心理作祟：也就想想而已，何必当真。习语说有色心，无色胆。故未曾行，不必禁。如此，克治之功遂被延宕，各种杂思邪念日积月累，渐成积习，遂致积重难返。今阳明大声喝破：念不只是“念”，念就是“行”，不要放过、不要窝藏。“念”是心中“鼠”，要像猫一样警醒，见之即逮：“省察克治之功，则无时而可间。如去盗贼，须有个扫除廓清之意。

① 王船山、王孝鱼点校：《尚书引义》卷三，北京：中华书局，1962 年，第 66 页。

无事时，将好色好货好名等私，逐一追究搜寻出来。定要拔去病根，永不复起，方始为快。常如猫之捕鼠。一眼看着，一耳听着。才有一念萌动，即与克去。斩钉截铁，不可姑容与他方便。不可窝藏。不可放他出路。方是真实用功。方能扫除廓清。”（《传习录》39：75）“念”是心中“贼”，务要扫荡廓清：“某向在横水，尝寄书仕德云：‘破山中贼易，破心中贼难。’区区翦除鼠窃，何足为异？若诸贤扫荡心腹之寇，以收廓清平定之功，此诚大丈夫不世之伟绩。”① “一念”事原来如此之大！切勿再因“未曾行”便不去禁止。

阳明尚用刀割、针刺之喻说明此“一念”之切身性：“这心之本体，原只是个天理。原无非礼。这个便是汝之真己。这个真己，是躯壳的主宰。若无真己，便无躯壳。真是有之即生，无之即死。汝若真为那个躯壳的己，必须用着这个真己。便须常常保守着这个真己的本体。戒慎不睹，恐惧不闻。惟恐亏损了他一些。才有一毫非礼萌动，便如刀割，如针刺。忍耐不过。必须去了刀，拔了针。这才是有为己之心，方能克己。”（《传习录》122：146）如此说知行合一，真是“丝丝见血”也。② “克己须要扫除廓清，一毫不存方是；有一毫在，则众恶相引而来。”在此，“一念发动处便即是行”实是一克念功夫命题，这种“一念发动处便即是行”之克念功夫本是修身活动之通义。

由上所述，将“一念发动处便即是行”解读为一“警示命

① 《与杨仕德薛尚谦》，王阳明撰、吴光等编校：《王阳明全集》卷四，上海古籍出版社，1992 年，第 168 页。

② 黄宗羲著、沈芝盈点校：《明儒学案》卷十，中华书局，1985 年，第 210 页。

题”、一“克念功夫命题”，将该命题之中的“念”严格限定为“恶念”，在阳明那里自可以找到大量的文字支持。

## 二

然而，如将“一念发动处便即是行”之“一念发动”严格限定在“恶念”上面，会遇到文本上的问题，毕竟阳明本人并未做出如此的限定，更为重要的是，在另一处明确阐述该命题的文字中，阳明的立论并不限于“恶念”上面：

门人有疑知行合一之说者。直曰，“知行自是合一。如今人能行孝，方谓之知孝。能行弟，方谓之知弟。不是只晓得孝字弟字，遽谓之知。”先生曰，“尔说固是。但要晓得一念动处，便是知，亦便是行。”（《传习录》拾遗19：400）

这段文字跟上述第一处“一念发动处便即是行”文字最大的差别是，第一处文字的例子是“不善的念”，这处文字则是接着弟子“知孝”“知弟”的说法，而直接加以肯定说，一念发动处，便是“知”、便是“行”，显然，此处之“念”是“善的念”。倘如此，一念孝，便是知孝、便是行孝，此不正是坐实了前人对阳明“以不行为行”之批评？阳明在这里也并未做出“善念不是行”“恶念却是行”之“双重判准”。显然把“一念发动处便即是行”作为一“警示命题”“克念功夫命题”来解读遇到了麻烦。

这个麻烦提醒我们，对“一念发动处便即是行”命题之解读不得不改辙易途，另辟蹊径。**笔者在此尝试另一种解读途径，即**

**把这一命题不再仅仅视为一警示命题、一“克念功夫命题”，而是理解为一“入圣之机”命题、一“励志命题”，这种新的理解途径既不需要对命题之中的“一念”加以限定，但同时又可以避免“后果很严重”之质疑。**[①]

何谓“入圣之机”？其义不外乎说，一念发动处，即是修身工夫、修行“入处”。对于“发动处有不善”，既“知”之为“不善”，则当下克之；对于“发动处有善”，既“知”之为“善”，则当下为之。**换言之，对“一念发动处”之当下省察即是修身工夫、修身行动之关键所在。**故阳明“一念发动处便即是行”命题不应限于只是针对“恶念”立论的。这还可以从其《谨斋说》一文中找到端倪：

博学也，审问也，慎思也，明辨也，笃行也，皆谨守其心之功也。谨守其心者，无声之中而常若闻焉，无形之中而常若睹焉。故倾耳而听之，惟恐其或缪也；注目而视之，惟恐其或逸也。是故至微而显，至隐而见，善恶之萌而纤毫莫遁，由其能谨也。谨则存，存则明；明则其察之也精，其存之也一。昧焉而弗

① 笔者这一解读乃受李明辉先生之启发，李明辉认为将“一念发动处即是行”进行“去恶”与“为善”之区别，并将其使用范围严格限制在“去恶”方面，乃是“多此一举”，他给出的理由是要疏解出两种意义上的“行”：一者是具体的道德行动，如事亲、治民、读书、听讼，一者是就意、念发动而言的行。由此亦有两种意义上的知行合一：就意、念发动而言的行，知是知非（知）与好善恶恶（行）是一回事，知即是行，而就具体的道德行动而言，知行则是一种内外、先后的关系，知行合一只是意味着在本质上两者不可分离。有此疏解，担心“一念发动是善，即是善行”从而导致“知而不行”之弊端，即成多余，因为“知而不行”中的“知”非“真知”（“知而不行，只是不知”），“行”也显然不是指意、念之发动，而是指具体的道德行为。见氏著：《从康德的实践哲学论王阳明的“知行合一”说》，《中国文哲研究辑刊》，1994 年第 4 期，第 415～440 页。

知，过焉而弗觉，弗之谨也已。故谨守其心，于其善之萌焉，若食之充饱也；若抱赤子而履春冰，惟恐其或陷也；若捧万金之璧而临千仞之崖，惟恐其或坠也；其不善之萌焉，若鸩毒之投于羹也，若虎蛇横集而思所以避之也，若盗贼之侵陵而思所以胜之也。古之君子所以凝至道而成盛德，未有不由于斯者。虽尧、舜、文王之圣，然且兢兢业业，而况于学者乎！后之言学者，舍心而外求，是以支离决裂，愈难而愈远，吾甚悲焉！[①]

文中“善恶之萌”显系善念与恶念之“发动”，在此“处”（无论是善的念头还是恶的念头），都不要放过，要“谨慎”待之：对善的念头要珍惜，要养此善意，像是抱着孩子走在春天的薄冰上面，就怕一步不慎，陷于水中，又像是捧着天价的和氏璧站在悬崖峭壁上，唯恐不慎而坠入深渊；而对待恶的念头，就像见到猛虎毒蛇，一心要躲避，又像是遇到盗贼，想方设法要擒拿。要之，无论善念、恶念，一旦念动，即要下手，毋延宕、毋放过。

这种“入圣之机”的命题用今天的话说就是“励志命题”，此类命题在阳明文字中可谓屡见不鲜，如“立志而圣，则圣矣；立志而贤，则贤矣。”[②] 立志而圣则圣矣，当然不是说一立志就成了圣人，**其本义不过是说，立志就是成圣的入处。**阳明甚至有“一刻的圣人”的说法：“人心一刻纯乎天理，便是一刻的圣人。终身纯乎天理，便是终身的圣人。”[③]

① 《王阳明全集》卷七，第263~264页。

② 《数条示龙场诸生》，《王阳明全集》卷二十六，第974页。

③ 黄直纂辑、曾才汉校辑：《阳明先生遗言录》，《王阳明全集》（新编本）卷四十，第1598页。

有了上述之分疏，如将“念”不限定在“恶念”而是泛指一切念，会不会就意味着导致“知而不行”之弊，答案亦随之水落石出。“若真谓行即是知，恐其专求本心，遂遗物理。必有闇而不达之处。抑岂圣门知行并进之成法哉?”针对早年诗友顾东桥如此之质疑，阳明回应说：“知之真切笃实处，即是行，行之明觉精察处，即是知。知行工夫，本不可离。只为后世学者分作两截用功，失却知行本体，故有合一并进之说。真知即所以为行，不行不足谓之知……此虽吃紧救弊而发，然知行之体，本来如是。非以己意抑扬其间，姑为是说，以苟一时之效者也。”（《传习录》133：166）“真知即所以为行”，知是“恶”，倘为“真知”，则必克之，不克，则此知不足谓之（真）知；知是善，倘为真知，则必充实之，不充实，则此知不足谓之（真）知。陈九川问阳明如何致良知，阳明答曰：“尔那一点良知，是尔自家底准则。你意念着处，他是便知是，非便知非。更瞒他一些不得。尔只不要欺他。实实落落依着他做去。善便存，恶便去。他这里何等稳当快乐！此便是格物的真诀，致知的实功。”（《传习录》206：291）一念发动，良知便当即觉察，善念则存，恶念则去，此即是行（所谓“实实落落依着他做去”）。“一念发动处便即是行”命题不过是要表明致良知工夫这种当下做起、干净利落的性质而已。

## 三

或许，坚持“警示命题”“克念功夫命题”解读路径的学者会指出，《传习录》拾遗第19条的记载并不可靠，或者说至少并不完整。因为黄直纂辑、曾才汉校辑：《阳明先生遗言录》所录同一条目就更加详细：人有疑知行合一之说。黄以方语之曰："知行自是合一的。如人能行孝了，方唤做知孝，能行弟了，方唤做知弟。不成只晓得孝字与弟字，遽谓之知？"先生曰："尔说固是。但要晓得一念动处，便是知，亦便是行。如人在床上思量去偷人东西，此念动了，便是做贼。若还去偷，那个人只到半路转来，却也是贼。"而部永春等辑《皇明三儒言行要录》（卷十一）对同一条目亦有类似记载："但要晓得一念发动处，便是知，亦便是行。如人在床上思量去偷人东西，此念动了便是做贼。若还去偷，那个人只到半路转来却也是贼。"① 显然，这两个条目跟《传习录》拾遗第 19 条乃是对同一事件（黄直跟阳明的对话）之记载，只是这两个条目的例子均是"恶念是行"（"此念动了，便是做贼"）。

但是，阳明举的例子并不像本文开头所引《传习录》第 226 条那样是接着"恶的念头"（"一念发动，虽是不善，便不去禁止"）立论的，在最为完整的《阳明先生遗言录》所记条目中，"此念动了，便是做贼"的说法乃是承弟子"能行孝了""能行弟了"才可称"知孝""知弟"而发。或许在阳明看来，黄直"能行孝了""能行弟了"的说法虽不能说错（"尔说固是"——其实此说本来就是阳明自己所发："就如称某人知孝，某人知弟。必是其人已曾行孝行弟，方可称他知孝知弟。不成只是晓得说些孝弟的话，便可称为知孝弟？"见《传习录》5：33），但"能行孝了""能行弟了"显然均是指行动之完成，而"能行孝了"

① 吴光等编校：《王阳明全集》（新编本）（第 5 册）卷四十，浙江古籍出版社，2010 年，第 1597 页、第 1653 页。

“能行弟了”，方唤做“知孝”“知弟”这一说法，如理解稍有偏差，极易导向“知”与“行”乃是两个不同阶段之误会，而有悖于知行合一说。[①] 更为重要的是，行孝、行弟方可称知孝、知弟本是针对光说不做的口头英雄主义（“只是晓得说些孝弟的话”）而发的，对于已立志行孝、行弟的人，或者对于已起心偷盗的人，阳明当然不会说，立志行孝、行弟亦不是做孝弟之人，起心偷盗亦不是做贼。显然，阳明强调的重点始终扣紧在知行只是一个，说个知就有个行、说个行就有个知这一宗旨，而并不着意要突出只有恶念才是行、善念不是行这一所谓的“双重判准”。

实际上，倒有一个“善念也是行”的例子被坚持“警示命题”“克念功夫命题”解读路径的学者所忽视了：

艾铎问，“如何为天理？”先生曰，“就尔居丧上体验看。”曰，“人子孝亲，哀号哭泣。此孝心便是天理。”先生曰，“孝亲之心真切处才是天理。如真心去定省问安，虽不到床前，却也是孝。若无真切之心，虽日日定省问安，也只与扮戏相似，

---

① 对阳明知行关系之理解，一直存在着将知行“固化”为两个先后不同阶段（即便只是一逻辑意义上先后）之倾向，或是认为知行之间存在一由“内”（“知”/心理活动）及“外”（“行”/行为举止）的“异质的时间差”（heterogeneous gap），或是认为知行乃是“同一行动”之不同的阶段，知行之间实际上仍然存在一“同质的时间差”（homogeneous gap）。前者乃传统朱子学之立场（故对阳明知行合一大加批判），后者乃为阳明知行合一进行辩护的当今学者的立场（故对阳明知行合一之“合一”加以限定，认为知行合一只能取“根源意义”，而不能取“完成意义”）。笔者认为从阳明知行合一的义理系统、知行合一的整体论述以及知行合一作为一种工夫论说三个方面看，知行不是同一行动之先后不同的两个阶段，而是同一行动中交互渗透的两个向度。见陈立胜：《何种“合一”？为何“合一”？——王阳明知行合一说新论》，《贵阳学院学报》，2015 年第 3 期。

却不是孝。此便见心之真切，才为天理。”（《传习录》拾遗25：404）

这个例子完全可以对应于“半路转来也是贼”，一正一反，正说明阳明“一念发动处便即是行”命题并不只是针对“恶念”而言的。“心中仲尼”（个个心中有仲尼）与“心中贼”也是一正一反：在虔与于中谦之同侍，先生曰，“人胸中各有个圣人。只自信不及，都自埋倒了。”因顾于中曰，“尔胸中原是圣人。”于中起，不敢当。先生曰，“此是尔自家有的。如何要推？”于中又曰，“不敢。”先生曰，“众人皆有之。况在于中？却何故谦起来？谦亦不得。”于中乃笑受。又论“良知在人。随你如何，不能泯灭。虽盗贼亦自知不当为盗。唤他做贼，他还忸怩。”于中曰，“只是物欲遮蔽。良心在内，自不会失。如云自蔽日。日何尝失了。”先生曰，“于中如此聪明。他人见不及此。”（《传习录》207：292～293）“偷的念”动了，便是做贼；然而做贼时（念动时），良知无有不自知者（自知不当为盗），自知之，而能遏之、克之，则又“一念而善，即善人矣”。

其实，“好善”/“善善”（正）与“去恶”/“恶恶”（反）乃一机而互见。一念发动处，或是善念或是恶念（“有善有恶意之动”），有善念亦同时而起好善之念（“善念发而知之，而充之”），有恶念亦同时而起恶恶之念（“恶念发而知之，而遏之”），此“好善之念”与“恶恶之念”实是良知之一体两面（所谓一机而互见），是“天聪明”（《传习录》71：100）。致良知即是透此一机，“功夫不是透得这个真机，如何得他充实光辉？若能透得时，不由你聪明知解接得来。须胸中渣滓浑化，不使有毫发沾带始得。”（《传习录》264：325）“一念发动处便即是行”，点出了这个“真机”即在吾人一念发动处：在一念发动处，总是恒存着一“知善知恶”“善善恶恶”之明察与抉择的力量，[①] 能透此真机、体此明察与抉择之力量此即是入圣之把柄，即是王龙溪所说的“一念上取证”。[②] 这个一念上取证之功夫即是诚意功夫，即是“立命功夫”：先生尝谓人但得好善如好好色，恶恶如恶恶臭，便是圣人。直初时闻之，觉甚易。后体验得来此个功夫着实是难。如一念虽知好善恶恶，然不知不觉，又夹杂去了。才有夹杂，便不是好善如好色，恶恶如恶恶臭的心。善能实实的好，是无念不善矣。恶能实实的恶，是无念及恶矣。如何不是圣人？故圣人之学，只是一诚而已。（《传习录》229：305）先生曰，“人但一念善，便实实是好。一念恶，便实实是恶。如此才是学。不然，便是作伪。”尝问门人圣人说“知之为知之”二句，是何意思？二友不能答。先生曰，“要晓得圣人之学，只是一诚。”（《传习录》拾遗23：402）一友自叹私意萌时，分明自心知得。只是不能使他即去。先生曰，“你萌时这一知处便是你的命根。当下即去消磨，便是立命功夫。”（《传习录》333：379）

要之，**从人之存有上说，“一念发动处便即是行”，乃揭示出**

---

① 良知对吾一念发动之善恶当下即有一明察：良知者，孟子所谓“是非之心，人皆有之”者也。是非之心，不待虑而知，不待学而能，是故谓之良知。是乃天命之性，吾心之本体，自然灵昭明觉者也。凡意念之发，吾心之良知无有不自知者，其善欤，惟吾心之良知自知之；其不善欤，亦惟吾心之良知自知之；是皆无所与于他人者也。（《大学问》，《全集》卷二十六，第971页）良知对善恶之明察当下复又是一道德意志的抉择与自我肯定：“良知只是个是非之心。是非只是个好恶。只好恶，就尽了是非。只是非，就尽了万事万变。”又曰，“是非两字是个大规矩，巧处则存乎其人。”（《传习录》288：341）

② 王龙溪云：“阳明先师因后儒分知行为两件事，不得已说个合一。知非见解之谓，行非践蹈之谓，只从一念上取证。”见吴震点校、王龙溪著：《王畿集》卷七，凤凰出版社，2007年，第159页。

**人之存有的无限性与有限性交织这一特殊性质。**帕斯卡尔说过，世间只有两种人，一曰义人，他们相信自己是罪人；一曰罪人，他们相信自己是义人。[①] 罪人与义人之区别端在于“一信之间”，这“信”之内容彰显的是人对自己有限性的警醒与自觉。阳明则认为罪人与义人只在“一念之间”：人始终都有成圣之可能性，纵有气拘物蔽之“限”，但这只是一事实上的、后天的“有限”，在原则上他不会被限制住，他总有突破此“限”之可能，虽逆理乱常之极、虽昏塞之极，而良知未尝不明，（《传习录》152：214）一念而善，即是这一“破”限之开始；然而人同时也始终有被“限”之危险，一念而恶，即是他作茧自缚的开始。**从工夫论上，“一念之间”关乎圣凡、善恶之途辙，须慎之又慎，谨之又谨。如此，将“一念发动处便即是行”命题解读为一“入圣之机命题”、一“励志命题”，既能体现阳明透过此命题而激发读者成圣之信心与决心这一用意，同时亦能涵括“警示命题”“克念功夫命题”解读路径所揭示的对恶念不容姑息、斩钉截铁的态度。**

**陈立胜**，哲学博士、中山大学教授、北京大学人文高等研究院兼职研究员。

著有：《王阳明“万物一体论”：从“身－体”的立场看》《自我与世界：以问题为中心的现象学运动研究》《身体与诠释：宋明理学论集》《西方哲学初步》。

---

① 帕斯卡尔著、何兆武译：《思想录》，1985年，第236页。

# 从人工智能到大道智慧

## ——人工智能时代的中国文化

翟玉忠

从176万年前的阿舍利手斧到21世纪的人工智能，生产工具的改变如此之大——技术不仅重塑了人类，也重塑了整个地球。

2016年，Google公司的AlphaGo在与世界围棋冠军李世石的对局中，以4∶1的绝对优势击败李世石，再一次让世人对技术的进步叹为观止。2017年2月，软银CEO兼董事长孙正义（Masayoshi Son）在巴塞罗那"世界移动通讯大会"（Mobile World Congress tech conference）的讲演中断言：三十年内机器人数量和智力均将超越人类——"三十年后，你脚上所穿的鞋子或许会比你的大脑更加'智能'。"①

人工智能的巨大潜力逼迫世人思考：如果脑力劳动很大程度

① 孙正义：《三十年内机器人数量和智力均将超越人类》，访问日期：2017年9月4日。

上为我们自身所造的机器所取代，人类将何去何从？

**新事物会产生新问题，也会带来新机遇。人工智能也不例外，最好的办法，不是粗暴地否定它，而是去适应它。**要做到这一点，首先要解决的一个问题是：

**人是什么？**

如果人只是能制造工具的理性动物，那么无论是理性推理能力还是制造工具的能力，计算机都可能超过人。人不同于人工智能的最大特点是什么呢？我认为中国先贤说得对，人有自我约束的自由意志，有因人之情节制人欲的能力（礼义），能够去爱人（仁），适当地处理事务（义）。这是机器，乃至许多动植物所欠缺的。

1973 年长沙马王堆汉墓出土的帛书《五行》阐述了人与动植物的本质不同，文中说："如果考察草木的本性，其虽然有生命，但是没有好恶的感情。如果考察鸟兽的本性，其虽有好恶的感情，但是没有礼义道德。如果考察人的本性，就能够明确知道只有人类被赋予仁义之德。"（原文：循草木之性，则有生焉，而无好恶焉。循禽兽之性，则有好恶焉，而无礼义焉。循人之性，则巍然知独有仁义也。）

人工智能不具有自我意识，科学家们也没有弄清自我意识产生的机制。自然语言处理和搜索专家吴军博士在其《智能时代：大数据与智能革命重新定义未来》一书写道："每当我谈到机器智能对人类社会的冲击时，听众们总是要问：未来的时代是人的时代，还是机器的时代？我们是否会被机器控制？我的回答是：未来依然是人的时代，我们不会被机器控制，机器在完成任务时甚至不知道自己在做什么。比如，Google 的 AlphaGo，其实并不知道自己是在下棋。”①

由于经济和政治的极度不平等，人类会不会跌入“无用阶级”和“有用阶级”的巨大鸿沟，带来无穷的灾难，一如工业革命后人类经历巨大的苦难一样？

笔者认为这是可能的。**今天，我们需要未雨绸缪，用人类大历史的眼光，从生产力和生产关系的角度辩证地看待工人智能，让人工智能造福人类社会——杞人忧天式的思考和批判没有太多现实意义！**

## 一、人类万年未有之大变局

“万物生长靠太阳”告诉我们一个基本的事实：生活在地球上的人类主要依赖太阳的能源。但人不能如植物一样直接靠光合作用利用太阳能，只能间接利用它。从大历史的角度说，**生产力的发展意味着人类开发（接近）太阳能的能力越来越强，生产链条越来越长，社会组织越来越复杂化。**

随着人类改造自然越来越深入，来自太阳能源的利用越来越广泛，社会生产链条越来越长，今天，一架波音飞机的生产已经成为全球性的。近20万年来一个历史大趋势是：人类需要投入更多的工作时间和精力，以便拥有更多的财富、养活更多的人口——竞争和紧张已经成为一种现代病。

**人工智能改变这一切。那些由机器人参与设计，组织生产的自动化“黑灯工厂”，使人类从繁重的体力劳动和枯燥的脑力劳动中解放出来。它意味着生产方式的“原始化”，即人不再直接**

① 吴军：《智能时代：大数据与智能革命重新定义未来》，中信出版社，2016年，第365页。

**深入生产过程!**

我们以新、旧石器时代的大转折说明，人工智能出现以前生产方式变化的整体趋势。人类大多数时间都生活在旧石器时代，新石器时代农业革命和稳定定居生活于公元前9000年（?）才从西南亚地区开始，并迅速扩展到世界其他地区。从那时起，我们开始改造动物和植物的基因，让他们适应人类的生产生活。最初的转基因动植物是通过人类培育基因突变的种子，以某个物种纵向遗传的形式进行的，这与当代基因工程实施的跨特种横向基因转移完全不同——后者的风险需要我们认真评估。

一个重要的例证是对主食小麦的驯化。

农业社会，人类不仅驯化了动植物，也改变了整个地球面貌，今天地球上约有50%的土地用以放牧和种植。旧石器时代的人类曾经使各大陆的大型动物灭绝，却很少如农人一样改变地貌和物种基因——农业技术使我们以家养动物和种植的形式，更直接有效地利用太阳能源，拥有更高的生产力，养活更多的人口。

我们研究新石器时代巨大变化的时候，不应忽视旧石器时代的文化成就，并对当时的生活状态想入非非——这不利于我们从人类最漫长的生产生活经验中获得有益的启示。

人类文明建立于旧石器时代。当时人类开始使用火、弓箭和针，制造精美的岩画，并将自己的领地扩展到地球大部分地区。这是惊人的成就，因为其他的大型动物，与人类的广泛分布相近的，只有狮子。

不错，石器时代人们改造自然的能力还很低，主要靠采集和狩猎天然物种生活，一个人需要大约10平方千米土地。不能形成大型社会组织，一个地方的资源贫乏之后必须迁徙他方。人类学家估计，以血缘为纽带的采集和狩猎群体一般只有10至20个人，多数人一生遇到的人不足500个。

他们的生活注定食不果腹，悲惨凄凉吗？

世界上许多民族都有黄金时代的传说。庄子说，：上古之时，百姓保有他们固有的本能和天性，织布而后穿衣，耕种而后吃饭，这就是人类共有的德行和本能。人们的思想和行为浑然一体，没有一点儿偏私，任其自然。所以上古人类天性最完善，人们的行动总是稳重自然，目光总专一而无所顾盼。当时，山野里没有路径和隧道，水面没有船只和桥梁，各种生物共同生活，人类的居所相通相连而没有什么乡、县差别，禽兽成群结队，草木自在生长。因此禽兽可以用绳子牵引着游玩，鸟鹊的巢窠可以攀登上去看。在那个纯真时代，人类跟禽兽一同居住，跟各种生物并存，哪里知道什么君子、小人！人人都没有什么无用的知识，本能和天性也就不会丧失；人人都无私欲，这叫“素朴”。

庄子更具体地指出，在赫胥氏时代，百姓居处不知道做些什么，走动也不知道去哪里，口里含着食物嬉戏，鼓着吃饱的肚子游玩。所谓：“民居不知所为，行不知所之，含哺而熙（通“嬉”——笔者注），鼓腹而游。”（《庄子·外篇·马蹄》）

孔子也说，晚至夏商周三代英明君主在位的时代，还有过天下为公、人民和乐的大同之世。《礼记·礼运第九》引孔子言曰：“大道之行也，与三代之英，丘未之逮也，而有志焉。大道之行也，天下为公。选贤与能，讲信修睦，故人不独亲其亲，不独子其子，使老有所终，壮有所用，幼有所长，矜寡孤独废疾者，皆有所养。男有分，女有归。货，恶其弃于地也，不必藏于己；力，恶其不出于身也，不必为己。是故，谋闭而不兴，盗窃乱贼而不作，故外户而不闭，是谓大同。”

令人感到惊异的是，当代人类学家在一定程度上证明了史前

“黄金时代”的存在。美国人类学家，芝加哥大学教授塞林斯（Marshall Sahlins）将之称为“原初丰裕社会”。①

19 世纪以前，信奉线性进化史观的欧洲学者曾普遍认为旧石器时代先民的生活长期食不果腹，极为悲惨，极其野蛮。这一改变是从 20 世纪 60 年代开始，不同学科的学者在对非洲南部卡拉哈里沙漠中的昆人（布须曼人的一支）的研究过程中发现：采集狩猎民族几乎过着田园牧歌式的生活，除去每周不到 20 个小时的工作时间，他们实际拥有大量闲暇时间自娱自乐，他们的饮食营养健康。对其他处于旧石器时代、未受到现代文明影响的土著居民的研究，在不同程度上印证了上述观点。

谈到昆人的生产生活状况，美国著名历史学家 L. S. 斯塔夫里阿诺斯这样描述道：

“他们每周用于狩猎采集的时间仅 15 至 20 小时，其余时间都用来休息、做游戏、聊天、一块儿抽烟、互相打扮和访问附近营地的朋友。由于昆人投入较少的劳动就能获得必需的食物供应，年轻人无须干活。一般要长到十五六岁时，女孩才和母亲一起去搜寻食物，男孩同父亲一道去狩猎。在营地，昆人按传统的男女分工分派工作：妇女负责照管孩子、烧煮蔬菜和小猎物、端上食品、洗涤器具和清扫炉灶，男人负责收集柴火、屠宰捕到的野兽、烤肉和制造工具。

**“在昆人血族社会，基本的公社制在财产均分方面表现得很明显。各昆人群体均集体‘占有’周围大约 25 平方英里的土地——不难推知，这是各昆人群体所能管理的最大范围。如果某个群体一时缺乏食物，可以预料，该群体会请求别的群体允许他们去邻**

① 参阅萨林斯：《石器时代经济学》，生活·读书·新知三联书店，2009 年 10 月。

**近地区采集食物。别的群体通常是会允许的，因为他们明白，这种照顾在必要时将得到回报。易腐败的食物无论是肉类还是植物，都由群体所有成员共同分享。但是，工具和衣服是所有者的私有财产。**

“公社制还从财产均分扩展到昆人的受到严格规定的社会行为方面。例如，如果一个狩猎者打猎非常成功，时常满载而归，那么就会有人采取措施抑制其骄傲自满的倾向或对他人摆威风的欲望。昆人群体中的一个成员解释说：我们不允许任何人自吹自擂，因为他的骄傲总有一天会使他杀死别人。所以我们总是讲他提供的肉毫无价值……我们以这种方式使他变得心灰意懒，谦和有礼。”

**考古学家和人类学家基本同意，昆人这样的社会包含旧石器时代的基本特点：以血缘为基础，生产关系以公有制和合作为基础，不存在明显的等级制度。**

为什么私有财富的积累没有吸引力？这与原始先民时常迁徙觅食的生产方式有关。因为不断游走的条件下，过多的财富是一种负担。

需要指出的是，我们不能将旧石器时代先民的生活理想化，事实上他们会遭遇到食物短缺的困顿。相对于现代人，他们的身体也差，许多儿童在 15 岁以前便夭折了，多半的人在 50 岁之前死去。①

幸运的是，现代社会已经在极大程度上解决了饥荒和诸多疾病问题，人类寿命由此大幅度提高。尤瓦尔·赫拉利写道：“现

① ［美］伊恩·莫里斯：《人类的演变：采集者、农夫与大工业时代》，中信出版社，2016 年，第 38 页。

在如果再有饥荒、瘟疫和战争爆发而不受人类控制，我们会觉得一定是哪个人出了问题，应该成立调查委员会来研究研究，而且对自己许下承诺，下次一定要做得更好。而且，这套办法还真行得通。此类灾难发生的次数及频率确实都在下降。因营养过剩而死亡的人数超过因营养不良而死亡的人数，因年老而死亡的人数超过因传染病死亡者，自杀身亡的人数甚至超过被士兵、恐怖分子和犯罪分子杀害人数的总和，这些都是史无前例的。”①

我们为何如此关注原始先民的生产生活状况呢？

**因为智能时代的人类将和原始先民一样，花更少的时间，得到更为丰富的产品，有更多的闲暇时间。为了让人工智能造福于人类，我们有必要学习原始先民的经验，包括对公有制的维护，对平等的关注。这方面，中国文化显示出了巨大优势。**

在中国传统政治经济观念中，并没有私有神圣观念，主张公有与私有并存不悖，公私相分。国家作为整体，有调节财富生产与分配的义务和责任。要做到这一点，国家必须有充足的公共物质储备。所以中国古典政治经济学的核心经典《管子》“牧民第一”开篇就指出：“凡有地牧民者，务在四时，守在仓廪。国多财，则远者来；地辟举（犹言“开发”——笔者注），则民留处；仓廪实，则知礼节；衣食足，则知荣辱。”

《管子·国蓄第七十三》对于如何实现“务在四时，守在仓廪”？以及为何要“务在四时，守在仓廪”都做了明确的阐述。《管子·国蓄第七十三》的作者认为，由于个体能力不同，不受干预的市场必然导致贫困分化，最终产生人剥削人的现象，只有

① ［以］尤瓦尔·赫拉利：《未来简史》，林俊宏译，中信出版社，2017 年 2 月，第 2 页。

国家调节市场，市场才会均衡发展。上面说：“分地若一，强者能守；分财若一，智者能收。智者有什倍人之功，愚者有不赓本之事。然而人君不能调，故民有相百倍之生也……然则人君非能散积聚，钧羡不足，分并财利而调民事也，则君虽强本趣耕，而自为铸币而无已，乃今使民下相役耳，恶能以为治乎？”（大意：相同的土地，强者善于掌握；相同的财产，智者善于收罗。往往是智者可以攫取十倍的高利，而愚者连本钱都捞不回来。如果人君不能及时调剂，民间财产就会出现百倍的差距……所以，一个君主，如不能散开囤积，调剂余缺，分散兼并的财利，调节人民的用费，即使加强农业，督促生产，自己在那里无休止地铸造货币，也只是造成人民互相奴役而已，怎么能算得上国家大治呢？）

国家调控的关键是有丰富的物资和资本储备，《管子·国蓄第七十三》将农业时代最重要的粮食比作人民的“司命”，以强调其重要性。上面说：“五谷食米，民之司命也；黄金刀币，民之通施也。故善者执其通施以御其司命，故民力可得而尽也。”

吴军博士在《智能时代：大数据与智能革命重新定义未来》一书中提供一个数字：在美国将近一半的人不上税甚至从政府拿补贴——未来人类可能如原始先民一样只需极少量的工作就能享受丰裕的生活，我们已经从美国等国看到了这种生活模式的雏形。

难道，普通人真的会成为“无用阶级”，沉迷于虚拟现实中“娱乐至死”吗？**在孔子看来，一个国家除了为人民提供基本的生存保障，还要使人们的物质和精神财富丰裕起来。只有物质与精神平衡发展，人类才会获得真正的幸福。这就是孔子“庶而富，富而教”的思想，它为我们处理人工智能时代的政经与教化关系提供了指南。**

《论语·子路篇第十三》记载，孔子到卫国去，冉有为他驾车。孔子说："人口真多呀！"冉有说："人口已经够多了，还要再做什么呢？"孔子说："使他们富起来。"冉有说："富了以后又还要做些什么？"孔子说："对他们进行教化。"（原文：子适卫，冉有仆。子曰："庶矣哉！"冉有曰："既庶矣，又何加焉？"曰："富之。"曰："既富矣，又何加焉？"曰："教之。"）

人工智能时代的"教"（教化）的核心是什么呢？

笔者认为，在机器人与人共生的时代，我们需要建立起有助于人类可持续发展的道德体系——人工智能时代的普世伦理原则。

## 二、人工智能时代的普世伦理原则

现代社会物质生活极大丰富，五色令人盲。私人财富的积累、等级化失去了旧石器时代原始先民"鼓腹而游"的前提条件。人工智能时代的最大危险是人的物化、异化，乃至退化。阻止这一趋势的唯一方法，就是回归因人情节人欲的礼义之道。积善成德，追寻大道智慧、真正的快乐和幸福——成圣成贤，得到超越物欲的"孔颜之乐"。

**礼的本质是调整人与物的关系，人如何不成为外在事物的奴隶，回归其自然本性——因此，礼义的本质是普世性的。因为地球上任何人都要处理主体与客体的关系。只是不同文化在处理这个问题时，选择了迥然不同的形式，如宗教。**

《礼记·乐记第十九》论礼乐的产生时指出：人的本性是清静的，天性使然。受到外物的影响而产生各种冲动，这是由人性产生的欲求。外物的各种影响使人产生了不同的感觉，喜好和厌恶的情绪就出来了。人们对好的事物总不会主动拒绝，外界美好事物持续存在，不断诱惑人，如果人们不能反省自己，就会沉溺其中，难以自拔，这样就会丧失人的天性。外物对人的影响诱惑种类繁多无穷无尽，若没有节制，在外物的影响下，人就会被外物所诱惑并深陷其中，成为外在事物的俘虏，失去其自然本性。（原文："人生而静，天之性也。惑于物而动，性之欲也。物至知［通"智"——笔者注］知，然后好恶形焉。好恶无节于内，知诱于外，不能反躬，天理灭矣。夫物之感人无穷，而人之好恶无节，则是物至而人化物也。人化物也者，灭天理而穷人欲者也。"）

在"一定要让人上瘾"已经成为网络游戏业界规则的时代，我们如何防止"人化物"，人的物化呢？

**笔者认为，人工智能时代道德伦理的基本原则要在礼义的地基上树立起来，不仅人要去遵守，也需要机器人去遵守，这些原则当写入机器人的基本程序之中，作为道德编码指导机器人的所有行为。它们包括：自然原则、中庸原则、取大原则。**

2007 年，英国企业家、计算机科学家大卫·利维（David Levy）出版了《与机器人的爱与性》（Love and Sex with Robots）一书，他在书中预测，到 2050 年左右，人类与机器人结婚将正常化。利维写道："人和机器人坠入爱河，将和人类之间迸发爱情一样平常。同时，人类性行为的次数和做爱的体位都将得到扩展，因为机器人能教给你更多，超过世界上所有已出版的性爱指南。"①

---

① 转引自：［美］雪莉·特克尔：《群体性孤独》，浙江人民出版社，2014 年，第 6 页。

现实比利维的预言走得更快，不仅智能仿生情侣机器人已经上市，而且有人宣布与机器人订婚。2016 年底，法国女孩 Lilly 宣布，自己已经和叫 InMoovator 的机器人订婚，一旦人类与机器人的婚姻在法国合法化后，他们将立即结婚。实际上 InMoovator 只是 Lilly 自己亲自动手，利用 3D 打印技术制作的机器人，可能与未来仿生情侣机器人相差很远。①

但我们仍然要清楚，男女之间的关系、夫妇之道是天地生生之大德的基础，这方面的异化不能提倡——欧洲有些国家甚至让幼儿园的孩子讨论同性婚姻的合法性，而不是教育儿童自然的生命原则！《周易·序卦》论夫妇关系的重要意义说："有天地然后有万物；有万物然后有男女；有男女然后有夫妇；有夫妇然后有父子；有父子然后有君臣；有君臣然后有上下；有上下，然后礼仪有所错。"

夫妇关系是神圣的自然关系，是人类社会的基础，剥离它将会对人类文明产生严重后果。《白虎通·嫁娶篇》指出："人道所以有嫁娶何？以为情性之大，莫若男女。男女之交，人情之始，莫若夫妇。《易》曰：'天地氤氲（yīn yūn，指湿热飘荡的云气，烟云弥漫的样子——笔者注。）万物化醇。男女构精，万物化生。'人承天地施阴阳，故设嫁娶之礼者，重人伦、广继嗣也。"

**人生活在天地之间，若我们公然违背自然原则，就如同让鱼儿离开水，结果将是灾难性的。老子云："人法地，地法天，天法道，道法自然。"（《老子·第二十五章》）违背万物之自然，天必祸之！**

① 《19 岁法国少女与机器人订婚：婚后生活是这样》新闻报道，网址：http://tech.cnr.cn/techgd/20161224/t20161224_523388454.shtml，访问时间：2017 年 9 月 3 日。

自然原则要求遵守中庸原则，在世俗化的现代社会于人事中修习大道智慧。这里的中庸不是“三条大路走中间”的庸俗市侩主义，而是要做到事事合宜、恰当。《礼记·中庸》说：“喜怒哀乐之未发谓之中，发而皆中节谓之和。中也者，天下之大本也；和也者，天下之达道也。致中和，天地位焉，万物育焉。”

**中和之用，是参赞天地化育的大道，要做到这一点，需从“诚”的心法，“慎独”功夫下手。**《礼记·中庸》说：“道也者，不可须臾离也，可离非道也。是故君子戒慎乎其所不睹，恐惧乎其所不闻。莫见乎隐，莫显乎微。故君子慎其独也。”这段话的意思是说，道是不能片刻离身的，如果能片刻离身，就不称其为道了，所以说君子对于人所看不见的、听不到的心性要始终保持戒慎恐惧；隐微的心性不能被觉照、发扬，所以君子要做好慎独功夫，时时处处反省自己。

中庸原则强调的是合宜，而非极端。我们不能在消费主义狂欢中无止地贪求物质享受，因为人类真正的快乐与物质的丰富并不成正比。赫拉利举例说：“对美国而言，20 世纪后半叶是一个黄金时代。先是在第二次世界大战中获胜，随后在冷战时期也取得更关键的胜利，让美国成为全球首屈一指的超级大国。从 1950 年到 2000 年，美国 GDP 从 2 万亿美元增长到 12 万亿美元。人均实际收入增加了一倍。便宜的汽车、冰箱、空调、吸尘器、洗碗机、洗衣机、电话、电视和计算机如潮水般涌来，人们的日常生活彻底变了样。但研究显示，美国人在 20 世纪 90 年代的主观幸福感，与 20 世纪 50 年代的调查结果仍然大致相同。”①

① ［以］尤瓦尔·赫拉利：《未来简史》，林俊宏译，中信出版社，2017 年 2 月，第 30 页。

对欧洲和亚洲地区的研究也得到了类似的结果。在中国，世界价值观调查结果显示，最幸福人群的百分比从 1990 年的 30% 下降到 2008 年的 20%。要知道，此间 18 年是中国经济增长极快的时期。人们将收入与幸福的这种关系称为“伊斯特林悖论”。理查德·伊斯特林是南加州大学的经济学家，他发现：“从长期来看，幸福和收入没有关系。”①

今天已经将用毒品、生物化学方法为别人提供（快乐）服务当成犯罪，在中国，毒品犯罪会被判处死刑。但现代人类迷信持续增长，更快、更高、更强，不知节制自己，中道而行——长此以往，远离自然常态，整个社会只会变得更弱且不可持续。

**需要改变的是我们的经济、消费、健康和幸福观念。一切商品、一切服务、一切娱乐，都不应以长远的身心安乐为代价。**

在不违背自然原则和中庸原则的前提下，人类应该最大限度地追求自己的理想与快乐，这是就“利之中取大，害之中取小”的大取原则。

道德上的大取原则，墨家曾作过详细阐述。《墨子·大取篇》说：“权非为是也，亦非为非也。权，正也。断指以存腕，利之中取大，害之中取小也。害之中取小也，非取害也，取利也。其所取者，人之所执也。遇盗人，而断指以免身，利也。其遇盗人，害也。断指与断腕，利于天下相若，无择也。死生利若一，无择也。”这段话大意是说，“权”不等于“是”，也不等于“非”。“权”是衡量利害大小、是非的标准。在不得已的情况下，宁肯断掉一个指头，也要争取保存手腕。在利中是取大的，在害

① 参阅［美］乌麦尔·哈克：《新商业文明：从利润到价值》，中国人民大学出版社，2016 年，第 136 ~ 137 页。

中是取小的。所谓“害中取小”，在一定意义上可以说不是“取害”，而是“取利”。这里所说的“取”，指执持采取。遇到强盗，被迫断掉一个指头以保住生命，就保住生命这一点来是利，就遇到强盗被迫断掉一个指头来说是害。断掉一个指头与断掉手腕，如果对天下所带来的利益是相等的，那么就无所选择，不予计较。甚至于死生，如果对天下所带来的利益是相等的，那么也无所选择，不予计较。

每当一种新事物来临，总会有人做出耸人听闻的预言，并试图阻止新事物的发展。善者因之，我们应去适应人工智能时代新的生产和生活现实——不是反对人工智能，而是要学会善用人工智能。

**人类不能固守现代社会资本至上、技术至上、物欲至上的原则！从政治经济到道德伦理，我们都应回归大道智慧。在不断世俗化的时代、世俗化的中国文化及其内圣外王高度发展、高度融合的大道，回归大道智慧必将造福于在二十一世纪人工智能时代。**

**伦理上，我们要重新确立以“道法自然”为准绳的伦理原则；政治经济生活中，仅争当制造智能机器人的2%是远远不够的，孔子“庶之、富之、教之”的思想——必将王者归来！**

**翟玉忠**，北京大学中国与世界研究中心特约研究员，上海交大海外教育学院产业创意研究所研究员，国学专家，财经评论家。现任新法家网站（中英文版）总编辑。

即将出版《说服天下，〈鬼谷子〉的中国沟通术》《国富策》《中国商道》。

# 推荐作者得新书！

## 博瑞森征稿启事

**亲爱的读者朋友：**

感谢您选择了博瑞森图书！希望您手中的这本书能给您带来实实在在的帮助！

博瑞森一直致力于发掘好作者、好内容，希望能把您最需要的思想、方法，一字一句地交到您手中，成为管理知识与管理实践的桥梁。

但是我们也知道，有很多深入企业一线、经验丰富、乐于分享的优秀专家，或者忙于实战没时间，或者缺少专业的写作指导和便捷的出版途径，只能茫然以待……

还有很多在竞争大潮中坚守的企业，有着异常宝贵的实践经验和独特的洞察，但缺少专业的记录和整理者，无法让企业的经验和故事被更多的人了解、学习……

**对读者而言，这些都太遗憾了！**

博瑞森非常希望能将这些埋藏的“宝藏”发掘出来，贡献给广大读者，让更多的人从中受益。

所以，我们真心地邀请您，我们的老读者，帮我们搜寻：

**推荐作者**

可以是您自己或您的朋友，只要对本土管理有实践、有思考；可以是您通过网络、杂志、书籍或其他途径了解的某位专家，不管名气大小，只要他的思想和方法曾让您深受启发。

可以是管理类作品，也可以超出管理，各类优秀的社科作品或学术作品。

**推荐企业**

可以是您自己所在的企业，或者是您熟悉的某家企业，其创业过程、运营经历、产品研发、机制创新，等等。无论企业大小，只要乐于分享、有值得借鉴书写之处。

**总之，好内容就是一切！**

博瑞森绝非“自费出书”，出版费用完全由我们承担。您推荐的作者或企业案例一经采用，我们会立刻向您赠送书币 1000 元，可直接换取任何博瑞森图书的纸书或电子书。

感谢您对本土管理原创、博瑞森图书的支持！

推荐投稿邮箱：bookgood@126. com

推荐手机：13611149991

# 1120 本土管理实践与创新论坛

这是由100多位本土管理专家联合创立的企业管理实践学术交流组织，旨在孵化本土管理思想、促进企业管理实践、加强专家间交流与协作。

论坛每年集中力量办好两件大事：第一，“**出一本书**”，汇聚一年的思考和实践，把最原创、最前沿、最实战的内容集结成册，贡献给读者；第二，“**办一次会**”，每年11月20日本土管理专家们汇聚一堂，碰撞思想、研讨案例、交流切磋、回馈社会。

**论坛理事名单**（以年龄为序，以示传承之意）

**首届常务理事：**

彭志雄 曾　伟 施　炜 杨　涛 张学军 郭　晓
程绍珊 胡八一 王祥伍 李志华 陈立云 杨永华

**理　　事：**

张再林 卢根鑫 刘文瑞 王铁仁 周荣辉 罗　珉
房西苑 曾令同 黄民兴 陆和平 孟广桥 宋杼宸
张国祥 刘承元 叶兴平 曹子祥 宋新宇 吴越舟
吴　坚 杜建君 戴欣明 仲昭川 刘春雄 刘祖轲
张茂泽 段继东 陈立胜 梁　涛 何　慕 秦国伟
贺兵一 罗海容 张小虎 陈忠建 郭　剑 余晓雷
黄中强 朱玉童 沈　坤 阎立忠 张　进 丁兴良
朱仁健 薛宝峰 史贤龙 卢　强 史幼波 黄剑黎

叶敦明　王　涛　李文才　王　强　张远凤　陈　明
廖信琳　岑立聪　方　刚　何足奇　周　俊　杨　奕
孙行健　孙嘉晖　张东利　郭富才　叶　宁　何　屹
沈　奎　王明胤　王　超　马宝琳　谭长春　杨竣雄
夏惊鸣　张　博　段传敏　李洪道　胡浪球　孙　波
唐江华　程　翔　翟玉忠　刘红明　杨鸿贵　伯建新
高可为　李　蓓　王春强　孔祥云　戴　勇　贾同领
罗宏文　张兵武　史立臣　李政权　余　盛　陈小龙
尚　锋　邢　雷　余伟辉　李小勇　苗庆显　孙　巍
陈继展　全怀周　林延君　王清华　初勇钢　陈　锐
高继中　聂志新　黄　屹　沈　拓　徐伟泽　潦　寒
谭洪华　崔自三　王玉荣　蒋　军　侯军伟　黄润霖
朱伟杰　金国华　吴　之　葛新红　周　剑　崔海鹏
李治江　陈海超　柏　龑　唐道明　刘书生　朱志明
曲宗恺　杜　忠　黄渊明　王献永　范月明　吕　林
刘文新　赵晓萌　张　伟　韩　旭　韩友诚　熊亚柱
秦海林　孙彩军　刘　雷　贺小林　王庆云　黄　娜
俞士耀　田　军　丁　昀　张小峰　黄　磊　罗晓慧
赵海永　伏泓霖　任彭枞　梁小平　鄢圣安　马方旭
乐　涛　杨晓燕　欧阳莉华　陈　慧　张　璐

## 企业案例·老板传记

| 书名．作者 | 内容/特色 | 读者价值 |
|---|---|---|
| **你不知道的加多宝：原市场部高管讲述**<br>曲宗恺　牛玮娜　著 | 前加多宝高管解读加多宝 | 全景式解读，原汁原味 |
| **借力咨询：德邦成长背后的秘密**<br>官同良　王祥伍　著 | 讲述德邦是如何借助咨询公司的力量进行自身 与发展的 | 来自德邦内部的第一线资料，真实、珍贵，令人受益匪浅 |
| **娃哈哈区域标杆：豫北市场营销实录**<br>罗宏文　赵晓萌　等著 | 本书从区域的角度来写娃哈哈河南分公司豫北市场是怎么进行区域市场营销，成为娃哈哈全国第一大市场、全国增量第一高市场的一些操作方法 | 参考性、指导性，一线真实资料 |
| **六个核桃凭什么：从 0 过 100 亿**<br>张学军　著 | 首部全面揭秘养元六个核桃裂变式成长的巨著 | 学习优秀企业的成长路径，了解其背后的理论体系 |
| **像六个核桃一样：打造畅销品的 36 个简明法则**<br>王　超　范　萍　著 | 本书分上下两篇：包括“六个核桃”的营销战略历程和 36 条畅销法则 | 知名企业的战略历程极具参考价值，36 条法则提供操作方法 |
| **解决方案营销实战案例**<br>刘祖轲　著 | 用 10 个真案例讲明白什么是工业品的解决方案式营销，实战、实用 | 有干货、真正操作过的才能写得出来 |
| **招招见销量的营销常识**<br>刘文新　著 | 如何让每一个营销动作都直指销量 | 适合中小企业，看了就能用 |
| **我们的营销真案例**<br>联纵智达研究院　著 | 五芳斋粽子从区域到全国/诺贝尔瓷砖门店销量提升/利豪家具出口转内销/汤臣倍健的营销模式 | 选择的案例都很有代表性，实在、实操！ |
| **中国营销战实录：令人拍案叫绝的营销真案例**<br>联纵智达　著 | 51 个案例，42 家企业，38 万字，18 年，累计 2000 余人次参与…… | 最真实的营销案例，全是一线记录，开阔眼界 |
| **双剑破局：沈坤营销策划案例集**<br>沈　坤　著 | 双剑公司多年来的精选案例解析集，阐述了项目策划中每一个营销策略的诞生过程，策划角度和方法 | 一线真实案例，与众不同的策划角度令人拍案叫绝、受益匪浅 |
| **宗：一位制造业企业家的思考**<br>杨　涛　著 | 1993 年创业，引领企业平稳发展 20 多年，分享独到的心得体会 | 难得的一本老板分享经验的书 |
| **简单思考：AMT 咨询创始人自述**<br>孔祥云　著 | 著名咨询公司（AMT）的 CEO 创业历程中点点滴滴的经验与思考 | 每一位咨询人，每一位创业者和管理经营者，都值得一读 |
| **边干边学做老板**<br>黄中强　著 | 创业 20 多年的老板，有经验、能写、又愿意分享，这样的书很少 | 处处共鸣，帮助中小企业老板少走弯路 |
| **三四线城市超市如何快速成长：解密甘雨亭**<br>IBMG 国际商业管理集团　著 | 国内外标杆企业的经验＋本土实践量化数据＋操作步骤、方法 | 通俗易懂，行业经验丰富，宝贵的行业量化数据，关键思路和步骤 |
| **中国首家未来超市：解密安徽乐城**<br>IBMG 国际商业管理集团　著 | 本书深入挖掘了安徽乐城超市的试验案例，为零售企业未来的发展提供了一条可借鉴之路 | 通俗易懂，行业经验丰富，宝贵的行业量化数据，关键思路和步骤 |

续表

| 互联网 + | | | |
|---|---|---|---|
| | 书名．作者 | 内容/特色 | 读者价值 |
| 互联网+ | **企业微信营销全指导**<br>孙　巍　著 | 专门给企业看到的微信营销书，手把手教企业从小白到微信营销专家 | 企业想学微信营销现在还不晚，两眼一抹黑也不怕，有这本书就够 |
| | **企业网络营销这样做才对：B2B　大宗B2C**<br>张　进　著 | 简单直白拿来就用，各种窍门信手拈来，企业网络营销不麻烦也不用再头疼，一般人不告诉他 | B2B、大宗B2C企业有福了，看了就能学会网络营销 |
| | **互联网时代的银行转型**<br>韩友诚　著 | 以大量案例形式为读者全面展示和分析了银行的互联网金融转型应对之道 | 结合本土银行转型发展案例的书籍 |
| | **正在发生的转型升级·实践**<br>本土管理实践与创新论坛　著 | 企业在快速变革期所展现出的管理变革新成果、新方法、新案例 | 重点突出对于未来企业管理相关领域的趋势研判 |
| | **触发需求：互联网新营销样本·水产**<br>何足奇　著 | 传统产业都在苦闷中挣扎前行，本书通过鲜活的案例告诉你如何以需求链整合供应链，从而把大家熟知的传统行业打碎了重构、重做一遍 | 全是干货，值得细读学习，并且作者的理论已经经过了他亲自操刀的实践检验，效果惊人，就在书中全景展示 |
| | **移动互联新玩法：未来商业的格局和趋势**<br>史贤龙　著 | 传统商业、电商、移动互联，三个世界并存，这种新格局的玩法一定要懂 | 看清热点的本质，把握行业先机，一本书搞定移动互联网 |
| | **微商生意经：真实再现33个成功案例操作全程**<br>伏泓霖　罗晓慧　著 | 本书为33个真实案例，分享案例主人公在做微商过程中的经验教训 | 案例真实，有借鉴意义 |
| | **阿里巴巴实战运营——14招玩转诚信通**<br>聂志新　著 | 本书主要介绍阿里巴巴诚信通的十四个基本推广操作，从而帮助使用诚信通的用户及企业更好地提升业绩 | 基本操作，很多可以边学边用，简单易学 |
| | **今后这样做品牌：移动互联时代的品牌营销策略**<br>蒋　军　著 | 与移动互联紧密结合，告诉你老方法还能不能用，新方法怎么用 | 今后这样做品牌就对了 |
| | **互联网+"变"与"不变"：本土管理实践与创新论坛集萃·2016**<br>本土管理实践与创新论坛　著 | 本土管理领域正在产生自己独特的理论和模式，尤其在移动互联时代，有很多新课题需要本土专家们一起研究 | 帮助读者拓宽眼界、突破思维 |
| | **创造增量市场：传统企业互联网转型之道**<br>刘红明　著 | 传统企业需要用互联网思维去创造增量，而不是用电子商务去转移传统业务的存量 | 教你怎么在"互联网+"的海洋中创造实实在在的增量 |
| | **重生战略：移动互联网和大数据时代的转型法则**<br>沈　拓　著 | 在移动互联网和大数据时代，传统企业转型如同生命体打算与再造，称之为"重生战略" | 帮助企业认清移动互联网环境下的变化和应对之道 |

续表

| | | | |
|---|---|---|---|
| 互联网+ | **画出公司的互联网进化路线图:用互联网思维重塑产品、客户和价值**<br>李　蓓　著 | 18个问题帮助企业一步步梳理出互联网转型思路 | 思路清晰、案例丰富,非常有启发性 |
| | **7个转变,让公司3年胜出**<br>李　蓓　著 | 消费者主权时代,企业该怎么办 | 这就是互联网思维,老板有能这样想,肯定倒不了 |
| | **跳出同质思维,从跟随到领先**<br>郭　剑　著 | 66个精彩案例剖析,帮助老板突破行业长期思维惯性 | 做企业竟然有这么多玩法,开眼界 |

## 行业类:零售、白酒、食品/快消品、农业、医药、建材家居等

| | 书名.作者 | 内容/特色 | 读者价值 |
|---|---|---|---|
| 零售·超市·餐饮·服装 | **总部有多强大,门店就能走多远**<br>IBMG国际商业管理集团　著 | 如何把总部做强,成为门店的坚实后盾 | 了解总部建设的方法与经验 |
| | **超市卖场定价策略与品类管理**<br>IBMG国际商业管理集团　著 | 超市定价策略与品类管理实操案例和方法 | 拿来就能用的理论和工具 |
| | **连锁零售企业招聘与培训破解之道**<br>IBMG国际商业管理集团　著 | 围绕零售企业组织架构、培训体系建设等内容进行深刻探讨 | 破解人才发现和培养瓶颈的关键点 |
| | **中国首家未来超市:解密安徽乐城**<br>IBMG国际商业管理集团　著 | 介绍了乐城作为中国首家未来超市从无到有的传奇经历 | 了解新型零售超市的运作方式及管理特色 |
| | **三四线城市超市如何快速成长:解密甘雨亭**<br>IBMG国际商业管理集团　著 | 揭秘一家三四线连锁超市的经验策略 | 不但可以欣赏它的优点,而且可以学会它成功的方法 |
| | **涨价也能卖到翻**<br>村松达夫　【日】 | 提升客单价的15种实用、有效的方法 | 日本企业在这方面非常值得学习和借鉴 |
| | **移动互联下的超市升级**<br>联商网专栏频道　著 | 深度解析超市转型升级重点 | 帮助零售企业把握全局、看清方向 |
| | **手把手教你做专业督导:专卖店、连锁店**<br>熊亚柱　著 | 从督导的职能、作用,在工作中需要的专业技能、方法,都提供了详细的解读和训练办法,同时附有大量的表单工具 | 无论是店铺需要统一培训,还是个人想成为优秀的督导,有这一本就够了 |
| | **百货零售全渠道营销策略**<br>陈继展　著 | 没有照本宣科、说教式的絮叨,只有笔者对行业的认知与理解,庖丁解牛式的逐项解析、展开 | 通俗易懂,花极少的时间快速掌握该领域的知识及趋势 |
| | **零售:把客流变成购买力**<br>丁　昀　著 | 如何通过不断升级产品和体验式服务来经营客流 | 如何进行体验营销,国外的好经营,这方面有启发 |

续表

| | | | |
|---|---|---|---|
| 零售·超市·餐饮·服装 | **餐饮企业经营策略第一书**<br>吴　坚　著 | 分别从产品、顾客、市场、盈利模式等几个方面，对现阶段餐饮企业的发展提出策略和思路 | 第一本专业的、高端的餐饮企业经营指导书 |
| | **电影院的下一个黄金十年：开发·差异化·案例**<br>李保煜　著 | 对目前电影院市场存大的问题及如何解决进行了探讨与解读 | 多角度了解电影院运营方式及代表性案例 |
| | **赚不赚钱靠店长：从懂管理到会经营**<br>孙彩军　著 | 通过生动的案例来进行剖析，注重门店管理细节方面的能力提升 | 帮助终端门店店长在管理门店的过程中实现经营思路的拓展与突破 |
| 耐消品 | **商用汽车经销商经营实战**<br>杜建君　王朝阳　章晓青　等著 | 从管理到经营，从销售到服务，系统化运作全指导 | 为经销商经营开阔思路，掌握方法 |
| | **汽车配件这样卖：汽车后市场销售秘诀100条**<br>俞士耀　著 | 汽配销售业务员必读，手把手教授最实用的方法，轻松得来好业绩 | 快速上岗，专业实效，业绩无忧 |
| | **跟行业老手学经销商开发与管理：家电、耐消品、建材家居**<br>黄润霖　著 | 全部来源于经销商管理的一线问题，作者用丰富的经验将每一个问题落实到最便捷快速的操作方法上去 | 书中每一个问题都是普通营销人亲口提出的，这些问题你也会遇到，作者进行的解答则精彩实用 |
| 白酒 | **白酒到底如何卖**<br>赵海永　著 | 以市场实战为主，多层次、全方位、多角度地阐释了白酒一线市场操作的最新模式和方法，接地气 | 实操性强，37个方法、6大案例帮你成功卖酒 |
| | **变局下的白酒企业重构**<br>杨永华　著 | 帮助白酒企业从产业视角看清趋势，找准位置，实现弯道超车的书 | 行业内企业要减少90%，自己在什么位置，怎么做，都清楚了 |
| | **1. 白酒营销的第一本书（升级版）**<br>**2. 白酒经销商的第一本书**<br>唐江华　著 | 华泽集团湖南开口笑公司品牌部长，擅长酒类新品推广、新市场拓展 | 扎根一线，实战 |
| | **区域型白酒企业营销必胜法则**<br>朱志明　著 | 为区域型白酒企业提供35条必胜法则，在竞争中赢销的葵花宝典 | 丰富的一线经验和深厚积累，实操实用 |
| | **10步成功运作白酒区域市场**<br>朱志明　著 | 白酒区域操盘者必备，掌握区域市场运作的战略、战术、兵法 | 在区域市场的攻伐防守中运筹帷幄，立于不败之地 |
| | **酒业转型大时代：微酒精选2014－2015**<br>微酒　主编 | 本书分为五个部分：当年大事件、那些酒业营销工具、微酒独立策划、业内大调查和十大经典案例 | 了解行业新动态、新观点，学习营销方法 |
| 快消品·食品 | **这样打造快消品标杆市场**<br>罗宏文　著 | 帮助你解决如何成功打造标杆市场和进行持续增量管理两大问题 | 一套系统的方法论，通俗易懂，可以直接套用 |
| | **5小时读懂快消品营销：中国快消品案例观察**<br>陈海超　著 | 多年营销经验的一线老手把案例掰开了、揉碎了，从中得出的各种手段和方法给读者以帮助和启发 | 营销那些事儿的个中秘辛，求人还不一定告诉你，这本书里就有 |

续表

| | | | |
|---|---|---|---|
| 快消品·食品 | **快消品招商的第一本书：从入门到精通**<br>刘　雷　著 | 深入浅出，不说废话，有工具方法，通俗易懂 | 让零基础的招商新人快速学习书中最实用的招商技能，成长为骨干人才 |
| | **乳业营销第一书**<br>侯军伟　著 | 对区域乳品企业生存发展关键性问题的梳理 | 唯一的区域乳业营销书，区域乳品企业一定要看 |
| | **食用油营销第一书**<br>余　盛　著 | 10 多年油脂企业工作经验，从行业到具体实操 | 食用油行业第一书，当之无愧 |
| | **中国茶叶营销第一书**<br>柏　龑　著 | 如何跳出茶行业"大文化小产业"的困境，作者给出了自己的观察和思考 | 不是传统做茶的思路，而是现在商业做茶的思路 |
| | **调味品营销第一书**<br>陈小龙　著 | 国内唯一一本调味品营销的书 | 唯一的调味品营销的书，调味品的从业者一定要看 |
| | **快消品营销人的第一本书：从入门到精通**<br>刘　雷　伯建新　著 | 快消行业必读书，从入门到专业 | 深入细致，易学易懂 |
| | **变局下的快消品营销实战策略**<br>杨永华　著 | 通胀了，成本增加，如何从被动应战变成主动的"系统战" | 作者对快消品行业非常熟悉、非常实战 |
| | **快消品经销商如何快速做大**<br>杨永华　著 | 本书完全从实战的角度，评述现象，解析误区，揭示原理，传授方法 | 为转型期的经销商提供了解决思路，指出了发展方向 |
| | **一位销售经理的工作心得**<br>蒋　军　著 | 一线营销管理人员想提升业绩却无从下手时，可以看看这本书 | 一线的真实感悟 |
| | **快消品营销：一位销售经理的工作心得 2**<br>蒋　军　著 | 快消品、食品饮料营销的经验之谈，重点图书 | 来源与实战的精华总结 |
| | **快消品营销与渠道管理**<br>谭长春　著 | 将快消品标杆企业渠道管理的经验和方法分享出来 | 可口可乐、华润的一些具体的渠道管理经验，实战 |
| | **成为优秀的快消品区域经理（升级版）**<br>伯建新　著 | 用"怎么办"分析区域经理的工作关键点，增加 30% 全新内容，更贴近环境变化 | 可以作为区域经理的"速成催化器" |
| | **销售轨迹：一位快消品营销总监的拼搏之路**<br>秦国伟　著 | 本书讲述了一个普通销售员打拼成为跨国企业营销总监的真实奋斗历程 | 激励人心，给广大销售员以力量和鼓舞 |
| | **快消老手都在这样做：区域经理操盘锦囊**<br>方　刚　著 | 非常接地气，全是多年沉淀下来的干货，丰富的一线经验和实操方法不可多得 | 在市场摸爬滚打的"老油条"，那些独家绝招妙招一般你问都是问不来的 |
| | **动销四维：全程辅导与新品上市**<br>高继中　著 | 从产品、渠道、促销和新品上市详细讲解提高动销的具体方法，总结作者 18 年的快消品行业经验，方法实操 | 内容全面系统，方法实操 |

续表

| | | | |
|---|---|---|---|
| 农业 | **新农资如何换道超车**<br>刘祖轲　等著 | 从农业产业化、互联网转型、行业营销与经营突破四个方面阐述如何让农资企业占领先机、提前布局 | 南方略专家告诉你如何应对资源浪费、生产效率低下、产能严重过剩、价格与价值严重扭曲等 |
| | **中国牧场管理实战：畜牧业、乳业必读**<br>黄剑黎　著 | 本书不仅提供了来自一线的实际经验，还收入了丰富的工具文档与表单 | 填补空白的行业必读作品 |
| | **中小农业企业品牌战法**<br>韩　旭　著 | 将中小农业企业品牌建设的方法，从理论讲到实践，具有指导性 | 全面把握品牌规划，传播推广，落地执行的具体措施 |
| | **农资营销实战全指导**<br>张　博　著 | 农资如何向"深度营销"转型，从理论到实践进行系统剖析，经验资深 | 朴实、使用！不可多得的农资营销实战指导 |
| | **农产品营销第一书**<br>胡浪球　著 | 从农业企业战略到市场开拓、营销、品牌、模式等 | 来源于实践中的思考，有启发 |
| | **变局下的农牧企业9大成长策略**<br>彭志雄　著 | 食品安全、纵向延伸、横向联合、品牌建设…… | 唯一的农牧企业经营实操的书，农牧企业一定要看 |
| 医药 | **在中国，医药营销这样做：时代方略精选文集**<br>段继东　主编 | 专注于医药营销咨询15年，将医药营销方法的精华文章合编，深入全面 | 可谓医药营销领域的顶尖著作，医药界读者的必读书 |
| | **医药新营销：制药企业、医药商业企业营销模式转型**<br>史立臣　著 | 医药生产企业和商业企业在新环境下如何做营销？老方法还有没有用？如何寻找新方法？新方法怎么用？本书给你答案 | 内容非常现实接地气，踏实谈问题说方法 |
| | **医药企业转型升级战略**<br>史立臣　著 | 药企转型升级有5大途径，并给出落地步骤及风险控制方法 | 实操性强，有作者个人经验总结及分析 |
| | **新医改下的医药营销与团队管理**<br>史立臣　著 | 探讨新医改对医药行业的系列影响和医药团队管理 | 帮助理清思路，有一个框架 |
| | **医药营销与处方药学术推广**<br>马宝琳　著 | 如何用医学策划把"平民产品"变成"明星产品" | 有真货、讲真话的作者，堪称处方药营销的经典！ |
| | **新医改，医药企业如何应对行业洗牌**<br>林延君　沈　斌　著 | 一方面，围绕着变革，多角度阐述药企的应对之道；另一方面，紧扣实践，介绍近百家医药企业创新实践案例 | 医改变革10年，医药企业如何应对大洗牌？重磅出击的药企人必读书 |
| | **新医改了，药店就要这样开**<br>尚　锋　著 | 药店经营、管理、营销全攻略 | 有很强的实战性和可操作性 |
| | **电商来了，实体药店如何突围**<br>尚　锋　著 | 电商崛起，药店该如何突围？本书从促销、会员服务、专业性、客单价等多重角度给出了指导方向 | 实战攻略，拿来就能用 |
| | **OTC医药代表药店销售36计**<br>鄢圣安　著 | 以《三十六计》为线，写OTC医药代表向药店销售的一些技巧与策略 | 案例丰富，生动真实，实操性强 |

续表

| | | | |
|---|---|---|---|
| 医药 | **OTC医药代表药店开发与维护**<br>鄢圣安　著 | 要做到一名专业的医药代表,需要做什么、准备什么、知识储备、操作技巧等 | 医药代表药店拜访的指导手册,手把手教你快速上手 |
| | **引爆药店成交率1:店员导购实战**<br>范月明　著 | 一本书解决药店导购所有难题 | 情景化、真实化、实战化 |
| | **引爆药店成交率2:经营落地实战**<br>范月明　著 | 最接地气的经营方法全指导 | 揭示了药店经营的几类关键问题 |
| | **引爆药店成交率:专业化销售解决方案**<br>范月明　著 | 药品搭配分析与关联销售 | 为药店人专业化助力 |
| 建材家居 | **成为最赚钱的家具建材经销商**<br>李治江　著 | 从销售模式、产品、门店等老板们最关注和最需要的方面解决问题、提供方法 | 只要你是建材、家具、家居用品的经销商老板,这就是一本必读的书 |
| | **家具行业操盘手**<br>王献永　著 | 家具行业问题的终结者 | 解决了干家具还有没有前途?为什么同城多店的家具经销商很难做大做强等问题 |
| | **建材家居营销:除了促销还能做什么**<br>孙嘉晖　著 | 一线老手的深度思考,告诉你在建材家居营销模式基本停滞的今天,除了促销,营销还能怎么做 | 给你的想法一场革命 |
| | **建材家居营销实务**<br>程绍珊　杨鸿贵　主编 | 价值营销运用到建材家居,每一步都让客户增值 | 有自己的系统、实战 |
| | **建材家居门店销量提升**<br>贾同领　著 | 店面选址、广告投放、推广助销、空间布局、生动展示、店面运营等 | 门店销量提升是一个系统工程,非常系统、实战 |
| | **10步成为最棒的建材家居门店店长**<br>徐伟泽　著 | 实际方法易学易用,让员工能够迅速成长,成为独当一面的好店长 | 只要坚持这样干,一定能成为好店长 |
| | **手把手帮建材家居导购业绩倍增:成为顶尖的门店店员**<br>熊亚柱　著 | 生动的表现形式,让普通人也能成为优秀的导购员,让门店业绩长红 | 读着有趣,用着简单,一本在手、业绩无忧 |
| | **建材家居经销商实战42章经**<br>王庆云　著 | 告诉经销商:老板怎么当、团队怎么带、生意怎么做 | 忠言逆耳,看着不舒服就对了,实战总结,用一招半式就值了 |
| 工业品 | **销售是门专业活:B2B、工业品**<br>陆和平　著 | 销售流程就应该跟着客户的采购流程和关注点的变化向前推进,将一个完整的销售过程分成十个阶段,提供具体方法 | 销售不是请客吃饭拉关系,是个专业的活计!方法在手,走遍天下不愁 |
| | **解决方案营销实战案例**<br>刘祖轲　著 | 用10个真案例讲明白什么是工业品的解决方案式营销,实战、实用 | 有干货、真正操作过的才能写得出来 |
| | **变局下的工业品企业7大机遇**<br>叶敦明　著 | 产业链条的整合机会、盈利模式的复制机会、营销红利的机会、工业服务商转型机会…… | 工业品企业还可以这样做,思维大突破 |

续表

| | | | |
|---|---|---|---|
| 工业品 | **工业品市场部实战全指导**<br>杜　忠　著 | 工业品市场部经理工作内容全指导 | 系统、全面、有理论、有方法，帮助工业品市场部经理更快提升专业能力 |
| | **工业品营销管理实务**<br>李洪道　著 | 中国特色工业品营销体系的全面深化、工业品营销管理体系优化升级 | 工具更实战，案例更鲜活，内容更深化 |
| | **工业品企业如何做品牌**<br>张东利　著 | 为工业品企业提供最全面的品牌建设思路 | 有策略、有方法、有思路、有工具 |
| | **丁兴良讲工业4.0**<br>丁兴良　著 | 没有枯燥的理论和说教，用朴实直白的语言告诉你工业4.0的全貌 | 工业4.0是什么？本书告诉你答案 |
| | **资深大客户经理：策略准，执行狠**<br>叶敦明　著 | 从业务开发、发起攻势、关系培育、职业成长四个方面，详述了大客户营销的精髓 | 满满的全是干货 |
| | **一切为了订单：订单驱动下的工业品营销实战**<br>唐道明　著 | 其实，所有的企业都在围绕着两个字在开展全部的经营和管理工作，那就是"订单" | 开发订单、满足订单、扩大订单。本书全是实操方法，字字珠玑、句句干货，教你获得营销的胜利 |
| 金融 | **交易心理分析**<br>(美)马克·道格拉斯　著<br>刘真如　译 | 作者一语道破赢家的思考方式，并提供了具体的训练方法 | 不愧是投资心理的第一书，绝对经典 |
| | **精品银行管理之道**<br>崔海鹏　何　屹　主编 | 中小银行转型的实战经验总结 | 中小银行的教材很多，实战类的书很少，可以看看 |
| | **支付战争**<br>Eric M. Jackson　著<br>徐　彬　王　晓　译 | PayPal创业期营销官，亲身讲述PayPal从诞生到壮大到成功出售的整个历史 | 激烈、有趣的内幕商战故事！了解美国支付市场的风云巨变 |
| | **中外并购名著专业阅读指南**<br>叶兴平　等著 | 在5000多本并购类图书中精选的200著作，在阅读的基础上写的读书评价 | 精挑细选200本并一一评介，省去读者挑选的烦恼，快捷、高效 |
| | **互联网时代的银行转型**<br>韩友诚　著 | 以大量案例形式为读者全面展示和分析了银行的互联网金融转型应对之道 | 结合本土银行转型发展案例的书籍 |
| 房地产 | **产业园区/产业地产规划、招商、运营实战**<br>阎立忠　著 | 目前中国第一本系统解读产业园区和产业地产建设运营的实战宝典 | 从认知、策划、招商到运营全面了解地产策划 |
| | **人文商业地产策划**<br>戴欣明　著 | 城市与商业地产战略定位的关键是不可复制性，要发现独一无二的"味道" | 突破千城一面的策划困局 |
| | **电影院的下一个黄金十年：开发·差异化·案例**<br>李保煜　著 | 对目前电影院市场存大的问题及如何解决进行了探讨与解读 | 多角度了解电影院运营方式及代表性案例 |
| 能源 | **全能型班组：城市能源互联网与电力班组升级**<br>国网天津市电力公司　编著 | 借鉴国内外优秀企业的转型升级思路，通过对于新型班组组织模式和运行机制的大胆设想，力图构建充分适应内外环境变化的全能型班组 | 看看庞大的国企在新环境下是如何顺应时代的 |
| | **国网天津电力全能型班组建设实务**<br>国网天津市电力公司　编著 | 本书聚焦于天津电力公司在探索全能型班组转型升级时的优秀实践 | 电力行业的班组实践，具体、可操作性强 |

续表

| 经营类：企业如何赚钱，如何抓机会，如何突破，如何“开源” | | | |
|---|---|---|---|
| 书名．作者 | | 内容/特色 | 读者价值 |
| 抓方向 | **让经营回归简单．升级版**<br>宋新宇　著 | 化繁为简抓住经营本质：战略、客户、产品、员工、成长 | 经典，做企业就这几个关键点！ |
| | **混沌与秩序Ⅰ：变革时代企业领先之道**<br>**混沌与秩序Ⅱ：变革时代管理新思维**<br>彭剑锋　尚艳玲　主编 | 汇集华夏基石专家团队10年来研究成果，集中选择了其中的精华文章编纂成册 | 作者都是既有深厚理论积淀又有实践经验的重磅专家，为中国企业和企业家的未来提出了高屋建瓴的观点 |
| | **活系统：跟任正非学当老板**<br>孙行健　尹　贤　著 | 以任正非的独到视角，教企业老板如何经营公司 | 看透公司经营本质，激活企业活力 |
| | **重构：快消品企业重生之道**<br>杨永华　著 | 从7个角度，帮助企业实现系统性的改造 | 提供转型思想与方法，值得参考 |
| | **公司由小到大要过哪些坎**<br>卢　强　著 | 老板手里的一张“企业成长路线图” | 现在我在哪儿，未来还要走哪些路，都清楚了 |
| | **企业二次创业成功路线图**<br>夏惊鸣　著 | 企业曾经抓住机会成功了，但下一步该怎么办？ | 企业怎样获得第二次成功，心里有个大框架了 |
| | **老板经理人双赢之道**<br>陈　明　著 | 经理人怎养选平台、怎么开局，老板怎样选/育/用/留 | 老板生闷气，经理人牢骚大，这次知道该怎么办了 |
| | **简单思考：AMT咨询创始人自述**<br>孔祥云　著 | 著名咨询公司（AMT）的CEO创业历程中点点滴滴的经验与思考 | 每一位咨询人，每一位创业者和管理经营者，都值得一读 |
| | **企业文化的逻辑**<br>王祥伍　黄健江　著 | 为什么企业绩效如此不同，解开绩效背后的文化密码 | 少有的深刻，有品质，读起来很流畅 |
| | **使命驱动企业成长**<br>高可为　著 | 钱能让一个人今天努力，使命能让一群人长期努力 | 对于想做事业的人，‘使命’是绕不过去的 |
| 思维突破 | **盈利原本就这么简单**<br>高可为　著 | 从财务的角度揭示企业盈利的秘密 | 多方面解读商业模式与盈利的关系，通俗易懂，受益匪浅 |
| | **移动互联新玩法：未来商业的格局和趋势**<br>史贤龙　著 | 传统商业、电商、移动互联，三个世界并存，这种新格局的玩法一定要懂 | 看清热点的本质，把握行业先机，一本书搞定移动互联网 |
| | **画出公司的互联网进化路线图：用互联网思维重塑产品、客户和价值**<br>李　蓓　著 | 18个问题帮助企业一步步梳理出互联网转型思路 | 思路清晰、案例丰富，非常有启发性 |
| | **重生战略：移动互联网和大数据时代的转型法则**<br>沈　拓　著 | 在移动互联网和大数据时代，传统企业转型如同生命体打算与再造，称之为“重生战略” | 帮助企业认清移动互联网环境下的变化和应对之道 |
| | **创造增量市场：传统企业互联网转型之道**<br>刘红明　著 | 传统企业需要用互联网思维去创造增量，而不是用电子商务去转移传统业务的存量 | 教你怎么在“互联网＋”的海洋中创造实实在在的增量 |

续表

| | | | |
|---|---|---|---|
| 思维突破 | **7个转变，让公司3年胜出**<br>李　蓓　著 | 消费者主权时代，企业该怎么办 | 这就是互联网思维，老板有能这样想，肯定倒不了 |
| | **跳出同质思维，从跟随到领先**<br>郭　剑　著 | 66个精彩案例剖析，帮助老板突破行业长期思维惯性 | 做企业竟然有这么多玩法，开眼界 |
| | **麻烦就是需求　难题就是商机**<br>卢根鑫　著 | 如何借助客户的眼睛发现商机 | 什么是真商机，怎么判断、怎么抓，有借鉴 |
| | **互联网+“变”与“不变”：本土管理实践与创新论坛集萃·2016**<br>本土管理实践与创新论坛　著 | 加速本土管理思想的孕育诞生，促进本土管理创新成果更好地服务企业、贡献社会 | 各个作者本年度最新思想，帮助读者拓宽眼界、突破思维 |
| | **消费升级：实践　研究（文集）**<br>本土管理实践与创新论坛　著 | 38位管理专家及7位学者的精华思想，从经营、管理、行业及思想研究四个方面阐述中国企业在消费升级下的实践与研究 | 思想启发，行业借鉴 |
| 财务 | **写给企业家的公司与家庭财务规划——从创业成功到富足退休**<br>周荣辉　著 | 本书以企业的发展周期为主线，写各阶段企业与企业主家庭的财务规划 | 为读者处理人生各阶段企业与家庭的财务问题提供建议及方法，让家庭成员真正享受财富带来的益处 |
| | **互联网时代的成本观**<br>程　翔　著 | 本书结合互联网时代提出了成本的多维观，揭示了多维组合成本的互联网精神和大数据特征，论述了其产生背景、实现思路和应用价值 | 在传统成本观下为盈利的业务，在新环境下也许就成为亏损业务。帮助管理者从新的角度来看待成本，进一步做好精益管理 |

## 管理类：效率如何提升，如何实现经营目标，如何“节流”

| | 书名．作者 | 内容/特色 | 读者价值 |
|---|---|---|---|
| 通用管理 | **让管理回归简单·升级版**<br>宋新宇　著 | 从目标、组织、决策、授权、人才和老板自己层面教你怎样做管理 | 帮助管理抓住管理的要害，让管理变得简单 |
| | **让经营回归简单·升级版**<br>宋新宇　著 | 从战略、客户、产品、员工、成长、经营者自身等七个方面，归纳总结出简单有效的经营法则 | 总结出的真正优秀企业的成功之道：简单 |
| | **让用人回归简单**<br>宋新宇　著 | 从用人的原则、用人的难题与误区、用人的方法和用人者的修炼四大方面，总结出适合中小企业做好人才管理工作的法则 | 帮助管理者抓住用人的要害，让用人变得简单 |
| | **历史深处的管理智慧1：组织建设与用人之道**<br>刘文瑞　著 | 对历史之典故、政事、人事、政制进行管理解析，鉴照企业人才的选用育留 | 推动理论与实践的对接，实现理性与情感的渗透，用中国话语说明管理智慧 |
| | **历史深处的管理智慧2：战略决策与经营运作**<br>刘文瑞 著 | 对历史之典故、政事、人事、政制进行管理解析，鉴照企业战略设计与经营实践 | 推动理论与实践的对接，实现理性与情感的渗透，用中国话语说明管理智慧 |

续表

| | | | |
|---|---|---|---|
| 通用管理 | **历史深处的管理智慧3:领导修炼与文化素养**<br>刘文瑞　著 | 对历史之典故、政事、人事、政制进行管理解析,鉴照企业领导职业能力提升与文化修养 | 推动理论与实践的对接,实现理性与情感的渗透,用中国话语说明管理智慧 |
| | **管理的尺度**<br>刘文瑞　著 | 对管理中的种种普遍性问题进行了批评 | 提高把握管理尺度的能力 |
| | **管理学在中国**<br>刘文瑞　著 | 系统性介绍了管理学在中国的发展和演变 | 了解管理学在中国的发展脉络,更清晰理解管理学的本质 |
| | **管理:以规则驾驭人性**<br>王春强　著 | 详细解读企业规则的制定方法 | 从人与人博弈角度提升管理的有效性 |
| | **员工心理学超级漫画版**<br>邢　雷　著 | 以漫画的形式深度剖析员工心理 | 帮助管理者更了解员工,从而更轻松地管理员工 |
| | **老板有想法,高层有干法:企业中的将、帅之道**<br>王清华　著 | 深入剖析老板与高管的异同 | 各司其职,各行其是,相辅相成 |
| | **分股合心:股权激励这样做**<br>段磊　周剑　著 | 通过丰富的案例,详细介绍了股权激励的知识和实行方法 | 内容丰富全面、易读易懂,了解股权激励,有这一本就够了 |
| | **边干边学做老板**<br>黄中强　著 | 创业20多年的老板,有经验、能写、又愿意分享,这样的书很少 | 处处共鸣,帮助中小企业老板少走弯路 |
| | **成为敏感而体贴的公司**<br>王　涛　著 | 本书为作者对企业的观察和冥想的随笔记录。从生活中的一个现象入手,进而探索现象背后的本质 | 从全新角度认识公司 |
| | **中国企业的觉醒:正直 善良 成长**<br>王　涛　著 | 围绕着企业人如何发生转化展开,对中国人、中国文化及由此导致的企业现状的观察和思考 | 企业除了要利润,还需要道德 |
| | **有意识的思考:轻松化解问题的7个思考习惯**<br>王　涛　著 | 本书是对思想、思考过程、思考方式进行的细致观察 | 养成好的思考习惯,更深刻地看问题 |
| | **中国式阿米巴落地实践之从交付到交易**<br>胡八一　著 | 本书主要讲述阿米巴经营会计,"从交付到交易",这是成功实施了阿米巴的标志 | 阿米巴经营会计的工作是有逻辑关联的,一本书就能搞定 |
| | **中国式阿米巴落地实践之激活组织**<br>胡八一　著 | 重点讲解如何科学划分阿米巴单元,阐述划分的实操要领、思路、方法、技术与工具 | 最大限度减少"推行风险"和"摸索成本",利于公司成功搭建适合自身的个性化阿米巴经营体系 |
| | **集团化企业阿米巴实战案例**<br>初勇钢　著 | 一家集团化企业阿米巴实施案例 | 指导集团化企业系统实施阿米巴 |
| | **阿米巴经营的中国模式**<br>李志华　著 | 让员工从"要我干"到"我要干",价值量化出来 | 阿米巴在企业如何落地,明白思路了 |
| | **欧博心法:好管理靠修行**<br>曾　伟　著 | 用佛家的智慧,深刻剖析管理问题,见解独到 | 如果真的有'中国式管理',曾老师是其中标志性人物 |
| | **领导这样点燃你的下属**<br>孟广桥　著 | 领导者如何才能让员工积极主动地工作?如何让你的员工和下属保持工作的热情,自动自发?看了这本书就知道 | 只要你希望手下的"兵将"永远充满工作的斗志,这本书将使你获益良多 |

续表

| | | | |
|---|---|---|---|
| 流程管理 | **1. 用流程解放管理者**<br>**2. 用流程解放管理者 2**<br>张国祥　著 | 中小企业阅读的流程管理、企业规范化的书 | 通俗易懂,理论和实践的结合恰到好处 |
| 流程管理 | **跟我们学建流程体系**<br>陈立云　著 | 畅销书《跟我们学做流程管理》系列,更实操,更细致,更深入 | 更多地分享实践,分享感悟,从实践总结出来的方法论 |
| 质量管理 | IATF16949 **质量管理体系详解与案例文件汇编:** TS16949 **转版** IATF16949:2016<br>谭洪华　著 | 针对 IATF 的新标准做了详细的解说,同时指出了一些推行中容易犯的错误,提供了大量的表单、案例 | 案例、表单丰富,拿来就用 |
| 质量管理 | **五大质量工具详解及运用案例: APQP/FMEA/PPAP/MSA/SPC**<br>谭洪华　著 | 对制造业必备的五大质量工具中每个文件的制作要求、注意事项、制作流程、成功案例等进行了解读 | 通俗易懂、简便易行,能真正实现学以致用 |
| 质量管理 | **ISO9001:2015 新版质量管理体系详解与案例文件汇编**<br>谭洪华　著 | 紧密围绕 2015 年新版质量管理体系文件逐条详细解读,并提供可以直接套用的案例工具,易学易上手 | 企业质量管理认证、内审必备 |
| 质量管理 | **ISO14001:2015 新版环境管理体系详解与案例文件汇编**<br>谭洪华　著 | 紧密围绕 2015 年新版环境管理体系文件逐条详细解读,并提供可以直接套用的案例工具,易学易上手 | 企业环境管理认证、内审必备 |
| 质量管理 | **SA8000:2014 社会责任管理体系认证实战**<br>吕　林　著 | 作者根据自己的操作经验,按认证的流程,以相关案例进行说明 SA8000 认证体系 | 简单,实操性强,拿来就能用 |
| 质量管理 | **精益质量管理实战工具**<br>贺小林　著 | 制造类企业日常工作中所需要的精益管理工具的归纳整理,并进行案例操作的细致分析 | 可以直接参考,实际解决生产中的具体问题 |
| 战略落地 | **重生——中国企业的战略转型**<br>施　炜　著 | 从前瞻和适用的角度,对中国企业战略转型的方向、路径及策略性举措提出了一些概要性的建议和意见 | 对企业有战略指导意义 |
| 战略落地 | **公司大了怎么管:从靠英雄到靠组织**<br>AMT 金国华　著 | 第一次详尽阐释中国快速成长型企业的特点、问题及解决之道 | 帮助快速成长型企业领导及管理团队理清思路,突破瓶颈 |
| 战略落地 | **低效会议怎么改:每年节省一半会议成本的秘密**<br>AMT 王玉荣　著 | 教你如何系统规划公司的各级会议,一本工具书 | 教会你科学管理会议的办法 |
| 战略落地 | **年初订计划,年尾有结果:战略落地七步成诗**<br>AMT 郭晓　著 | 7 个步骤教会你怎么让公司制定的战略转变为行动 | 系统规划,有效指导计划实现 |

续表

| | | | |
|---|---|---|---|
| 人力资源 | **HRBP是这样炼成的之"菜鸟起飞"**<br>新　海　著 | 以小说的形式,具体解析HRBP的职责,应该如何操作,如何为业务服务 | 实践者的经验分享,内容实务具体,形式有趣 |
| | **HRBP是这样炼成的之中级修炼**<br>新　海　著 | 本书以案例故事的方式,介绍了HRBP在实际工作中碰到的问题和挑战 | 书中的HR解决方案讲究因时因地制宜、简单有效的原则,重在启发读者思路,可供各类企业HRBP借鉴 |
| | **HRBP是这样炼成的之高级修炼**<br>新　海　著 | 以故事的形式,展现了HRBP工作者在职业发展路上的层层深入和递进 | 为读者提供HRBP在实际工作中遇到种种问题的解决方案 |
| | **把面试做到极致:首席面试官的人才甄选法**<br>孟广桥　著 | 作者用自己几十年的人力资源经验总结出的一套实用的确定岗位招聘标准、提升面试官技能素质的简便方法 | 面试官必备,没有空泛理论,只有巧妙的实操技能 |
| | **人力资源体系与e-HR信息化建设**<br>刘书生　陈　莹　王美佳　著 | 将作者经历的人力资源管理变革、人力资源管理信息化咨询项目方法论、工具和成果全面展现给读者,使大家能够将其快速应用到管理实践中 | 系统性非常强,没有废话,全部是浓缩的干货 |
| | **回归本源看绩效**<br>孙　波　著 | 让绩效回顾"改进工具"的本源,真正为企业所用 | 确实是来源于实践的思考,有共鸣 |
| | **世界500强资深培训经理人教你做培训管理**<br>陈　锐　著 | 从7大角度具体细致地讲解了培训管理的核心内容 | 专业、实用、接地气 |
| | **曹子祥教你做激励性薪酬设计**<br>曹子祥　著 | 以激励性为指导,系统性地介绍了薪酬体系及关键岗位的薪酬设计模式 | 深入浅出,一本书学会薪酬设计 |
| | **曹子祥教你做绩效管理**<br>曹子祥　著 | 复杂的理论通俗化,专业的知识简单化,企业绩效管理共性问题的解决方案 | 轻松掌握绩效管理 |
| | **把招聘做到极致**<br>远　鸣　著 | 作为世界500强高级招聘经理,作者数十年招聘经验的总结分享 | 带来职场思考境界的提升和具体招聘方法的学习 |
| | **人才评价中心.超级漫画版**<br>邢　雷　著 | 专业的主题,漫画的形式,只此一本 | 没想到一本专业的书,能写成这效果 |
| | **走出薪酬管理误区**<br>全怀周　著 | 剖析薪酬管理的8大误区,真正发挥好枢纽作用 | 值得企业深读的实用教案 |
| | **集团化人力资源管理实践**<br>李小勇　著 | 对搭建集团化的企业很有帮助,务实,实用 | 最大的亮点不是理论,而是结合实际的深入剖析 |
| | **我的人力资源咨询笔记**<br>张　伟　著 | 管理咨询师的视角,思考企业的HR管理 | 通过咨询师的眼睛对比很多企业,有启发 |
| | **本土化人力资源管理8大思维**<br>周　剑　著 | 成熟HR理论,在本土中小企业实践中的探索和思考 | 对企业的现实困境有真切体会,有启发 |

续表

| | | | |
|---|---|---|---|
| 企业文化 | **36 个拿来就用的企业文化建设工具**<br>海融心胜　主编 | 数十个工具，为了方便拿来就用，每一个工具都严格按照工具属性、操作方法、案例解读划分，实用、好用 | 企业文化工作者的案头必备书，方法都在里面，简单易操作 |
| | **企业文化建设超级漫画版**<br>邢　雷　著 | 以漫画的形式系统教你企业文化建设方法 | 轻松易懂好操作 |
| | **华夏基石方法：企业文化落地本土实践**<br>王祥伍　谭俊峰　著 | 十年积累、原创方法、一线资料，和盘托出 | 在文化落地方面真正有洞察，有实操价值的书 |
| | **企业文化的逻辑**<br>王祥伍　著 | 为什么企业之间如此不同，解开绩效背后的文化密码 | 少有的深刻，有品质，读起来很流畅 |
| | **企业文化激活沟通**<br>宋杼宸　安　琪　著 | 透过新任 HR 总经理的眼睛，揭示出沟通与企业文化的关系 | 有实际指导作用的文化落地读本 |
| | **在组织中绽放自我：从专业化到职业化**<br>朱仁健　王祥伍　著 | 个人如何融入组织，组织如何助力个人成长 | 帮助企业员工快速认同并投入到组织中去，为企业发展贡献力量 |
| | **企业文化定位·落地一本通**<br>王明胤　著 | 把高深枯燥的专业理论创建成一套系统化、实操化、简单化的企业文化缔造方法 | 对企业文化不了解，不会做？有这一本从概念到实操，就够了 |
| 生产管理 | **精益思维：中国精益如何落地**<br>刘承元　著 | 笔者二十余年企业经营和咨询管理的经验总结 | 中国企业需要灵活运用精益思维，推动经营要素与管理机制的有机结合，推动企业管理向前发展 |
| | **300 张现场图看懂精益 5S 管理**<br>乐　涛　编著 | 5S 现场实操详解 | 案例图解，易懂易学 |
| | **高员工流失率下的精益生产**<br>余伟辉　著 | 中国的精益生产必须面对和解决高员工流失率问题 | 确实来源于本土的工厂车间，很务实 |
| | **车间人员管理那些事儿**<br>岑立聪　著 | 车间人员管理中处理各种“疑难杂症”的经验和方法 | 基层车间管理者最闹心、头疼的事，‘打包’解决 |
| | **1. 欧博心法：好管理靠修行**<br>**2. 欧博心法：好工厂这样管**<br>曾　伟　著 | 他是本土最大的制造业管理咨询机构创始人，他从 400 多个项目、上万家企业实践中锤炼出的欧博心法 | 中小制造型企业，一定会有很强的共鸣 |
| | **欧博工厂案例 1：生产计划管控对话录**<br>**欧博工厂案例 2：品质技术改善对话录**<br>**欧博工厂案例 3：员工执行力提升对话录**<br>曾　伟　著 | 最典型的问题、最详尽的解析，工厂管理 9 大问题 27 个经典案例 | 没想到说得这么细，超出想象，案例很典型，照搬都可以了 |
| | **工厂管理实战工具**<br>欧博企管　编著 | 以传统文化为核心的管理工具 | 适合中国工厂 |

续表

| | | | |
|---|---|---|---|
| 生产管理 | **苦中得乐：管理者的第一堂必修课**<br>曾　伟　编著 | 曾伟与师傅大愿法师的对话，佛学与管理实践的碰撞，管理禅的修行之道 | 用佛学最高智慧看透管理 |
| | **比日本工厂更高效1：管理提升无极限**<br>刘承元　著 | 指出制造型企业管理的六大积弊；颠覆流行的错误认知；掌握精益管理的精髓 | 每一个企业都有自己不同的问题，管理没有一剑封喉的秘笈，要从现场、现物、现实出发 |
| | **比日本工厂更高效2：超强经营力**<br>刘承元　著 | 企业要获得持续盈利，就要开源和节流，即实现销售最大化，费用最小化 | 掌握提升工厂效率的全新方法 |
| | **比日本工厂更高效3：精益改善力的成功实践**<br>刘承元　著 | 工厂全面改善系统有其独特的目的取向特征，着眼于企业经营体质（持续竞争力）的建设与提升 | 用持续改善力来飞速提升工厂的效率，高效率能够带来意想不到的高效益 |
| | **3A顾问精益实践1：IE与效率提升**<br>党新民　苏迎斌　蓝旭日　著 | 系统的阐述了IE技术的来龙去脉以及操作方法 | 使员工与企业持续获利 |
| | **3A顾问精益实践2：JIT与精益改善**<br>肖志军　党新民　著 | 只在需要的时候，按需要的量，生产所需的产品 | 提升工厂效率 |
| | **手把手教你做专业的生产经理**<br>黄　娜　著 | 物流、信息流、资金流，让生产经理管理有抓手 | 从菜鸟到能把控全局 |
| 员工素质提升 | **TTT培训师精进三部曲（上）：深度改善现场培训效果**<br>廖信琳　著 | 现场把控不用慌，这里有妙招一用就灵 | 课程现场无论遇到什么样的情况都能游刃有余 |
| | **TTT培训师精进三部曲（中）：构建最有价值的课程内容**<br>廖信琳　著 | 这样做课程内容，学员有收获 培训师也有收获 | 优质的课程内容是树立个人品牌的保证 |
| | **TTT培训师精进三部曲（下）：职业功力沉淀与修为提升**<br>廖信琳　著 | 从内而外提升自己，职业的道路一帆风顺 | 走上职业TTT内训师的康庄大道 |
| | **培训师，如何让你的事业长青：自我管理的10项法则**<br>廖信琳　著 | 建立了一套完整的培训师自我管理体系，为培训师的职业成长与发展提供有益的指引 | 培训师如何在自己的职业道路上越走越高，事业长青，一直有所收获与成长？本书将给你答案 |
| | **管理咨询师的第一本书：百万年薪 千万身价**<br>熊亚柱　著 | 从问题出发，发现问题、分析问题、解决问题，让两眼一抹黑的新人快速成长 | 管理咨询师初入职场，让这本书开启百万年薪之路 |
| | **手把手教你做专业督导：专卖店、连锁店**<br>熊亚柱　著 | 从督导的职能、作用，在工作中需要的专业技能、方法，都提供了详细的解读和训练办法，同时附有大量的表单工具 | 无论是店铺需要统一培训，还是个人想成为优秀的督导，有这一本就够了 |

续表

| 员工素质提升 | 跟老板"偷师"学创业<br>吴江萍　余晓雷　著 | 边学边干，边观察边成长，你也可以当老板 | 不同于其他类型的创业书，让你在工作中积累创业经验，一举成功 |
|---|---|---|---|
| 员工素质提升 | 销售轨迹：一位快消品营销总监的拼搏之路<br>秦国伟　著 | 本书讲述了一个普通销售员打拼成为跨国企业营销总监的真实奋斗历程 | 激励人心，给广大销售员以力量和鼓舞 |
| 员工素质提升 | 在组织中绽放自我：从专业化到职业化<br>朱仁健　王祥伍　著 | 个人如何融入组织，组织如何助力个人成长 | 帮助企业员工快速认同并投入到组织中去，为企业发展贡献力量 |
| 员工素质提升 | 企业员工弟子规：用心做小事，成就大事业<br>贾同领　著 | 从传统文化《弟子规》中学习企业中为人处事的办法，从自身做起 | 点滴小事，修养自身，从自身的改善得到事业的提升 |
| 员工素质提升 | 手把手教你做顶尖企业内训师：TTT培训师宝典<br>熊亚柱　著 | 从课程研发到现场把控、个人提升都有涉及，易读易懂，内容丰富全面 | 想要做企业内训师的员工有福了，本书教你如何抓住关键，从入门到精通 |

## 营销类：把客户需求融入企业各环节，提供"客户认为"有价值的东西

| | 书名．作者 | 内容/特色 | 读者价值 |
|---|---|---|---|
| 营销模式 | 精品营销战略<br>杜建君　著 | 以精品理念为核心的精益战略和营销策略 | 用精品思维赢得高端市场 |
| 营销模式 | 变局下的营销模式升级<br>程绍珊　叶　宁　著 | 客户驱动模式、技术驱动模式、资源驱动模式 | 很多行业的营销模式被颠覆，调整的思路有了！ |
| 营销模式 | 卖轮子<br>科克斯【美】 | 小说版的营销学！营销理念巧妙贯穿其中，贵在既有趣，又有深度 | 经典、有趣！一个故事读懂营销精髓 |
| 营销模式 | 动销操盘：节奏掌控与社群时代新战法<br>朱志明　著 | 在社群时代把握好产品生产销售的节奏，解析动销的症结，寻找动销的规律与方法 | 都是易读易懂的干货！对动销方法的全面解析和操盘 |
| 营销模式 | 弱势品牌如何做营销<br>李政权　著 | 中小企业虽有品牌但没名气，营销照样能做的有声有色 | 没有丰富的实操经验，写不出这么具体、详实的案例和步骤，很有启发 |
| 营销模式 | 老板如何管营销<br>史贤龙　著 | 高段位营销16招，好学好用 | 老板能看，营销人也能看 |
| 营销模式 | 洞察人性的营销战术：沈坤教你28式<br>沈　坤　著 | 28个匪夷所思的营销怪招令人拍案叫绝，涉及商业竞争的方方面面，大部分战术可以直接应用到企业营销中 | 各种谋略得益于作者的横向思维方式，将其操作过的案例结合其中，提供的战术对读者有参考价值 |
| 营销模式 | 动销：产品是如何畅销起来的<br>吴江萍　余晓雷　著 | 真真切切告诉你，产品究竟怎么才能卖出去 | 击中痛点，提供方法，你值得拥有 |
| 营销模式 | 1000铁杆女粉丝<br>张兵武　著 | 连接是女性与生俱来的特质。能善用连接的营销人员，就像拿到打开女性荷包的钥匙 | 重新认识女性的传播力量 |
| 营销模式 | 360°谈营销：一位营销咨询师20年实战洞察<br>王清华　古怀亮　著 | 各个角度，全方位，多视点剥营销 | 思路单一，此书帮你破 |

续表

| | | | |
|---|---|---|---|
| 销售 | **资深大客户经理：策略准，执行狠**<br>叶敦明　著 | 从业务开发、发起攻势、关系培育、职业成长四个方面，详述了大客户营销的精髓 | 满满的全是干货 |
| | **成为资深的销售经理：B2B、工业品**<br>陆和平　著 | 围绕“销售管理的六个关键控制点”一一展开，提供销售管理的专业、高效方法 | 方法和技术接地气，拿来就用，从销售员成长为经理不再犯难 |
| | **销售是门专业活：B2B、工业品**<br>陆和平　著 | 销售流程就应该跟着客户的采购流程和关注点的变化向前推进，将一个完整的销售过程分成十个阶段，提供具体方法 | 销售不是请客吃饭拉关系，是个专业的活计！方法在手，走遍天下不愁 |
| | **向高层销售：与决策者有效打交道**<br>贺兵一　著 | 一套完整有效的销售策略 | 有工具，有方法，有案例，通俗易懂 |
| | **卖轮子**<br>科克斯　【美】 | 小说版的营销学！营销理念巧妙贯穿其中，贵在既有趣，又有深度 | 经典、有趣！一个故事读懂营销精髓 |
| | **学话术　卖产品**<br>张小虎　著 | 分析常见的顾客异议，将优秀的话术模块化 | 让普通导购员也能成为销售精英 |
| 组织和团队 | **升级你的营销组织**<br>程绍珊　吴越舟　著 | 用“有机性”的营销组织替代“营销能人”，营销团队变成“铁营盘” | 营销队伍最难管，程老师不愧是营销第1操盘手，步骤方法都很成熟 |
| | **用数字解放营销人**<br>黄润霖　著 | 通过量化帮助营销人员提高工作效率 | 作者很用心，很好的常备工具书 |
| | **成为优秀的快消品区域经理（升级版）**<br>伯建新　著 | 用“怎么办”分析区域经理的工作关键点，增加30%全新内容，更贴近环境变化 | 可以作为区域经理的“速成催化器” |
| | **成为资深的销售经理：B2B、工业品**<br>陆和平　著 | 围绕“销售管理的六个关键控制点”一一展开，提供销售管理的专业、高效方法 | 方法和技术接地气，拿来就用，从销售员成长为经理不再犯难 |
| | **一位销售经理的工作心得**<br>蒋　军　著 | 一线营销管理人员想提升业绩却无从下手时，可以看看这本书 | 一线的真实感悟 |
| | **快消品营销：一位销售经理的工作心得2**<br>蒋　军　著 | 快消品、食品饮料营销的经验之谈，重点突出 | 来源于实战的精华总结 |
| | **销售轨迹：一位快消品营销总监的拼搏之路**<br>秦国伟　著 | 本书讲述了一个普通销售员打拼成为跨国企业营销总监的真实奋斗历程 | 激励人心，给广大销售员以力量和鼓舞 |
| | **用营销计划锁定胜局：用数字解放营销人2**<br>黄润霖　著 | 全方位教你怎么做好营销计划，好学好用真简单 | 照搬套用就行，做营销计划再也不头痛 |
| | **快消品营销人的第一本书：从入门到精通**<br>刘　雷　伯建新　著 | 快消行业必读书，从入门到专业 | 深入细致，易学易懂 |

续表

| | | | |
|---|---|---|---|
| 产品 | **产品研发管理实战**<br>任彭枞　编著 | 产品研发管理体系全指导 | 既有工具，又能开拓思路 |
| | **新产品开发管理，就用 IPD**<br>郭富才　著 | 10 年 IPD 研发管理咨询总结，国内首部 IPD 专业著作 | 一本书掌握 IPD 管理精髓 |
| | **资深项目经理这样做新产品开发管理**<br>秦海林　著 | 以 IPD 为思想，系统讲解新产品开管理的细节 | 提供管理思路和实用工具 |
| | **产品炼金术Ⅰ：如何打造畅销产品**<br>史贤龙　著 | 满足不同阶段、不同体量、不同行业企业对产品的完整需求 | 必须具备的思维和方法，避免在产品问题上走弯路 |
| | **产品炼金术Ⅱ：如何用产品驱动企业成长**<br>史贤龙　著 | 做好产品、关注产品的品质，就是企业成功的第一步 | 必须具备的思维和方法，避免在产品问题上走弯路 |
| 品牌 | **中小企业如何建品牌**<br>梁小平　著 | 中小企业建品牌的入门读本，通俗、易懂 | 对建品牌有了一个整体框架 |
| | **采纳方法：破解本土营销 8 大难题**<br>朱玉童　编著 | 全面、系统、案例丰富、图文并茂 | 希望在品牌营销方面有所突破的人，应该看看 |
| | **中国品牌营销十三战法**<br>朱玉童　编著 | 采纳 20 年来的品牌策划方法，同时配有大量的案例 | 众包方式写作，丰富案例给人启发，极具价值 |
| | **今后这样做品牌：移动互联时代的品牌营销策略**<br>蒋　军　著 | 与移动互联紧密结合，告诉你老方法还能不能用，新方法怎么用 | 今后这样做品牌就对了 |
| | **中小企业如何打造区域强势品牌**<br>吴　之　著 | 帮助区域的中小企业打造自身品牌，如何在强壮自身的基础上往外拓展 | 梳理误区，系统思考品牌问题，切实符合中小区域品牌的自身特点进行阐述 |
| 渠道通路 | **快消品营销与渠道管理**<br>谭长春　著 | 将快消品标杆企业渠道管理的经验和方法分享出来 | 可口可乐、华润的一些具体的渠道管理经验，实战 |
| | **传统行业如何用网络拿订单**<br>张　进　著 | 给老板看的第一本网络营销书 | 适合不懂网络技术的经营决策者看 |
| | **采纳方法：化解渠道冲突**<br>朱玉童　编著 | 系统剖析渠道冲突，21 个渠道冲突案例、情景式讲解，37 篇讲义 | 系统、全面 |
| | **学话术　卖产品**<br>张小虎　著 | 分析常见的顾客异议，将优秀的话术模块化 | 让普通导购员也能成为销售精英 |
| | **向高层销售：与决策者有效打交道**<br>贺兵一　著 | 一套完整有效的销售策略 | 有工具，有方法，有案例，通俗易懂 |
| | **通路精耕操作全解：快消品 20 年实战精华**<br>周　俊　陈小龙　著 | 通路精耕的详细全解，每一步的具体操作方法和表单全部无保留提供 | 康师傅二十年的经验和精华，实践证明的最有效方法，教你如何主宰通路 |

续表

| 管理者读的文史哲·生活 | | | |
|---|---|---|---|
| 书名.作者 | | 内容/特色 | 读者价值 |
| 思想·文化 | **德鲁克管理思想解读**<br>罗　珉　著 | 用独特视角和研究方法，对德鲁克的管理理论进行了深度解读与剖析 | 不仅是摘引和粗浅分析，还是作者多年深入研究的成果，非常可贵 |
| | **德鲁克与他的论敌们：马斯洛、戴明、彼得斯**<br>罗　珉　著 | 几位大师之间的论战和思想碰撞令人受益匪浅 | 对大师们的观点和著作进行了大量的理论加工，去伪存真、去粗存精，同时有自己独特的体系深度 |
| | **德鲁克管理学**<br>张远凤　著 | 本书以德鲁克管理思想的发展为线索，从一个侧面展示了20世纪管理学的发展历程 | 通俗易懂，脉络清晰 |
| | **王阳明"万物一体"论：从"身－体"的立场看(修订版)**<br>陈立胜　著 | 以身体哲学分析王阳明思想中的"仁"与"乐" | 进一步了解传统文化，了解王阳明的思想 |
| | **自我与世界：以问题为中心的现象学运动研究**<br>陈立胜　著 | 以问题为中心，对现象学运动中的"意向性""自我""他人""身体"及"世界"各核心议题之思想史背景与内在发展理路进行深入细致的分析 | 深入了解现象学中的几个主要问题 |
| | **作为身体哲学的中国古代哲学**<br>张再林　著 | 上篇为中国古代身体哲学理论体系奠基性部分，下篇对由"上篇"所开出的中国身体哲学理论体系的进一步的阐发和拓展 | 了解什么是真正原生态意义上的中国哲学，把中国传统哲学与西方传统哲学加以严格区别 |
| | **中西哲学的歧异与会通**<br>张再林　著 | 本书以一种现代解释学的方法，对中国传统哲学内在本质尝试一种全新的和全方位的解读 | 发掘出掩埋在古老传统形式下的现代特质和活的生命，在此基础上揭示中西哲学"你中有我，我中有你"之旨 |
| | **治论：中国古代管理思想**<br>张再林　著 | 本书主要从儒、法墨三家阐述中国古代管理思想 | 看人本主义的管理理论如何不留斧痕地克服似乎无法调解的存在于人类社会行为与社会组织中的种种两难和对立 |
| | **车过麻城 再晤李贽**<br>张再林　著 | 系统全面而又简明扼要地展示了李贽独到的学术眼力和超拔的理论建树 | 帮助读者重新认识李贽的思想 |
| | **中国古代政治制度(修订版)上：皇帝制度与中央政府**<br>刘文瑞　著 | 全面论证了古代皇帝制度的形成和演变的历程 | 有助于读者从政治制度角度了解中国国情的历史渊源 |
| | **中国古代政治制度(修订版)下：地方体制与官僚制度**<br>刘文瑞　著 | 全面论证了古代地方政府的发展演变过程 | 有助于读者从政治制度角度了解中国国情的历史渊源 |

续表

| | | | |
|---|---|---|---|
| 思想·文化 | **中国思想文化十八讲(修订版)**<br>张茂泽　著 | 中国古代的宗教思想文化,如对祖先崇拜、儒家天命观、中国古代关于"神"的讨论等 | 宗教文化和人生信仰或信念紧密相联,在文化转型时期学习和研究中国宗教文化就有特别的现实意义 |
| | **史幼波《大学》讲记**<br>史幼波　著 | 用儒释道的观点阐释大学的深刻思想 | 一本书读懂传统文化经典 |
| | **史幼波《周子通书》《太极图说》讲记**<br>史幼波　著 | 把形而上的宇宙、天地,与形而下的社会、人生、经济、文化等融合在一起 | 将儒家的一整套学修系统融合起来 |
| | **史幼波《中庸》讲记(上下册)**<br>史幼波　著 | 全面、深入浅出地揭示儒家中庸文化的真谛 | 儒释道三家思想融会贯通 |
| | **梁涛讲《孟子》之万章篇**<br>梁　涛　著 | 《万章》主要记录孟子与万章的对话,涉及孝道、亲情、友情、出仕为官等 | 作者的解读能帮助读者更好地理解孟子及儒学 |
| | **两晋南北朝十二讲(修订版)**<br>李文才　著 | 作为一本普及性读物,作者尊重史实,运用"历史心理学"的叙事方法,分12个专题对两晋南北朝的历史进行阐述 | 让读者轻松了解两晋南北朝的历史 |
| | **每个中国人身上的春秋基因**<br>史贤龙　著 | 春秋368年(公元前770－公元前403年),每一个中国人都可以在这段时期的历史中找到自己的祖先,看到真实发生的事件,同时也看到自己 | 长情商、识人心 |
| | **与《老子》一起思考:德篇**<br>史贤龙　著 | 打通文史,回归哲慧,纵贯古今,放眼中外,妙语迭出,在当今的老子读本中别具一格 | 深读有深读的回味,浅尝有浅尝的机敏,可给读者不同的启发 |
| | **说服天下:《鬼谷子》的中国沟通术**<br>翟玉忠　著 | 由内圣而外王,从心力的培育到具体的说服理论,再到生动的说服案例 | 从商业到军事再到日常生活,沟通说服已经变得越来越重要 |
| | **郑子太极拳理拳法**<br>杨竣雄　著 | 走进郑子太极拳完整训练体系的大门,随着书中另一主角——师父的课程安排与每日功课的练习 | 当您学完这套书后,在掌握拳架的同时具备诸多正确的太极理念与系统知识 |
| | **内功太极拳训练教程**<br>王铁仁　编著 | 杨式(内功)太极拳(俗称老六路)的详细介绍及具体修炼方法,身心的一次升华 | 书中含有大量图解并有相关视频供读者同步学习 |
| | **中医治心脏病**<br>马宝琳　著 | 引用众多真实案例,客观真实地讲述了中西医对于心脏病的认识及治疗方法 | 看完这本书,能为您节约10万元医药费 |